青蓝工程
专业能力必修系列

高中 物理教师
专业能力必修

gaozhong wuli jiaoshi zhuanye nengli bixiu

教育部基础教育课程教材发展中心　组编

编委会主任：曹志祥　周安平
本 册 主 编：刘玉斌

西南师范大学出版社
全国百佳图书出版单位 国家一级出版社

图书在版编目（CIP）数据

高中物理教师专业能力必修／刘玉斌主编．一重庆：
西南师范大学出版社，2012.4
（青蓝工程系列丛书）
ISBN 978-7-5621-5554-6

Ⅰ．①高…　Ⅱ．①刘…　Ⅲ．①中学物理课－教学研究－高
中－师资培训－教材　Ⅳ．①G633.72

中国版本图书馆 CIP 数据核字（2012）第 232756 号

青蓝工程系列丛书

编委会主任：曹志祥　周安平
策　划：森科文化

高中物理教师专业能力必修

刘玉斌　主编

责任编辑：张浩宇
封面设计：红十月设计室
出版发行：西南师范大学出版社
　　　　　地址：重庆市北碚区天生路 1 号
　　　　　邮编：400715　市场营销部电话：023-68868624
　　　　　http://www.xscbs.com
经　　销：新华书店
印　　刷：重庆升光电力印务有限公司
开　　本：787mm×1092mm　1/16
印　　张：13
字　　数：300 千字
版　　次：2012 年 5 月　第 1 版
印　　次：2012 年 5 月　第 1 次印刷
书　　号：ISBN 978-7-5621-5554-6

定　　价：27.00 元

《青蓝工程》

编委会名单

编者的话

在基础教育课程改革 10 周年之际，伴随着义务教育课程标准的再次修订与正式颁布，我们隆重推出这套"青蓝工程——学科教师专业能力必修系列"丛书。丛书立足于教师应该具备的最基本的教学专业知识与普适技能，为有效实施新修订的义务教育课程标准，深化基础教育课程改革，贯彻落实《国家中长期教育改革和发展规划纲要（2010－2020 年）》，助力素质教育高质量地推进提供了保证。

"教育大计，教师为本。"课程改革的有效实施和素质教育的贯彻落实需要一支高素质、专业化的教师队伍做支撑。教师的专业化发展在我国历来受到高度重视，但今天我国教师的专业化水平与社会的现实需求和时代的进步，特别是与教育改革发展的需要还存在着较大的差距。

以往，我们常常说教师要提高自身的专业水平或教学技能，但一个合格的教师究竟需要哪些最基本的专业知识与专业技能？教师的专业发展又该朝着哪个方向和目标去努力？这些问题，在教师专业化发展，尤其是在学科教师专业能力的提高上，一直以来并不是十分清晰。因此，我们聘请了当前活跃在基础教育学科领域的顶级专家，他们中的绝大多数是直接参与义务教育课程标准修订、审议或教材编写的资深学者，以担任相应学科的中小学教师应该（需要）了解（具备）的最基本的常识性知识和技能为出发点，总结了具有普适意义的学科教育教学知识和技能，力求推进教师教育教学能力的均衡发展，实现大多数教师教育教学能力的达标。从这个意义上，可以说这套丛书是教师专业化水平建设与发展的一个奠基工程，也是 10 年基础教育课程改革成果的结晶。我们希望青年教师不但能从书中充分汲取全国资深专家与优秀教师的经验、成果，更能"青出于蓝而胜于蓝"，在前辈的引领下，大胆创新，勇于超越，也因此，我们将丛书命名为"青蓝工程"。

丛书从"知识储备"和"技能修炼"两个维度展开论述（个别学科根据自身特点在目录形式上略有不同）。"知识储备"部分一般包括：①对学科课程价值的理解与认识；②修订后课标（义务教育）的主要精神；③针对该学段、该学科的教学所需的基本知识和内容等。"技能修炼"部分主要针对教学设计、目标把握、教学实施与教学评价等专题展开论述。每个专题下根据学科特点和当前教学实际设有几个小话题，以案例导入或结合案例的形式阐述教师教学所必需的技能以及形成这些技能所需要的方法和途径等。

本丛书具有权威性、系统性和普适性，希望对广大教师，特别是青年教师的专业成长能有实实在在的帮助。

丛书编委会
2012 年 1 月

目　录
Contents

上 篇

知 识 储 备

该篇重点讲述了对高中物理课程的理解与认识；修订后课标（义务教育）的主要精神，还针对高中物理教师的基本素质、物理实验教学、物理概念教学、物理规律教学方面进行了深入探讨。

专题一 对物理科学与课程的认识

一、物理学怎样影响我们的社会

人类的现代化生活离不开现代技术。人们日常生活里的家电用具，工厂里的生产设备以及医院里的各种医疗器械，都是材料技术、半导体技术、电子技术、通信技术和医疗技术等现代技术的具体应用。可以说物理学是现代技术的重要源头。

物理学是一门基础自然科学，它所研究的是物质世界最基本的结构、最普遍的相互作用、最一般的运动规律及所使用的实验手段和思维方法。随着人类对物质世界认识的深入，物理学一方面带动了科学技术的发展，另一方面，推动了文化、经济和社会的发展。经典物理学奠定了两次工业革命的基础；近代物理学推动了信息技术、新材料技术、新能源技术、航空航天技术、生物技术等的迅速发展，继而推动了人类社会的变化。所以说物理科学作为自然科学的重要分支，不仅对物质文明的进步和人类对自然界认识的深化起了重要的推动作用，而且对人类的思维发展也产生了不可或缺的影响。从亚里士多德时代的自然哲学，到牛顿时代的经典力学，直至现代物理中的相对论和量子力学等，都是物理学家科学素质、科学精神以及科学思维的有形体现。随着科技的发展，社会的进步，物理已渗入到人类生活的各个领域。

（一）物理学的研究对科学技术生产的影响

物理学所研究的粒子和原子，构成了蛋白质、基因、器官、生物体、一切人造的和天然的物质、陆地、海洋和大气等等。物理学的基本概念和技术被应用到了所有的自然科学，并形成了一系列新的分支学科和交叉学科，从而促使自然科学更加迅速地发展。物理学对客观世界的描述，已由可与人体大小相比的范围（宏观世界）向两个方面发展：一是向小的方面——原子内部（微观世界）；一是向大的方面——天体、宇宙（宏观世界）。物理学研究宇宙间物质存在的各种主要的基本形式，它们的性质、运动和转化以及内部结构，从而认识这些结构的组元及其相互作用，运动和转化的基本规律。

进入 19 世纪以后，物理学对技术发展影响的特点是物理原理转变为物质成果的速度大大加快了，如果说牛顿力学、热力学用了 100～200 年的时间才完成了理论到技术的渗透和转化，那么从电磁理论到电气技术的转变，一般只用了几十年，甚至十几年。

物理学除了对宏观电气技术作出了巨大贡献以外，还研究了真空中的电现象以及经典电子论，这些为以后电子技术、原子能技术的出现奠定了基础。对介质中的电磁现象的研究，为凝聚态物理以及相应的材料科学的发展开辟了道路。

又如，物理学对各类新能源开发利用的研究，必然导致太阳能汽车、电动火车等环保交通工具的诞生，使人类对矿物燃料的需求减少；通过对新材料的开发利用，必然导致低噪声材料、无噪声技术的广泛应用；通过对核聚变的研究，减少人类对核裂变能的依赖等；另外离心原理被广泛用于垃圾处理，沉淀、过滤等方法被广泛用于污水净化、高空遥感技术、环境系列卫星、激光雷达、红外照相、多普勒扫描器等技术设备在环境监测中的广泛应用，为资源开发与环境治理提供了极其丰富的宏观信息。

再如，随着近代物理学的发展，越来越多的物理探测方法和精密的物理仪器进入生命科学的研究之中，如：X射线透视和衍射技术、电子显微镜、激光、中子衍射、电子计算机、层析和同位素追踪等，这使生命科学的研究不仅精确，条件的控制也更为严格、有效，从而可以在离体或活体内详尽地研究生命活动的动态过程。

（二）物理思维方式对人类的影响

物理学的思维方法来源于客观世界，与逻辑思维、形象思维和直觉思维等一般思维形态有密切的联系，属于一般思维形态的具体体现。

概括地说，物理思维方式是一切从实际出发，用科学的方法解决问题的思想。各种科学方法的核心是实验，以实验为依据，又不断地用实验进行检验。伽利略的实验方法（从逻辑推理到实验）的确立使自然科学走上了独立发展的道路，开创了近代科学。由于运用科学的实验方法，使得科学密切与生产实践相联系，使人类取得了伟大的成就。飞机的航行，原子能的利用，卫星上天，流水线的生产，方便的现代通讯、智能化产品，互联网的使用，对太空的探索，生物技术的发展，这一切不仅提高了生产水平，改善了生活质量，而且改变了生产和生活方式。

其次，物理思维方式中不同理论观点的冲突、纷争与批判，深刻的洞察力和永恒的批判精神。批判精神的核心是怀疑精神，表现为不迷信权威，不迷信书本，坚持真理。从光的微粒说、波动说到波粒二象性和光子说；从古典力学、经典力学再到相对论力学；从热质说、热动说到能量说；爱因斯坦与玻尔之间就量子力学是否完备发生的长期争论等，都是在争论批判当中建立起来的。

爱因斯坦创立相对论时，就对绝对参考系进行了怀疑，对传统观念的批判使他大胆提出光速不变原理和狭义相对性原理，有了这样的假设，才有整个的相对论理论；德布罗意提出物质波理论，就是对前面科学家对于光和电子的研究的反思，就是对一百年中科学家们研究过程的反思。

所以说物理学的发展，不仅为人类物质生产开拓了新的空间，而且为人类精神世界积淀了丰富的宝藏，对人类社会的生产方式、生活方式和思维方式都产生了深远的影响。

（三）物理学为自然科学打下坚实的基础

物理学的发展与科学的研究方法是分不开的。如：在对客观世界进行研究时，采用以控制变量为主要特征的实验方法，在对事物性质进行概括时采用理想化方法，在对微观未知领域进行探索时建立模型方法，对物理规律的表述使用并发展了数学方法。至今，物理学已在理论上发展出了经典力学、热力学、电磁学、光学、相对论和量子力学等几大部分。在物理学的基础性研究过程中，形成和发展出来的基本概念、基本理论、基本实施手段和精密的测试方法，已成为天文学、化学、生物学、地理学、医学等其他许多学科的重要组成部分，为它们的发展打下了坚实的基础。

纵观科学发展和人类社会发展的历史，物理学自从哲学中分离出来之后，就以其独特的科学研究方法和成果，促进自身的发展和完善，同时也促进了其他学科沿着科学的道路前进；并且，物理学通过改变人类的物质生活、精神生活，最终改变了人类社会的整个面貌，为我们人类社会的发展作出巨大的贡献。

（四）物理学的几种主要思维方法

（1）理想模型思维方法

在物理学的实际研究中，涉及到物体的各个方面和影响物体的各种因素。我们不可能把所有的因素同时加以考虑，只能经过抽象思维，抓住主要因素，忽略次要因素，把实际物体抽象成理想的物理模型，再进行研究。

（2）临界思维和极限思维

临界思维是利用物体处于临界状态的条件来解决物理问题的一种思维方式。是在处理复杂问题时可以适当的将物理变化引向极限，然后分析其极限状态，或者代入特征数据进行讨论，从而揭示问题的本质，使过程简化的一种思维方式。极限思维是根据已知的经验事实，从边界性的原理出发，把研究的现象和过程外推到理想的极值加以考虑，使主要因素或问题的本质迅速地暴露出来，从而得出正确的判断。运用临界思维和极限思维处理物理问题，往往能化繁为简、化难为易。

（3）一分为二的辩证思维方法

根据哲学观点，世界上的任何事物都具有两重性，都具有正反两个方面。物理上的事物也不例外，关键是我们要用一分为二的辩证思维方法去认识它。某一个物理现象或事件，凡是对人们有益的方面，要想方设法地利用它，让它服务于生产和生活，让它造福于人类和社会；凡是对人们有害的方面，要尽量去削弱它、避免它。

（4）化繁为简的思维方法

在学习物理的过程中，经常对复杂的问题感到无从下手，缺少有效的方法。其实复杂的问题都是由若干个简单问题组成的，只需要经过分析把它分解成若干简单问题，并建立它们之间的联系，进行各个击破，最后再综合分析就能顺利解决。同理，对一个复杂的物理过程，可以用类似的方法，把复杂过程分解成几个简单过程的组合，同样能加以解决。

（5）启发激励的思维方法

（6）逆向思维

有些问题，利用正向思维根本无法解决或解决起来很困难、繁琐，而利用逆向思维可以收到"山重水复疑无路，柳暗花明又一村"之效。例如，末速度为零的匀减速直线运动用逆向思维法转换为初速度为零的匀加速直线运动。

（7）图像思维

图像思维是利用物理图像的物理意义并结合数学知识来分析和解决物理问题的思维方式。利用物理图像解决物理问题直观、形象、方便。

二、物理课程的性质

高中物理的课程性质，即"高中物理是普通高中科学学习领域的一门基础课程，与九年义务教育物理或科学课程相衔接，旨在进一步提高学生的科学素养"。高中物理课程有助于学生继续学习基本的物理知识与技能；体验科学探究过程，了解科学研究方法；增强创新意识和实践能力，发展探索自然、理解自然的兴趣与热情；认识物理学对科技进步以及文化、经济和社会发展的影响；为终身发展，形成科学世界观和科学价值观打下基础。

普通高中由学习领域、科目、模块三层次组成。学习领域增进具有相同或相近教育价值的科目间的沟通和整合，一个学习领域由一个或几个科目组成，每个学习领域对学生发展具有相对独立的教育价值。目前普通高中的学习领域有：语言与文学、数学、人文与社会、科学、技术、艺术、体育与健康、综合实践活动，其中科学学习领域含有物理、化学、生物、自然地理等科目。

在高中阶段，物理课程属于科学学习领域，仍然定位于基础课程，课程的主要目的仍然侧重于培养全体高中学生的科学素养，高中物理课程与其他课程一起肩负着造就高素质的劳动者、专门人才以及尖端的创新人才的重任。

三、高中物理课程改革新在哪里

高中新课程在规划和设计上进行了具有创新意义的重大变革和调整，创新之处在于它顺应时代潮流，突显了以学生发展为本的课程指导思想和课程改革目标，构建了以学习领域、科目和模块三个层次为基本特征的新的课程结构，通过制订课程标准和多样化的教材，能够更好地体现时代性、基础性和选择性要求的课程结构与课程内容，并且通过创建选课指导制度、发展性评价制度和校本教研制度，推动课程体制与课程观念的同步变革。

高中课程改革系列报道之一《高中新课程新在哪里》

［日期：2005－04－18］来源：中国教育报　作者：华东师大课程与教学研究所吴刚平

高中新课程改革有课程实施和课程理念、课程制度的创新。其核心是为了每位学生的发展，促进高中学生全面发展，具体地讲，表现在课程目标、课程结构、课程内

高
中
物
理
教
师
专
业
能
力
必
修

Gao Zhong Wu Li Jiao Shi Zhuan Ye Neng Li Bi Xiu

容、课程实施以及课程评价等五个方面：

（一）课程目标的新，在课程目标上注重提高全体学生的科学素养

新课改用三维目标取代了传统目标，强调对物理知识的理解，从知识与技能、过程与方法、情感态度与价值观三个方面培养学生，为学生终身发展、应对现代社会和未来发展的挑战奠定了基础。

（二）课程结构的新，在课程结构上重视基础，体现课程的选择性

旧课程只有具体的科目，而新课程由学习领域、科目和模块构成。在这次课程改革中，普通高中物理课程的结构是这样的：由模块构成新一轮的普通高中物理课程结构，一共有 12 个模块，其中有两个是共同必修模块，即物理 1 和物理 2。接下来，有三大系列，分别是一系列、二系列和三系列。一系列中又有两个模块，分别 1－1、1－2；二系列有三个模块，分别是 2－1、2－2、2－3；三系列一共有 5 个模块，分别 3－1、3－2、3－3、3－4、3－5。物理的必修学分是六个学分，因为这是毕业的必要条件，所以学生们必须要拿到六个必修学分。12 个模块，每个模块学完可获得两个学分，共用 40 个学时。学生们学了物理 1、物理 2，可以获得四个必修学分，由于计划规定必须要获得六个必修学分，所以还有两个学分必须要学。因此要求学生们在选修1－1、选修 2－1、选修 3－1 这三个模块中选学一个模块，这样就构成六个必修学分的内容。接下来，学生还可以根据自己学习的兴趣、考试的要求以及今后的职业需求等等，选学后续的模块。

本次课程改革改变了过于强调学科本身的现象，在课程结构上重视基础，体现课程的选择性，针对学生的兴趣、发展潜能和今后的职业需求，设计供学生选择的物理课程模块，以满足学生的不同学习需求，促进学生自主地、富有个性地学习。

（三）课程内容的新，在课程内容上体现时代性、基础性、选择性

第一系列强调的是物理学与人文社会科学的结合，物理学与生活的结合；在物理的第二系列之中，则强调动手、实验，通过动手和实验来学习物理；第三系列则强调物理知识的系统性，强调利用数学、用实验来研究物理学。学科渗透相对论、量子论的内容进入必修模块，这些都是属于课程时代性的体现，这也反映课程内容的新。内容的新还反映在选择性上，比如说三大系列除结构上的不同以外，在内容设置上也有差异，使这三大系列形成了内容上的选择性。新增了物理学史等内容，改变课程内容繁、难等现象，注重与实际生活的联系，在课程内容上充分体现时代性、基础性、选择性。新课程的物理，课程反映当代科学技术发展的重要成果和新的科学思想，关注物理学的技术应用所带来的社会问题，培养学生的社会参与意识和对社会负责任的态度。高中物理课程内容还应注重课程内容的基础性，注重让学生学习对其终身发展有用的基础知识与技能，学习基本的研究方法和科学思想，养成一定的科学态度与科学精神。课程的选择性不仅体现在课程结构上，而且还体现在课程内容上，给予学生一定的自由空间，让其选择学习自己感兴趣的物理内容。

（四）课程实施的新，在课程实施上注重自主学习，提倡教学方式多样化

改变接受学习、死记硬背、机械训练的现状，灵活选择教学方式，尝试性的进行多样化的教学，提倡多种教学方式融合。过去大纲关注教师的教学，而新课程致力于学生个性的发展，让学生对自然充满好奇心，对知识的探索充满好奇心，对学习充满好奇心，这样学生就会自觉地，努力地去学习，于是不仅可以促进学生更好的掌握知识，还能培养学生长期的情感态度与价值观这一维度的目标。而且在实施过程中应给学生更多的空间，让学生较独立地进行科学探究，培养学生自主探究、自主学习、自己解决问题的能力。帮助学生学习物理知识与技能，培养其科学探究能力，使其逐步养成科学态度与科学精神。

（五）课程评价的新，在课程评价上强调更新观念，促进学生发展

新课程注重发展性评价，强调综合素质和过程评价。评价学生第一是学分，第二是模块，第三是未来的发展。课程评价应始终围绕课程培养目标进行，强调更新观念，促进学生发展，关注过程性评价，注意学生的个体差异，帮助学生认识自我、建立自信；注重评价学生经历的过程与学习的方法，评价学生形成的情感态度与价值观等。注重评价内容的多元化，评价方式的多样化，促进学生在原有水平上发展。通过评价还应推动教师积极投入课程改革，发挥教师的创造才能，促进教师的提高以及教学实践的改进等。

四、高中物理课程目标的定位

高中物理课程总目标包括以下4条：

（1）学习终身发展必备的物理基础知识和技能，了解这些知识与技能在生活、生产中的应用，关注科学技术的现状及发展趋势。

（2）学习科学探究方法，发展自主学习能力，养成良好的思维习惯，能运用物理知识和科学探究方法解决一些问题。

（3）发展好奇心与求知欲，发展科学探索兴趣，有坚持真理、勇于创新、实事求是的科学态度与科学精神；有振兴中华，将科学服务于人类的社会责任感。

（4）了解科学与技术、经济和社会的互动作用，认识人与自然、社会的关系，有可持续发展意识和全球观念。

课程的总目标要"进一步提高科学素养，满足全体学生的终身发展需求"，在立意上把学生当作国家的主人和人类社会未来的主人，突出以人为本，促进学生的全面发展，充满了人文关怀。而科学素养包括三方面，一是对于科学知识达到基本的了解程度；二是对科学的研究过程和方法达到基本的了解程度；三是对于科学技术对社会和个人所产生的影响达到基本的了解程度。既然新课程改革的目标是要提高全体学生的科学素养，所以，将高中物理新课程的课程目标就定位于三个维度：知识与技能、过程与方法、情感态度与价值观。

高 中 物 理 教 师 专 业 能 力 必 修

Gao Zhong Wu Li Jiao Shi Zhuan Ye Neng Li Bi Xiu

这是对教育本质认识的一个飞跃。三维目标是物理学本质在物理课程中的反映，是本次课程改革的精髓。尽管从维度上来看新课程标准与原来物理教学大纲有相似之处，但新课程的课程目标与原来的教学大纲是有一定的区别的，或者说在其基础上有相应的发展。比如新课程的课程目标在三维目标的基础上又建立了分维度的目标，比如：

1. 知识与技能

（1）学习物理学的基础知识，了解物质结构、相互作用和运动的一些基本概念和规律，了解物理学的基本观点和思想。

（2）认识实验在物理学中的地位和作用，掌握物理实验的一些基本技能，会使用基本的实验仪器，能独立完成一些物理实验。

（3）初步了解物理学的发展历程，关注科学技术的主要成就和发展趋势以及物理学对经济、社会发展的影响。

（4）关注物理学与其他学科之间的联系，知道一些与物理学相关的应用领域，能尝试运用有关的物理知识与技能解释一些自然现象和生活中的问题。

2. 过程与方法

（1）经历科学探究过程，认识科学探究的意义，尝试应用科学探究的方法研究物理问题，验证物理规律。

（2）通过对物理概念和规律的学习过程，了解物理学的研究方法，认识物理实验、物理模型和数学工具在物理学发展过程中的作用。

（3）能计划并调控自己的学习过程，通过自己的努力能解决学习中遇到的一些物理问题，有一定自主学习的能力。

（4）参加一些科学实践活动，尝试经过思考发表自己的见解，尝试运用物理原理和研究方法解决一些与生产和生活相关的实际问题。

（5）具有一定的质疑能力、信息收集和处理能力、分析解决问题能力和交流合作能力。

3. 情感态度与价值观

（1）能领略自然界的奇妙与和谐，保持好奇心与求知欲，乐于探究自然界的奥秘，能体验探索自然规律的艰辛与喜悦。

（2）有参与科技活动的热情，有将物理知识应用于生活和生产实践的意识，勇于探究与日常生活有关的物理学问题。

（3）具有敢于坚持真理、勇于创新和实事求是的科学态度和科学精神，具有判断大众传媒有关信息是否科学可靠的意识。

（4）有主动与他人合作的精神，有将自己的见解与他人交流的愿望，敢于坚持正确观点，勇于修正错误，具有团队精神。

（5）了解并体会物理学对经济、社会发展的贡献，关注并思考与物理学相关的热点问题，有可持续发展的意识，能在力所能及的范围内，为社会的可持续发展作出贡献。

（6）关心国内外科技发展现状与趋势，有振兴中华的使命感与责任感，有将科学服务于人类的意识。

可以看出知识技能这个维度有若干条目标，过程与方法这个维度以及情感态度价值观这个维度分别都有若干条目标。因此，以往的教学大纲中的教学目的侧重于教学，目标单一，而在新课程标准中的目标相对而言比较全面、具体，所以应该讲在这个基础上是有所发展的。除此之外，还有一点，在教学大纲中的教学目的，它的三维和教学内容中的内容要求有一定的脱节，虽然教学目的是三个维度，但一旦到了教学内容之后更侧重对知识点的要求。而我们的课程标准不但在课程目标中是三维，而且将三维目标渗透到了内容标准中。

总之，我们的新课程是以三维的目标来设计的，这个目标不是停留在总目标上，而是落实在内容标准和评价之中。三维目标的确立，保证了学生在知识与技能、过程与方法、情感态度价值观各个维度均能得到发展，有利于形成学生健全人格，全面发展。

五、关于科学探究

（一）探究式学习的提出

最早提出在学校科学教育中要用探究方法的是杜威。在 1909 年前，大多数教育者认为科学教育的方法主要是通过直接教学让学生学习大量的科学知识、概念和原理。1909 年杜威在美国科学进步联合会的发言中第一次对这种方法提出批评，"科学教育过于强调信息的积累，而对科学作为一种思考的方式和态度没有予以足够的重视。"杜威认为科学教育不仅仅是要让学生学习大量的知识，更重要的是要学习科学研究的过程或方法。他主张教学应当遵循以下步骤：设置疑难情境、确定问题、提出假设、制订解决问题的方案并实施等。仔细分析这种教学模式便可以发现，它与我们今天所说的科学探究有着密切联系。这种蕴涵探究思想的教学模式不仅对美国科学教育产生了深远影响，也为探究教学的提出奠定了基础。

从 1950 年到 1960 年，探究作为一种教学方法的合理性变得越来越明确了。1957年，苏联第一颗人造地球卫星发射成功，美国受到极大的冲击和震动，引起了他们对教育意义和作用的重新认识，开始了对以"纯知识教育"为目的的传统教育的改革运动。1959 年 9 月，美国全国科学院在政府的支持和资助下，召开了专门研究改革中小学理科教育的伍兹霍尔会议。大会主席、著名的教育心理学家布鲁纳作了题为《教育过程》的著名报告，提出了应重视科学的知识结构，重视发展学生智力、培养能力的新教育观，并率先倡导"发现法"，锐意改革和创新教学方法。与此同时，美国芝加哥大学教授施瓦布在 1961 年哈佛大学举行的纪念演讲会上作了题为《作为探究的科学

高
中物理教师专业能力必修
Gao Zhong Wu Li Jiao Shi Zhuan Ye Neng Li Bi Xiu

教学》的报告，提出了与发现法相似，但更具有操作性的教学方法——"探究式教学"方法。指出"如果要学生学习科学的方法，那么有什么学习比通过积极地投入到探究的过程中去更好呢？"这句话对科学教育中的探究性教学产生了深远的影响。施瓦布还提出了一种基于阅读文献资料而不是实验的探究性学习方法，他将之称为"对探究的探究"。

探究性教学的提出，无疑对当时的科学教育产生了很大的促进作用。它促使人们思考科学教育存在的问题，积极探索怎样使学生深入理解科学知识，怎样提供更多的机会让学生体验科学的过程等。经过几十年的不断研究与改进，如今探究教学已成为美国科学教育中最重要、最有影响的方法。1990年美国科学促进会发表的《2061计划》强调，科学教育应当符合科学探究的特点。1996年公布的《美国国家科学教育标准》，将探究列为学习科学的核心方法。一位学者曾指出，如果必须选择一个词来描述20世纪50年代末以来美国科学教育成果的话，它一定是探究。

可见，探究是人类认识自然界的最有效的途径，从过程的意义来看，科学本身就是探究，是不断地追求真理和修正错误，是不断地创新。如果在学生学习的过程中，只让他们学习科学的结论，而忽视了对科学探究过程的理解和体验，那就不能很好地理解科学的本质。从现代社会的需求来看，探究式教学能帮助学生提高科学素养，掌握科学解决问题的方法，培养创新精神，具备未来的创新型人才的素质。从教育本质上看，科学探究的学习过程能有效地保持学生对自然的好奇心，激发他们的求知欲，使他们在体验探究过程的学习中主动建构具有个体意义的知识和方法技能，习惯探究思维方式，有利于他们在生活中领悟科学、技术和社会之间的互动关系。

（二）探究式学习的特点

大教育家杜威说"所谓探索就是从怀疑开始，以找出消除怀疑的依据而告终。寻到了依据就意味着确立了信念。"宋代大学问家朱熹也说"大疑则大悟，小疑则小悟，不疑则不悟"。所以在课程的实施过程中，确实应体现出探究的重要性，突出科学探究不是为了满足外在的需要，更重要的是科学研究的过程作为学生的学习方式具有促进学生发展的内在价值。探究教学的核心理念是学生自主学习或称之为"以学生为中心"的学习活动。探究式教学遵循"以学生发展为本"的教育理念，和接受式教学相比，探究式教学具有更强的问题性、实践性、参与性和开放性。探究式教学的灵魂旨在建构或重新建构学生个人的认识和理解，每个学生的学习都是从自己的认识基础出发，依靠自己的思维方式理解知识。探究式教学对学生讲是改变原来旧的接受性学习方式，注重学生在课堂教学中的主体作用，学生的个体发展，改变传统的学生被动接受学习的习惯。使学生学有所思，思有所疑，疑有所问，引导学生去提出问题，引导学生探究式地解决问题，最终帮助学生找到适合自己的学习方法。学生在探究学习过程中，把学、思、疑、问连结在一起。让学生在活动中学习，在主动中发展，在合作中增知，在探究中创新。关注学生在课堂中的感受和收获多少、发展和变化多少，而不是教师讲了多少，做了多少。在探究教学中，所需要的不是教师指导细节，而是教师指引方向，教师不是直接命令学生应去如何做，而是引导学生去想。教师是学生探究活动的组织者、合作者和促进者。

在这样的环境下，物理学习的过程成为探询知识技能、提高学习兴趣、培养科学探究与实验能力的过程，获得实践性的学习体验，使学生尽早主动地适应社会发展对未来人才的需求。

（三）探究式学习的要素、基本特征

在新的课程标准里给出了科学探究的七个要素，并指出科学探究学习过程是"提出问题——猜想与假设——指定计划与设计实验——进行实验与搜集证据——分析与论证——评估——交流与合作"。于是很多人在学生探究式学习中，严格按照这七个环节开展，缺一不可，想办法要凑齐。实际上，在探究教学中，可能会由于内容的不同、时间的长短等原因导致探究的七要素中只开展其中的几项，不一定非得要每次学习中七要素全部体现，可以让学生在多次的探究学习中积累，形成习惯，互作补充。在美国的《科学探究与国家科学教育标准》中也提出了课堂探究的 5 个基本特征：

1. 学习者围绕科学性问题展开探究活动；

2. 学习者要优先考虑证据，证据可以帮助他们解释科学性问题并对提出的解释予以评价；

3. 学习者要从证据中提炼出解释，对科学性问题作出回答；

4. 学习者通过比较其他的解释，特别是那些体现出科学性理解的解释，来评价他们自己提出的解释；

5. 学习者要交流和论证他们所提出的解释。

根据探究性的学习活动所占的比重，探究可分为特征不全的"部分探究"和五个特征都包含的"完全探究"。根据在探究活动中教师对学生行为的控制程度，探究可有"指导型探究"和"开放型探究"。在探究过程中，学生在提出问题、处理问题、设计探究方案，总结并交流学习成果等方面自主负责的越多，探究就越开放；而如果教师给定的越多，就越是指导的探究。应该让学生参与各种不同程度的探究，指导型的探究有利于建立科学概念，开放型的探究有利于发展认知和科学推理能力。

基本特征	探究的不同程度			
1. 问题 （学习者探究科学性问题）	学习者自己提出一个问题	学习者从所提供的问题中选择、据此提出新的问题	学习者探究的问题来自教师、学习材料或其他途径，但问题不那么直接，需要有所改变或自己体会其含义	学习者探究直接来自教师、学习材料或其他途径的问题
2. 证据 （学习者针对问题收集事实证据）	学习者自己确定什么可作为证据并进行收集	学习者在他人的指导下收集某些数据	数据直接给出学习者进行分析	数据和分析方法都给了学习者
3. 解释 （学习者从证据出发形成解释）	学习者总结事实证据之后做出解释	学习者在得到指导的情况下收集事实形成解释	使用证据形成解释的可能途径已知	证据已知
4. 评价 （学习者使解释与科学知识相联系）	学习者独立地考察其他事实来源、建立事实与已有解释的联系	学习者被引导到科学知识的领域和来源	可能的联系被给出	
5. 发表 （学习者阐述和论证自己的解释）	学习者用合理的、合乎逻辑的论据表达自己的解释	学习者阐述自己解释的过程得到他人指导	学习者阐述自己解释的过程得到了广泛的指导	表达的步骤和程序都被给出
	←多→ 学习者自主探究的程度　　少 ←少→ 教师和学习材料指导的程度　　多			

选自《美国国家科学教育标准》

（四）目前探究式教学的评价问题

　　传统的教学一直以笔试成绩作为评价的标准。评价的手段单一，内容狭窄，仅仅局限在对学生的理智评价上，尤其是知识的记忆方面，而忽略了学生的学习过程，学习方法和兴趣、能力等多方面的问题。不仅如此，这种评价对学生的学习做的是总结性评价，忽视了形成性评价，而不能很好地通过及时的评价促进学生发展。除此之外，传统的教学评价中学生一直是被动的，其主观能动性得不到很好的发挥。很显然这种单一的评价方式对现在的探究式教学已经不适应了，教学方式发生改变，学习要达到的目标有了新的标准，相应的评价方式必须要跟着改变，否则学习的效果是通过评价体现不出来的。如果继续沿用单一的笔试测验学生的学习成绩而对学生的学习给予评价的话，时间长了之后，必然会使学生对探究教学的方式产生怀疑，对自己产生怀疑，失去学习的兴趣和信心，也失去了探究的机会。所以要在开展探究式教学的同时，给出适合这一教学的评价方法。

适合探究教学的评价方法应该在手段、内容、目标以及评价的主体上做调整。通过新的评价标准，才能够让学生的探究能力得到培养，社会适应能力增强，对身心的全面和谐发展具有重大的意义。

专题二 物理教师的基本素质

一、物理教师的知识结构概述

物理教师作为一种专门的职业，有其特定的知识和能力的要求，仅仅有物理学科的知识是远远不够的，伟大的物理学家也不一定是好的教师，更不一定是好的物理教育家。伟大的物理学家牛顿担任卢卡斯讲座教授以后，最初以光学为题，主要讲自己的发现，加上严格的数学支持，学生没有办法接受，以至于第二次课没有学生来听，没有听众他就对着墙壁念讲义。通过这个例子我们看到，教学与科研不是一回事，教学是和人打交道，是培养人的工作，不是发现规律和做实验探究。物理教师除了物理专业知识以外，还需要教育理念、人文知识和教学技术，优秀物理教师的知识有别于其他群体，需要科学和人文知识融合，是具有科学素养、人文底蕴、职业热情、人际亲和力、善于研究和表达的专家。在这里我们主要讨论物理教师应具备的知识。

物理教师的知识大体上包括四个方面的结构内容：

（一）教师的文化性知识

教师广博的文化基础知识涵盖自然科学基础知识、社会科学基础知识、人文知识。这文理交融的广博的文化知识，至少除了本体知识要有一技之长，如擅长创作，爱好诗词，音、体、美特长等。

（二）教师的本体性知识

教师所具有的特定学科的知识，本文特指物理学知识。涵盖物理学基础知识、物理学专业知识、物理学史以及物理学新进展知识。具体表现在：能正确运用物理概念、原理和方法分析和研究与物理有关的问题；掌握物理知识的科学体系和整体把握教材的能力；熟练运用数学工具解决问题、定量问题；善于从科学方法论角度认识和处理物理问题；具有相关学科的知识；能明确近代物理的观点，了解物理学最新进展和科技新成就。

教师扎实的本体性知识是其取得良好教学效果的基本保证，正因为如此，人们往往认为，这些知识和学生成绩之间存在显著的正相关关系。但教学实践证明并非如此，有些著名的物理学家却是不合格的教师，甚至被学生轰下讲台。因此，教师的本体性知识一定要有，但对教学效果并不起决定性的作用。

（三）教师的条件性知识

教师所具有的教育学和心理学知识。具体可分为三个方面，即：学生身心发展的知识、教与学的知识和学生成绩评价的知识。条件性知识与本体性知识共同构成教师的专业知识，从而将教师知识结构与其他人才知识结构区别开来。

（四）教师的实践性知识

是指教师在面临实现有目的的行为中所具有的课堂情境知识以及与之相关的知识。这种知识是教师教学经验的结晶，具有明显的经验性和情境性。拥有丰富实践性知识的优秀教师，对教学情境具有敏锐的观察力和判断力，能更透彻地分析问题，解决问题的方法和策略也更具有独创性、新颖性和恰当性。实践性知识是教师知识结构中最显著的创造性成果。它本身就体现着合理知识结构的开放性和旺盛生命力。

二、物理教师的文化知识

两个有意思的现象：

一、向学文的人和学理的朋友问路，他们的回答方式截然不同，学文的人多半会为你写一篇文字，告诉你该在哪个建筑转弯，学理的人会画出周围标志性建筑的位置图，以箭头表示出路线，因为对学文的人而言，文字就是思维的工具，而用坐标系来表示位置则是理科的基本思维方式。在我们所受到的教育中，"文"与"理"是两类不同的知识，也就造就了两种不同的思维方式。

二、古今中外，凡是在科学上有过重大创新的科学家，往往都具有较高的艺术修养，"艺术化"的科学大师比比皆是。爱因斯坦同时又是一位优秀的小提琴演奏家，他热爱古典音乐和文学作品；牛顿也是一位艺术家，尤其擅长作诗；伽利略不仅是一位杰出的诗人，而且还是一位文笔犀利的文学评论家；提出行星运动三定律的开普勒又是一名音乐家，其在音乐上的造诣不亚于在科学上的成就。

科学追求理性和精确，人文讲究直觉和模糊，二者相异还是相融？作为物理教师，有无掌握人文社科知识的必要？

（一）人文与科学相通相融

有一则圣诞祝福短信是这样写的：质量，自然对数之底，小球半径之平方，纵坐标，电容，高度，电阻，瞬时电流，路程，时间，质量，加速度，位移（把这些物理量的首字母连起来就是"Merry christmas"圣诞快乐）。

另有一则祝福短信：忧愁是可微的，快乐是可积的，在未来趋于正无穷的日子里，幸福是连续的，对你的祝福是可导的且大于零，祝你每天快乐的复合函数总是最大值。

恐怕这两则短信中的味道，只有学理的人才可体会吧，在这里，我们看到了"文"与"理"的交融，其实，"人文"与"科学"本来就是相通相融的。

从追求目标上讲，科学要回答"是什么"和"为什么"，是求真。越符合客观世界及其规律就越真，越科学。但是，科学活动本身不能保证其应用与发展是否有利于人类进步。人文要回答"应该是什么"和"应该如何做"，是求善。越符合人民的利益就越善，越人文。但是，人文活动本身并不能保证其能否建立在客观世界规律的基础之上，从而是否真正有利于社会，造福于人民。显然，善为真导向，真为善奠基，两者相融，才能构成正确的追求目标。科学承认与尊重客观，人文关心他人与外界，两者结合，共同构成"我、人、物、自然"的正确关系。

科学与人文相通相融还体现在共同形成正确的创造性的整体思维上。逻辑思维是这一整体思维的正确性的基础，形象思维是这一整体思维的创造性的主要源泉。严密的逻辑思维，它保证思维的前后一致及正确性，开放的形象思维，它保证思维不受传统观念的束缚。一切有卓越成就的科学家、文学艺术家，莫不是两种思维兼备。

新课程标准更强调"文理交融"。广大中学物理教师必须开阔知识眼界，打破学科思维定势，建构厚实合理的文化知识结构。学生的全面发展在一定程度上取决于教师文化知识的广泛性和深刻性。具有良好人文素养的物理教师不仅能扩展学生的精神世界，而且能激发学生的求知欲。所以，物理教师具有一定的文学修养、理论素养和文化涵养，以及音乐修养、艺术修养等文化素质是十分必要的。

作为物理教师，其整体文化素养的高低，在一定程度上决定了其教学水平的高低。物理教育的过程中存在并贯穿着人与自然、人与社会和人与自身的关系，所以中学物理教师除了要有物理专业知识以外，还必须具有与物理专业相关的文化知识，我国的教育在传统上就存在着重理轻文、重智轻德的倾向，但随着现代科学技术的发展和工程系统复杂性的不断增加，解决物理问题单单依靠科学技术已经不行了，还需要依靠人文社会科学和综合多学科的知识，需要科学技术与人文文化的融合。我们应该强调"文理交融"，提倡文科教师懂理，理科教师懂文。只有这样才能适应中学物理教育，在频繁的教学中以渊博的知识和涵养去影响、联结学生，激发学生探索热情。

（二）相关的自然科学知识

在现代科学发展中，最突出的且对人类思维方式、认识方法产生深远影响的理论是：量子力学、相对论、基因理论和系统理论，这四大理论粗略地描绘了迄今人类所认识到的自然界的图景。同时还建立了五大模型：宇宙演化的大爆炸模型、粒子物理的标准模型、遗传物质 DNA 双螺旋结构模型、智力活动的图灵计算模型和地质结构的板块模型，这五大模型更详细地描述了几类自然图像。可以看到，在这四大理论和五大模型当中，物理学占据了相当重要的位置。从科学发展史来看，物理学一直是带头学科，尽管现代科学的学科结构重心开始转向生命科学，物理学仍是最基础的学科。曾有人说，化学是分子、原子水平上的物理学，生物学是大分子集团的物理学，物理学与其他自然基础科学有着伙伴关系，互相促进，共同发展。

物理学的基本概念、基本理论、基本实验和精密的测试方法，已经成为其他自然科学重要概念的基础和重要的实验手段。由此加速了自然科学内部的互相融合，用物理学的理论与方法移植去研究另一学科，就会诞生一门交叉学科。见下图：

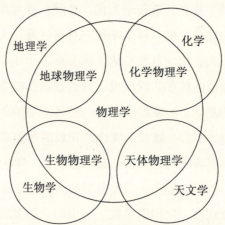

因为物理学是研究物质的最基本结构和最普遍的运动规律，有以上的交叉和关联也就不足为奇了。

其他各门基础学科的发展也推动了物理学的发展，主要表现为：1. 其他学科的发展为物理学研究提供新的课题；2. 科学技术及计算机的发展为物理学提供了新的研究手段。

在高中物理新课程标准中明确指出："高中物理课程教育的目的是义务教育阶段物理教育目的的延续，仍然侧重在提高全体学生的科学素养。"要求学生能够"关注物理学与其他学科之间的联系，知道一些与物理学相关的应用领域，能尝试运用有关的物理知识和技能解释一些自然现象和生活中的问题。"

物理学在自然科学中的地位以及课程标准对物理教育的要求，要求物理教师不能将知识视野仅仅局限于物理学科自身，必须尽量扩充与物理学联系紧密的其他自然科学知识，关注与物理相关的现代科技内容。如学科基本理论方面，化学中的电解、分子论，天文学中的行星运动，地理学中地震，生物学中的动物眼睛的成像原理、能量转换等等。在科技前沿内容上，要了解诸如磁悬浮列车、神舟飞船、火星探测器等与物理有关的综合应用知识，知道纳米技术、分子生物学、超导材料研究等的研究历史、现状以及在这些领域中物理知识、方法与其他学科的结合情况。教师只有具备系统的自然科学知识结构，才能以全新视角把握物理学研究对象，给予学生全面、科学的指导。这些知识对于活跃物理教学、深化物理内容的理解、启迪学生思维都起到重要作用，并将直接协助教师组织和开展研究性学习和探究性学习。

（三）相关的社科知识

从素质教育的视野看，人文精神的培养不仅仅是人文学科的任务，而是实施素质教育的一个综合性课题。知识经济时代，对人文精神的培养应挖掘科学教育的人文价值，重视科学人文精神的培养。科学课堂需要重视以科学伦理、社会能力、人文精神和生态道德为主要内容的人文素养教育。《高中物理课程标准》指出，"高中物理课程要关注物理学的技术应用所带来的社会问题，培养学生的社会参与意识和对社会负责任的态度"。

对于中学物理教师，其人文科学知识结构有着学科特点，除掌握一般的社会学知识以外，要突出以自然辩证法、科学哲学为代表的哲学知识体系，对管理学、经济学的基本知识也应该有所了解，同时尽量扩展知识面，增加文学、宗教、艺术等知识储备，不断优化自身人文知识结构。

（四）学会从多维视角认识物理教学

新课程改革第一次把"以人为本"写入课程目标，体现了一切为人的决心。物理课程同样也不能把益智作为唯一的目标，培育人才是教育的最终目的。在物理课堂上如何才能促进学生的全面发展，如何才能引导和帮助学生形成正确的人生观与价值观，这些都是我们应该思考的问题。

1. 把物理当作文化来教

可以看到，物理书中充满了复杂的数学公式，但是所有的物理学理论都起源于思维与观念，而不是公式。这也就要求我们的物理教学不能简单化，不能忽视概念和公式背后的文化、精神，要把物理当作一种文化来教，当作一种精神来教，恢复物理学本来的完整面目。

在物理教学中，要在讲解物理知识的同时给予适时的科学态度教育，即实事求是教育，使学生明白物理理论需要用客观事实验证其正确性，同样，实事求是也是做人的准则之一。在物理教学过程中，可以给学生列举物理学家刻苦钻研、为真理而斗争的精神，使学生懂得，人生要有自己的奋斗目标，要知难而进，敢于面对挫折，这样才会有一个完整的、有意义的人生。在物理教学中应尊重每一个学生的个性差异，鼓励多元思维，使每一位学生的个性得到充分的关注并获得充分的发展。在物理教学中，要对学生进行批判性思维的培养，从而形成鼓励思辨、培养勇气的物理文化。在物理教学中，要让学生经历科学探究过程，认识科学探究的意义，使学生用自己智慧的思维和积极主动的参与热情获得更大的发展。

2. 营造生态课堂

我国从20世纪50年代开始从物理课程目标中界定知识、能力、情感等各个方面的目标要求，从整体发展上看体现以下几个趋势：1. 从知识层面：关注人的可持续发展；2. 从能力层面：关注生命价值的提升；3. 从情感层面：关注生命的整体与和谐。也就是整体呈现生态化趋势，这就要求我们的课堂也要向生态课堂转化。

《基础教育课程改革纲要（试行）》明确指出：课堂教学不应当是一个封闭系统，

也不应当拘泥于预先设定的固定不变的程序，预设的目标在实施过程中需要开放地纳入弹性灵活的成分以及始料未及的体验，要鼓励师生互动中的即兴创造，超越目标预定的要求。这就是生态课堂的特点。在这样的课堂中，教师和学生都回归为具有生命活力的人，人性化、人本化是贯穿整个课堂的主线，这样能够最大限度地发挥学生的主观能动性和激活学生的认知的潜能。

三、本体性知识

（一）物理学理论和知识

物理学科基础性知识包括物理学的基本事实、基本概念、基本规律，以及它们之间的联系。物理教师必须对物理学科的基础性知识有广泛而准确的理解，因为教师不能把不准确或者错误的东西教给学生。还有一个重要原因是，只有在对知识熟练掌握的基础上，教师才有可能花更多的时间和精力去关注学生的发展，而不是只弄懂自己所教的内容。阎金铎先生曾总结指出，中学物理教师要"精通中学物理知识，熟悉普通物理内容，明确近代物理观点，了解现代物理学进展"。在新课程下，这仍然是对中学物理教师应具备的物理学知识的精练概括。

1. 精通中学物理知识

（1）了解高中物理知识体系：

人教版教材高中物理必修＋选修（3系列）部分共7本书，其中所包含的知识可以说相当丰富，要做到精通这些知识，就要首先弄清高中物理的知识体系。

高中物理知识体系

①力学主题：

三个基本力及其受力分析，力的合成与分解，力的平衡，牛顿三定律，运动学基本规律，动量定理，动量守恒，动能定理，机械能守恒。

②电磁学主题：

电场力的性质，电场能的性质，静电现象，带电粒子在电场中的运动，欧姆定律，电路分析，安培力和洛伦兹力，运动电荷在磁场、复合场中的运动，电磁感应，楞次定律，交流电。

③热学主题：

分子热运动，热力学定律，压强，理想气体状态方程。

④波动主题：

机械振动及描述，机械波，波的特有现象，光的反射和折射，光的干涉和衍射，电磁波。

⑤近代物理主题：量子理论，光电效应，原子结构，原子核反应，裂变与聚变，质能方程，相对论。

上述体系也可用下面的"知识树"来表示：

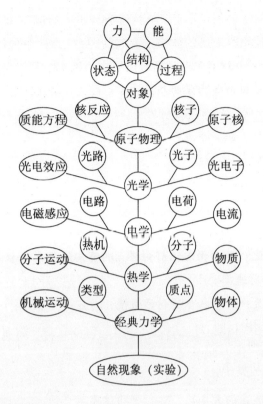

（2）把握单元知识框架

具体到每一单元的内容，也可用概念图的方式来呈现，例如：

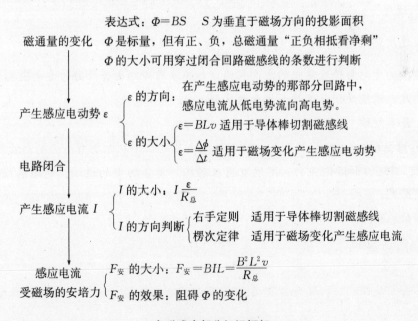

电磁感应部分知识框架

可按照单元知识的特点，按照基本概念、基本规律、基本方法、典型应用的顺序理清知识要点，例如：

机械运动

一、基本概念

1. 质点：物体的大小和形状对研究的问题影响很小，可以忽略，可将物体视为一个有质量的点。高中阶段所学力学为质点力学。

2. 时间与时刻

时刻：对应时间轴上的一个点；

时间：对应时间轴上的一段。

3. 标量与矢量

4. 路程与位移

路程：轨迹的长；

位移：位置的变化。用"由起点引向终点的有向线段"来表示。

5. 瞬时速度与平均速度

瞬时速度：描述某一时刻物体运动的快慢，对应一个状态；

平均速度：$\bar{v} = \dfrac{位移}{时间}$，描述某一段时间物体运动的快慢，对应一段过程。

6. 瞬时速率与平均速率

瞬时速率：瞬时速度的大小 平均速率 $= \dfrac{路程}{时间}$。

7. 速度变化：$\Delta v = v - v_0$ 此式为矢量运算式。

8. 加速度

描述速度变化的快慢，定义式为 $a = \dfrac{\Delta v}{\Delta t}$，也称速度变化率。

加速度的方向与速度变化的方向相同，加速度的方向由合外力的方向决定。

*速度、速度变化、速度变化率的区别。

二、基本规律

1. 匀速运动：$x = vt$

2. 匀变速直线运动

速度公式：$v = v_0 + at$

位移公式：

$$x = v_0 t + \frac{1}{2}at^2$$

$$x = \frac{v^2 - v_0^2}{2a}$$

$$x = \frac{v + v_0}{2}t = \bar{v}T$$

注：

*公式中的 x、v、a 均为矢量，在直线运动中用"正""负"号表示方向，使用

公式时需将"正""负"号带入进行计算。

　　＊匀减速直线运动需考虑是否速度减为0，以及之后是否返回。

3. 匀变速直线运动特殊规律

$$①v_{\frac{t}{2}} = \frac{v + v_0}{2} = \bar{v} = \frac{s}{t} \qquad ②v_{\frac{s}{2}} = \sqrt{\frac{v^2 + v_0^2}{2}}$$

$③\boxed{v_0 = 0}$ 的匀加速直线运动规律

$x_{0 \sim t}$：$x_{0 \sim 2t}$：$x_{0 \sim 3t}$：LL：$x_{0 \sim nt}$ $= 1$：4：9：LL：n^2

$x_{0 \sim t}$：$x_{t \sim 2t}$：$x_{2t \sim 3t}$：LL：$x_{(n-1)t \sim nt}$ $= 1$：3：5：LL：$\left[n^2 - (n-1)^2 \right]$

$t_{0 \sim s}$：$t_{0 \sim 2s}$：$t_{0 \sim 3s}$：LL：$t_{0 \sim ns} = 1$：$\sqrt{2}$：$\sqrt{3}$：LL：$\sqrt{n}$

$t_{0 \sim s}$：$t_{s \sim 2s}$：$t_{2s \sim 3s}$：LL：$t_{n-1s \sim ns} = 1$：$(\sqrt{2} - 1)$：$(\sqrt{3} - \sqrt{2})$：LL：$(\sqrt{n} - \sqrt{n-1})$

$④\Delta s = aT^2$

三、本章基本方法

1. 草图法

2. 公式法

3. 图像法

（1）对具体问题的深入研究

　　知识点之间的逻辑关系理清之后，就可以对一些典型问题进行深入研究，在这个过程中不断丰富自己的学科知识储备。

　　对一个问题的研究：图像斜率的具体含义。

　　在高中阶段，图像的斜率分为两种：切线的斜率和割线的斜率，如 $v - t$ 图像的斜率表示加速度指的是切线斜率，而 $U - I$ 图像斜率表示电阻则指的是割线斜率，凡是切线的斜率表示的是纵坐标表示的物理量对横坐标表示的物理量的变化率。

（2）熟悉普通物理内容，了解近代物理内容

　　具备深厚的物理学理论知识是物理教师进行教学的基础。中学物理教师需要掌握的物理学理论知识主要是基础物理学部分，包括力学、热学、电学、光学和原子物理学理论部分的基本概念、基本规律和基本解题方法。这些知识是教师专业知识结构中的主体部分。长期以来，我国高师院校物理教育专业的课程开设比较集中于物理学科课程，因此大部分物理教师对物理学的理论知识（尤其是基础物理学部分）掌握得比较扎实。有调查显示：高中物理教师对物理学科知识掌握较好，具有较强的解题技能与技巧。然而实施新课程的物理教师仅满足于此是不够的。一方面，探究教学中开放性程度的增加以及信息社会学生知识视野的开阔，要求教师具备层次清晰、内容完整、结构合理的物理学科知识结构。另一方面，物理学的现代发展毫无疑问已经引起物理学的科学体系的深刻变化。这一变化反映在新课程中，即是以《标准》为依据编写的物理教材降低了部分知识的难度要求，而增加了一些教师们相对比较陌生的现代物理

学知识，如"相对论简介"、"多普勒效应"、"嬗变"等。

过去，中学物理讲到19世纪就没有了下文。现在，基础教育课程改革要求反映物理学研究的新成果，根据现代物理的发展趋势和已有的成果，用新的观点重新整合高中物理的课程内容。这就意味着中学物理教师们需要跟踪物理学的现代进展，体会重大发现中激励人心的创造性，了解重大突破对物理学及其他学科的巨大影响，认识新概念、新规律的深刻智慧及力量，看到现代科学之间的内在联系，并且不断把这些新的激动人心的认识与学生一同分享，不断激发学生学习物理的兴趣，同时也让学生们明白物理学中还存在着许多不解之谜，有待他们进一步去探索、去发现。当然，教师加强物理学前沿知识的学习不能仅停留在量上的扩充，否则现代物理的教学依然难以避免陷入"知识灌输"的泥沼。赵凯华先生认为物理教学要富有时代感，就必须将物理学前沿融入物理教学之中，但又不能流于新闻式的报道，而应挖掘出其中深刻的物理内涵。可见，重要的是要将物理学的思想、观念这些原本隐匿于知识内容背后的知识传达给学生。

（二）物理学思想和观点

物理思想是对物理现象、过程、概念、规律和方法进一步概括形成的理念，它对人们解读物理世界、描述物理事件、解释物理本质、运用物理知识和方法解决实际物理问题具有导向作用。

物理学提供给人们的是对宇宙物质的基本组元及其基本相互作用、基本运动规律的认识。从亚里士多德的直观朴素的自然哲学，到牛顿时代的经典力学，再到爱因斯坦时代的相对论和量子力学，几乎每一次的物理学革命都使人类对于自然界的认识发生了根本的变化。从一定意义上说，当今人类的物质观、时空观、宇宙观，就是在物理学的基础上，随着物理学的发展而逐步形成的。物理学的发展过程，又是许多物理学家在物质是运动的，运动是有规律且规律是可知的、因果性的，其形式是在简单的、和谐的、对称的、有不同层次的等一系列饱含哲理的正确思想的指引下，研究物理现象、过程并最终建构物理学理论的过程。物理学史表明，在物理学发展过程中，每一次物理学思想上的"危机"都孕育着物理学上的一次重大突破，例如，哥白尼的日心说思想，打破了宗教神学的禁锢，为揭示自然界中机械运动的一般规律开辟了新途径；即世纪的量子理论和相对论，以相对的、量子的观念取代了经典理论中绝对的、连续的思想，深刻改变了人类对空间、时间、运动和力这几种基本概念的认识。

物理教育的任务，一类是物理知识的传授和运用这些知识去分析、解决物理问题，另一类是观念和方法。①然而在现行的高中物理教学中，观念和方法的教育并不尽如人意：对文科学生在知识和技能方面要求偏高，而物理学的一些基本思想、观点、方法渗透较少，而对理科学生在知识和技能方面要求偏低，近代物理的思想、观点反映较少。②受传统知识观影响的物理教师常常把中学物理学讲得太"绝对"，太"确定"，太"线性"，使学生留下"物理学是一门封闭的、僵化的、停滞的学科"的破坏性印象。这些先入为主的观念导致学生难以接受"相对的"、"随机的"、"非线性"的现代物理学观念。学生学习物理的过程是接受物理思想熏陶的过程，是让学生接受科学方法和科学思维训练的过程，也是让学生接受科学美育和提高科学素质的过程。因此作为物理教师，有必要清楚物理学的重要思想和观点。

1. 理想化

指忽略问题的次要因素，抓住主要因素，使复杂的物理过程简单化。这一思想本身蕴藏了深刻的哲学内涵。世间所发生的一切过程都是极为复杂的，在对这些现象进行研究时，如果真的将其中的每个方面都一一关注，那么研究工作将变得异常繁琐和庞大，也将无法真正进行研究。因此，需要对现象和过程进行理想化，才能抓住问题的核心本质，利于我们发现其中的规律。中学阶段最著名的理想实验是伽利略的"理想斜面实验"，这个实验深刻地揭示了"力不是物体维持运动的原因"，现实生活中却无法找到这样绝对光滑的斜面，但这个实验的整个设计和思维过程却深刻地驳斥了亚里士多德统治人类多年的结论，为牛顿第一定律的问世打下了坚实的基础。

高中阶段的理想化思想主要运用在以下几个方面：

（1）物质形态理想化：质点、理想气体、点电荷、匀强电场、匀强磁场；

（2）条件理想化：光滑、绝热、不可伸长；

（3）运动变化过程理想化：匀速直线运动、匀变速直线运动、抛物体运动、简谐运动、等温等压等容过程。

需要注意的是，在教学中，教给学生在何种条件下可进行理想化非常重要，即只有当该因素对我们研究的问题影响很小时，才可将其忽略。例如：在自由落体运动中我们忽略空气阻力，是因为对一般物体的下落过程，空气阻力产生的影响很小，故可以忽略，但对于从高空落下的雨滴和张开的降落伞，空气阻力在其中影响了运动规律，故不可以忽略。学生只有掌握了这一点，才能在具体的情境中熟练地运用理想化的思想。

2. 对称守恒

物理学家在把握现实世界的过程中，有一种奇妙的信念：自然界的一切事物、一切现象都不是单个地、孤立地存在着，它们之间总是有着这样或那样、直接或间接、线性或非线性、必然或偶然的联系。正是它们之间的这种内在联系与相互作用，使整个自然界呈现出简单与和谐，显现出多样统一的规律来。人们对相互联系与转化的现象的研究，发现一系列的守恒定律，而守恒又往往对应着时空中或非时空的内部的对称性，于是随着物理学研究的进展，守恒与对称成为从事物理学习与研究的一个重要观点。

（1）关于守恒

在物理学中，一个非常重要的守恒就是能量的转化和守恒定律。能量守恒定律，是自然界最普遍、最重要的基本定律之一，为我们描绘了自然界普遍联系的图景。从物理、化学到地质、生物，大到宇宙天体，小到原子核内部，只要有能量转化，就一定服从能量守恒的规律。能量守恒定律的发现告诉我们，尽管物质世界千变万化，但这种变化绝不是没有约束的，最基本的约束就是守恒律。也就是说，一切运动变化无论属于什么样的物质形式，反映什么样的物质特性，服从什么样的特定规律，都要满足一定的守恒律。从日常生活到科学研究、工程技术，这一规律都发挥着重要的作用。人类对各种能量，如煤、石油等燃料以及水能、风能、核能等的利用，都是通过能量转化来实现的，能量守恒定律是人们认识自然和利用自然的有力武器。守恒观点的两层含义：①自然界各种物质的转化，在量上是守恒的；②自然界各种物质运动形式的转化，在质上也是守恒的。

高中阶段除了能量守恒规律之外，还有动量守恒、电荷守恒等。在人教版的教材内容设置中，《机械能》一章的第一节——追寻守恒量，《动量》一章的第一节——探究碰撞过程中的不变量，都充分体现了对守恒观点的重视。

（2）关于对称

对称性是美学准则之一，对称性范畴包括均匀性、周期性乃至和谐性等特性。对称美学思维也为物理学的研究提出了方法论的原则。对称美学思想是自然界更深刻的联系和规律性的反映，所以人们可以通过某种对称去揭示物质运动遵循的规律，预言未知物质的存在。电磁感应现象的发现以及反粒子的发现，就是依据了物理世界的对称法则。物理学理论的发展过程，就是人类对自然界对称性的认识不断深化的过程，例如：伽利略变换对称性导致牛顿力学，洛伦兹变换对称性导致狭义相对论，时空坐标一般变换对称性导致广义相对论等等。运用这种对称思想可以简化物理情景或物理过程，进而理清解题思路。一般的对称形式有轴对称、面对称和球对称，涉及的内容有运动的对称、作用的对称、分布的对称等。

对称，有的是问题本身直接给出的对称性，例如电阻网络、光路的可逆与对称等等，有的是本身没有对称性，但如果联想到可比较的对称性模型，解决问题就很方便了。通过这类问题的训练，可以提高学生丰富的联想比较的思维能力。

此外，还有很多物理思想，如统计的思想、量变质变思想、对立统一思想等，这些思想对于提高学生的科学素养都有积极的作用。

（三）物理学科学方法

在课程标准中提出：要求学生"了解物理学的基本观点和思想"。物理科学方法是物理学体系的一个重要组成部分，也是物理教师知识素养中的一个不可或缺的内容。在物理学的发展史上，每一次物理科学方法的更新都标志着物理学的重大发展。因此，不懂得物理学的方法，不了解物理学方法的应用，就不能真正地掌握物理学。此外，物理科学方法具有重要的教育价值。中学生掌握物理学的一般研究方法不仅是学习物理的一个重要部分，对学生毕业后的继续教育和创造性的工作也将大有裨益。

在中学物理教学中涉及到的物理学的一般研究方法，主要有观察、实验、抽象、

高中物理教师专业能力必修

Gao Zhong Wu Li Jiao Shi Zhuan Ye Neng Li Bi Xiu

比较、类比、假设、模型、数学方法等。这里以其中三种方法为例，重点讨论在教学中应注意的问题。

1. 比较

是确定对象之间的共同点和差异点的一种逻辑思维方法，认识事物从区分开始，要区分，就要比较，有比较才能鉴别。

在教学中运用比较方法时，特别要注意将比较的着眼点放在核心物理特征上，而不应该停留在对表面现象的比较上。例如，下列三个物理过程

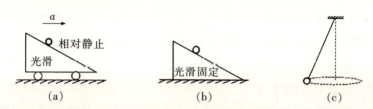

（a）图：小球放在光滑斜面上与斜面一起向右加速运动，（b）图：小球沿着光滑固定的斜面下滑，（c）图：小球用细线悬挂做圆锥摆运动。（a）图与（b）图看上去情景相似，但力学特征不同，（a）与（c）尽管情景不同，但力学特征是相同的。在教学中尤其要引导学生要抓住物理本质进行比较。

2. 类比

是一种从特殊到特殊的推理，它是在比较的基础上，根据对象之间在某些方面的相同或相似而推出它们在其他方面也可能相同或相似的一种逻辑方法。

在教学中，往往用类比的方法，借助学生已有知识来引出新的知识以及理解新的知识。例如：在讲解磁感应强度时，可以借助研究电场强弱的方法来引出磁场的研究方法。

电场	磁场
电场强弱的描述——电场强度	磁场强弱的描述——磁感应强度
通过什么研究——检验电荷受力	通过什么研究——通电导体受力
定义方式——比值定义	定义方式——比值定义

3. 假设

是根据已知的科学原理和科学事实，对未知的自然现象及其规律性所作的一种假定性的说明，它是建立在一定的实验材料和经验事实的基础上，并经过一定的科学论证而提出的，和简单的猜测和臆断是不同的。

新课程标准中，将"猜想与假设"作为科学探究的重要一步。在教学中，既要注意避免学生漫无边际的"瞎猜"，也要注意避免因过分要求学生说出依据而挫伤学生的积极性。

27

（四）物理学史

1. 教师学习物理学史的意义

了解经典物理学和现代物理学在发展过程中的基本历史线索，了解近代物理学的各个分支学科是怎样兴起和发展的，经典物理学又是怎样发展到现代物理学的。帮助教师在上述基础上能比较深入地钻研和领会教材，适当地结合物理思想和物理研究方法，教好物理学的基础知识，使学生不仅理解物理概念、定律和原理等科学成果，而且理解获得这些科学成果的基本过程。

物理学史是研究物理学发展的学科，它是物理科学体系中重要的组成部分，对物理教师的教学起到非常重要的作用。教师通过传授物理学史方面的知识，可以培养学生科学意识、科学精神及科学方法等多方面品质。

2. 物理学史的教育功能

（1）让学生了解科学家发现规律的思维过程和科研方法。在教学过程中提供丰富的物理科学发展的史料，将物理概念、规律的历史发展过程展现给学生，使之熟悉科学家发现规律的思维过程和科研方法，并从科学家的失败与成功中得到启示。通过物理学史教育能够使学生受到科学的思维方法的熏陶，从中领略到科学家是怎样用科学方法进行研究的，有利于学生从被动接受式学习向探究式学习转化。

（2）培养学生的科学意识和科学精神。物理学是研究物质运动一般规律和物质基本结构的科学，是自然科学的重要组成部分。通过物理学史教育学生，可以培养实事求是、严谨治学的科学意识。适当介绍一些科学重大发明或科学发现的生动事例，能够激发学生对科学家的敬重之情，进而培养学生求实、严谨的科学意识与勇于创新的科学精神。

（3）另一方面，物理学史可以帮助学生用历史的眼光来看待自我的成长，更好地进行"自我反思"，通过"认识自我"、"改造自我"，发展学生的解放理性。物理学史中有大量物理学家自我实现的事例，通过介绍这些事例，可以创设使学生分享科学家"高峰体验"的情境，激发学生"自我实现"的主观愿望，潜移默化地使学生的学习动力得到了加强。

保罗·朗之万说过："在科学教学中加入历史的观点是有百利而无一弊的。"在中学教学中引入物理学史，可以提高学生的知识和技能，让学生了解科学发现的过程与方法，同时在潜移默化的过程中渗透了对情感、态度、价值观的教育，可以说起到了"一石多鸟"的作用。如何在新课程的背景下把物理学史的内容融入物理教学中，以促进学生的全面发展，这需要广大物理教师在实践中积极探索。"读史可以明智"，这句话对学生是这样，对物理教师也是如此。

为了有效发挥物理学史的教育功能，物理教师本身也必须具有较高的学史素养，提高学史素质对教师全面理解和把握物理学科的知识体系，提高教学水平，具有非常重要的意义。

（四）物理学应用

翻开一套美国中学物理教材，感受最为深刻的一点是，在教材中有大量的生活实例，从问题的引出，到知识的呈现，再到例题，无一不是以生活实例为素材，甚至课后的复习题，90%以上也都是生活中的实际问题。例如在讲述速度的矢量性时，教材中有这样一段描述："知道速率，在某些时候并不意味着告诉了你有关运动的一切。比如，天气预报员说，一场飓风正在以每小时25千米的速率运动，你该为此做准备吗？在美国，飓风通常是自西向东运动的。如果你处于飓风的西面，而它又是向东运动的，你就不必担心。如果飓风正在向西运动，情况又不同了。"这一段，用非常浅显的实例说明了速度的矢量性，令人印象深刻，非常值得我们借鉴。了解物理学的最新发展以及对社会生活的影响，了解正在进行的研究以及最近取得的成果，对一名中学物理教师而言，也是非常重要的。

1. 物理学与生活

物理是一门历史悠久的自然学科，物理科学作为自然科学的重要分支，不仅对物质文明的进步和人类对自然界认识的深化起了重要的推动作用，而且对人类的思维发展也产生了不可或缺的影响。从亚里士多德时代的自然哲学，到牛顿时代的经典力学，直至现代物理中的相对论和量子力学等，都是物理学家科学素质、科学精神以及科学思维的有形体现。随着科技的发展，社会的进步，物理已渗入到人类生活的各个领域。

身边的事物是取之不尽的，对与现实生活联系很紧密的物理学科来说，更是时时会用到的，用身边的事例去解释和总结物理规律，学生听起来熟悉，接受起来也就容易了。只要时时留意，经常总结，就会不断发现有利于物理教学的事物，丰富我们的课堂，活跃教学气氛，简化概念和规律。

2. 物理学与前沿科技

各种版本的物理新教材都增加了与现代科学技术和社会发展密切相关的知识内容。与传统教材相比较，物理新教材内容有删有增，总体容量变化不大，但删去的是教师熟悉的内容，增加的是教师陌生的东西。例如：光的偏振现象在液晶显示中的应用，电磁波与信息化社会，GPS卫星定位系统等等。

增加的内容拓展了原有的知识范围，教师不仅仅要熟悉书本上给出的知识，还要了解物理科学的发展趋势、实际应用以及对社会发展、社会经济生活的影响。这就要求中学物理教师必须跟踪物理学的前沿进展，按照物理学发展的趋势，改变自己已有的知识结构，以适应新形势的要求。

3. 物理学应用在教学中的落脚点

无论是物理学在生活中的应用，还是物理学与前沿科技的关系，有关物理学应用的知识从诸多渠道都可以获得，只要在平时注意这方面的积累，假以时日，一定会形成自己的资料库。拥有了这方面的教学素材以后，更重要的一点，在教学中要恰当地使用这些素材才能发挥其教育功能，这就要求物理教师从宏观的角度把握这些知识在物理教学中的落脚点。

一般来说，在教学中呈现物理知识在生活和科技中的应用主要有以下几个目的：

（1）使学生的物理学习贴近生活，从而体验到物理知识源于生活，最终服务于生活，从而增强学习物理的兴趣。

（2）以实际生活中的实例和问题作为教学素材，可以真正提高学生解决实际问题的能力。

（3）引导学生关注物理、技术与社会三者的关系，培养学生的社会责任感，强调物理与技术相结合应当造福人类，让物理教学中有人文意识、价值观和道德伦理方面的教育。

其中，（1）注重知识的学习；（2）指向能力的培养；（3）则是着眼于学生的终身发展。

（五）对物理学的再认识

物理学是一门科学，它是一门以实验为基础的自然科学，它是发展最成熟、高度定量化的精密科学，又是具有方法论性质、被人们公认为最重要的基础科学。物理学取得的成果极大地丰富了人们对物质世界的认识，有力地促进了人类文明的进步。正如国际纯粹物理和应用物理联合会第 23 届代表大会的决议《物理学对社会的重要性》指出的，物理学是一项国际事业，它对人类未来的进步起着关键性的作用：探索自然，驱动技术，改善生活以及培养人才。

物理学还是一种智能。物理学之所以被人们公认为一门重要的科学，不仅仅在于它对客观世界的规律作出了深刻的揭示，还因为它在发展、成长的过程中，形成了一整套独特而卓有成效的思想方法体系。它代表着一套获取知识、组织和应用知识的有效步骤和方法，把这套方法用到什么问题上，这问题就变成了物理学。

物理学也是一种文化。物理学家在长期科学实践中所创造的大量物质产品与精神产品，构成了物理文化。物理文化是科学文化的重要组成部分。物理学是求真的，物理最讲究实证，物理学家在科学研究活动中最基本的态度就是实事求是，坚守"实践是检验真理唯一标准"的原则；物理学是从善的，物理学致力于将人从自然中解放出来，从必然王国走向自由王国，帮助人们不断认识自己，促使人的生活趋于高尚。这是物理学的价值取向和终极目标，因而物理学的本质是从善的；物理学是至美的；德国物理学家海森伯说过：美是真理的光辉，罗马哲学家普洛丁又说过：善是美的本原。由此，物理学因真而美、因善而美就是十分自然的了。物理的美属于科学美，主要体现于简单、对称和统一；对称则统一，统一则简单，它们构成了物理学的基本美学准则。

通过以上分析，我们对于物理有了一个较为全面的认识：它既是一门科学，又是一种智能，更是一种文化。作为一名物理教师，能对自己所任教的物理作一番全方位的审视与剖析，这是十分必要的。一方面可使我们看到，物理原来有着如此丰富的内涵，从而会更自觉、有意识地去挖掘和开发它的育人功能，全面提升教学质量；另一方面又使我们看到，物理原来有着如此美好的禀性，从而会更加钟爱物理，更有激情地去从事物理教学。只有真正热爱物理的物理教师，才能做到不仅教会学生理解物理、应用物理，而且还进一步引导他们去感悟物理、欣赏物理。

四、条件性知识

指教师所具有的教育学、心理学知识，这种知识是广大教师所缺乏的，也是在教改实践中特别强调的。传统的教学过分关注学科，过分强调学科的独立性和重要性，缺少对人的生命存在及其发展的整体关怀，因而是不利于学生的身心健康发展的。"一切为了每一位学生的发展"是新课程的核心理念。这意味着教师要关注每一位学生，关注学生的情绪和情感体验，关注学生的道德和人格养成等等。如果教师缺乏教育学、心理学的基本知识，不了解学生的心理特点及发展规律，就没有办法根据学生的心理规律进行教育和教学。所以，教育学、心理学知识的欠缺会影响教师处理教育教学问题的科学性，在一定程度上会影响教学及教育过程的顺利实施。因此，一个物理教师要胜任教学工作，仅仅掌握物理专业知识是远远不够的，还必须具有丰富的教育学、心理学知识。这类知识的主要作用表现在能够使教师迅速准确地解释学生的言行，并且在需要的时候，给学生适当的指导，因此，在很大程度上可以帮助教师有效地履行自己的专业工作。我们把这类知识统称为条件性知识。

20世纪80年代以来，随着我国教育的蓬勃发展，西方众多的教育教学理论被引入国内，其中教育心理学是众多"引进"理论中颇具潜在价值的研究领域。从早期的行为主义流派的S-R条件反射理论到后来的认知流派的交互主义理论乃至后来的人本主义流派的学生发展中心理论，心理学在越来越深刻地影响着教育科学的发展，皮亚杰和维果斯基的发展理论、布鲁纳和加涅的学习理论、布鲁纳的结构课程理论，加德纳的多元智能理论，至今仍是我们进行教学实践和教学改革的重要理论依据。无论是提高教学质量，进行课堂教学改革，还是实施素质教育，客观上都需要深入系统地进行教育心理学研究。

（一）学一点教育心理学

物理教师所需掌握的教育专业知识可以分为两类：一般教育学知识和物理教育学知识。

1. 一般教育心理学

一般教育学知识范围相当广泛，既包括教育学知识，如教育史、教育基本理论、教育科学研究方法等，也包括心理学知识，如心理学基本理论、教育心理学、发展心理学等等。新课程的实施突出强调了教师必须提高心理学素养，这是对教师素质要求的一个重要变化。对一个中学教师而言，教师需要掌握以下几个方面的心理学知识：

（1）普通心理学。通过它来了解心理学的基本知识和一些基本的心理现象，以便对心理学这个学科有个大体的了解和把握。

（2）发展心理学。各门学科课程标准的制定是以发展心理学为基础的。教师应该了解学生心理发展规律，知道每个年龄阶段典型的心理特点，以及在心理发展的过程中存在的个体差异等。

（3）教育心理学。教育心理学的核心是研究学生学习的问题，研究学生如何学习、学习习惯、学习策略等。丰富的教育心理学知识有助于教师较好地解决学生在学习过程中遇到的一些问题。除了一般教育学知识，物理教师还应掌握物理教育学知识。美国教育学家舒尔曼认为，"学科教育学的知识"是区分教师和一般知识分子的一种知识体系，他提出，学科教育学知识就是把"内容"和"教学"糅合在一起，变成一种理解，具有可教性；知道在某种特定主题、问题或议题上，如何针对学生不同的兴趣与能力，而把教师自己的学科知识予以组织、表达和调整，并且进行教学。

2. 学科教育学知识

学科教育学是当代教育理论的一个分支，从它所涉及的内容上看，包括物理学、教育学、心理学的基本概念和理论，在物理教育学中还应用了信息论、系统论、控制论的基本观点。它综合运用这些理论分析解决物理教育过程中的一系列问题，形成了物理教育理论的整体，因此，物理教育学是一门综合性很强的学科。

从物理教育学的理论体系来看，它包括了研究中学物理教学过程中"怎样教"问题的教学论，研究中学物理教学过程中"教什么"问题的课程论，研究中学生在学习过程中"怎样学"问题的学习论，研究实验教学规律的实验论，以及对物理教师的基本要求和教育评价理论。从以上六个方面研究中心物理教育过程所应遵循的基本规律、所应采用的教育方式和方法。根据中学物理的教育目标，把现代教育理论、物理学和其他知识应用到物理教育的具体实践中去。从这个意义上说，物理教育学又是一门实践性很强的知识。

（二）学习理论

学习理论是教育学和教育心理学的一门分支学科，描述或说明人类和动物学习的类型、过程以及有效学习的条件。学习理论是探究人类学习本质及其形成机智的心理学理论。它重点研究学习的性质、过程、动机以及方法和策略等。

1. 学习理论对教学的意义

学习理论是对学习规律和学习条件的系统阐述，主要研究人类的行为特征和认知心理过程。像其他理论一样，学习理论具有它特定的作用，主要是：

（1）提供学习领域的知识

学习理论要提供关于学习的知识，以及分析、探讨和从事学习研究的途径和方法。它要说明学习的哪些方面最值得研究，哪些自变量应加以控制，哪些因变量应加以分析，可以使用哪些方法和技术，应该用什么样的术语来描述研究的结果等等，从而为教育工作者提供一个研究学习的框架，把注意力集中在最值得研究的问题上。从这个意义上说，学习理论是人们对学习的问题进行科学的研究和思维的指南。

（2）概括有关学习法则的知识

学习理论要对有关学习法则的大量知识加以概括，使之系统化或条理化，以便人们容易掌握。通过系统化，可以使那些看上去本来没有联系的现象富有意义，可以减少材料的复杂性，以便于分析它们。然而，人们在用学习理论来预测学生的认知和行为的变化结果时会遇到不少困难，因为学生大脑的运演过程是受众多变量影响的。

（3）说明学习是怎样发生的

学习理论要解释学习是怎样发生的，以及为什么有的学习有效，有的学习无效。因为学习的法则只是告诉人们"应该如何"学习，而学习理论则试图解释"为什么"要这样学习。从广义上说，理论本身就是对某领域的知识的系统解释。学习理论的任务是要为人们提供对学习的基本理解力，从而为形成正确的教学观奠定较为科学的基础。

在教学过程中，这些作用具体体现为：1. 作为教学设计的参照准则；2. 评估训练和课堂教学的成果；3. 诊断课堂教学中存在的问题。

2. 几种有代表性的学习理论

（1）行为主义

行为是学习者对环境刺激所做出的反应。他们把环境看成是刺激，把伴随之的有机体行为看作是反应，认为所有行为都是习得的。行为主义学习理论应用在学校教育实践上，就是要求教师掌握塑造和矫正学生行为的方法，为学生创设一种环境，尽可能在最大程度上强化学生的合适行为，消除不合适行为。

（2）认知主义

认为人们的认知过程实际上就是一个信息加工过程。人们在对信息进行处理时，也像通讯中的编码与解码一样，必须根据自身的需要进行转换和加工。认知主义学习理论在形成之初就从与行为主义不同的角度来探讨学习。在他们看来，环境的刺激是否受到注意或被加工，主要取决于学习者的内部的心理结构。

以认知主义学习理论为依据，专家们提出了一系列指导教学设计的原则，我们将它们归并如下：①用直观的形式向学习者显示学科内容结构，应该让学习者了解教学内容中涉及的各类知识元之间的相互关系；②学习材料的呈现应适合于学习者认知发展水平，按照由简到繁的原则来组织教学内容。这儿所说的由简到繁是指由简化的整体到复杂的整体；③学习要求理解才能有助于知识的持久和可迁移；④向学生提供认知反馈可以确认他们的正确知识和纠正他们的错误学习；⑤学习者自定目标是学习的重要促动因素；⑥学习材料既要以归纳序列提供，又要以演绎序列提供；⑦学习材料应体现辩证冲突，适当的矛盾有助于引发学习者的高水平思维。

（3）建构主义

认为学习是学习者在原有知识和经验的基础上，在一定的情景或社会文化的背景下，借助他人的帮助，主动对新信息进行加工处理，构建意义的过程，对学习内容的真正理解只能由学习者自身基于自己的经验背景而建构起来。

建构主义理论指出，教学不能无视学习者的已有知识经验，简单强硬地从外部对学习者实施知识的"填灌"，而是应当把学习者原有的知识经验作为新知识的生长点，引导学习者从原有的知识经验中，生长新的知识经验。这一思想与维果斯基的"最近发展区"的思想相一致。

教学不是知识的传递，而是知识的处理和转换。教师是教学的引导者，并将监控学习和探索的责任也由教师为主转向学生为主，最终要使学生达到独立学习的程度。

提倡情境性教学。建构主义认为，学习者的知识是在一定的情境下，借助他人的帮助，如人与人之间的协作、交流、利用必要的信息等等，通过意义的建构而获得的。

（4）人本主义

认为学习是有意义的心理过程，是学习者内在潜能的发挥，强调让学生学会如何学习提出了"自由学习"和"学生中心"（student centered）的学习与教学观。人本主义主张，心理学应当把人作为一个整体来研究，而不是将人的心理肢解为不完整的几个部分，应该研究正常的人，而且更应该关注人的高级心理活动，如热情、信念、生命、尊严等内容。人本主义的学习理论从全人教育的视角阐释了学习者整个人的成长历程，以发展人性；注重启发学习者的经验和创造潜能，引导其结合认知和经验，肯定自我，进而自我实现。人本主义学习理论重点研究如何为学习者创造一个良好的环境，让其从自己的角度感知世界，发展出对世界的理解，达到自我实现的最高境界。

3. 基于学习理论的两种教学方法

（1）奥苏贝尔的"接受学习"

奥苏贝尔的认知——接受学习理论强调知识的有意义接受学习，奥苏贝尔认为，学校教学主要是采用有意义的接受学习，有意义的讲解式教学是课堂教学的基本形式。学生课堂所学主要是人类社会积累的科学文化知识，这些知识是用言语符号表达并经过加工和组织的知识体系，教师大都运用讲解式教学方法向学生传授科学文化知识，讲解式教学能充分发挥教师的主导作用及学科知识结构的内在功能，学生则能够有效地在这种教学形式中采用接受学习的方式获得系统的科学文化知识。课堂讲解式教学成了长期沿用的班级授课制的一种简约的、高效的教学模式。奥苏贝尔的有意义接受学习理论，既对学生学习书本知识的规律作了深刻地揭示，又使这种教学模式建立在学习心理学的理论基础上，发挥了它本来的优势。

体现在教学指导思想上，注重系统知识的教学，加强基本概念、原理和原则的学习，而且是以有意义接受为主要学习方式，以构建学生良好的认知结构，利于发展智能。

体现在教学过程中，充分了解学生认知结构里是否有能与新知识建立最佳联系的原有知识，尤其是与新知识学习有密切联系的已有概念和原理、原则的掌握情况；根据学生原有知识进行教学，善于从已有知识过渡到新知识，讲清新知识与原有知识的内在联系和区别，注重新旧知识的清晰性，以将新旧学习内容统合为一个完整的知识体系。如果学生原有认知结构中没有可用来同化新知识的上位概念，需要设计适当的"先行组织者"来促进理解。此外，还要通过各种形式的练习和复习，巩固新知识，强化认知结构。

（2）布鲁纳的"发现学习"

布鲁纳指出："儿童都有他自己的观察世界和解释世界的独特方式。"教师的任务就是"按照这个年龄儿童观察事物的方式去阐述那门学科的结构。"他主张让学生主动地去发现知识，而不是被动地接受知识。

①如果让学生理解了知识的结构，这种理解就会使他不断地发现知识，独立前进。在布鲁纳看来，任何学科都有一定的基本结构（即知识间的相互联系及其规律性）。由于学生在学校中接受知识的范围和深度都是有限的，所以只有让他们理解了知识的基本结构，才能充分发挥学生的智力，在一生当中都能源源不断地获取大量的知识。

②学生只要掌握一些基本的原理，就可以推断所学知识的个别属性。也就是利用学习迁移的作用，使学生在学习知识的过程中能达到举一反三和触类旁通的境地。

③学生不需要在头脑里记住大量的知识，只要掌握了学习的方法和策略，就自然会使他获得大量的知识。布鲁纳特别重视人在学习中的主观能动性，强调要把学生当作是主动参与知识获得过程的人。因此，教师要注意培养学生良好的学习态度，并把正确的学习方法教给学生。

根据这个中心思想，布鲁纳提出了"发现学习"的模式。教师不把知识直接呈现在学生面前，而是让学生自己通过一系列的发现行为去发现并获得所需要掌握的学习内容。也就是说，学生在学习情境中必须经过自己主动的探索和寻找，从而获得知识的答案，要求学生按照自己的学习方式去学习。

布鲁纳的"发现式"学习是一种与传统教学模式完全不同的理论。它强调的是学生主动的认知和发现，认为教师的教学活动不应该围绕着教材，而是应该围绕着学生的学习方法来展开，要注重学生学习方法的培养，也就是建立一种以学生为中心的课堂教学模式（注重过程）。

（三）了解学生的发展规律

1. 了解学生的一般发展规律

（1）学生的思维发展规律

高中生的思维处于从具体运算向形式运算的过渡期，基本上完成了向理论思维的转化，抽象思维和概念思维能力开始加强，抽象逻辑思维占了优势地位，辩证思维和创造思维有了很大的发展，思维开始具有独立性和批判性。认知活动的自觉性明显增强。观察力、有意识记能力、有意想象能力迅速发展，思维的目的性、方向性更明确，认知系统的自我评价和自我控制能力明显增强。

（2）学生的认知发展规律

观察力

目的更明确。

持久性明显发展。

精确性提高。

概括性更强。

记忆力

从记忆目的看，有意记忆占主导地位。

从记忆方法看，理解记忆（意义记忆）为主要识记方法。

从记忆水平看，抽象记忆占优势。

想象力

高中生有意想象迅速发展。

高中生想象的创造性水平逐步提高，创造性想象日益占优势。

想象的现实性增强。

2. 了解你自己的学生

除了要了解学生发展的一般规律外，还要对自己所教的学生有全面的了解。首先，是知识储备和能力基础这两个方面，要对班级整体和学生个人的原有认知结构，最近发展区的情况搞清楚。其次，是学生的情感、态度方面的情况，即他们的学习积极性、兴趣水平等，都要做到心中有数，来判断学生在学习的过程中能否始终具备积极的情感。最后，是学生的个性心理，即学生的性格和气质类型，因为不同性格、气质的学生在面对同样的教学情境时会有不同的反应。

了解学生，掌握学生实际情况的主要渠道有：观察学生听课的反应，观察学生在提问或讨论中的表现，观察学生在实验操作的活动，观察学生在课外进行的活动，观察学生在作业和个别辅导中的表现，还可借助于访谈和问卷调查，必要时应对每个学生建立学习档案。

（四）关于教育科学研究

1. 一个案例给我们的启示

美国有一个州，青少年吸毒非常严重，州政府想做一个公益广告，在美国，宣传工具大多数由私人掌握，政府做宣传是要付费用的，因为付了费，政府不希望钱白白浪费，所以请了一个专家组来做策划。专家组首先在这个州进行了广泛的调查，发现这样几点：①所有的人在第一次吸毒时都清楚地知道吸毒的危害；②吸毒被青少年当作成熟的标志；③大部分青少年第一次吸毒是一个群体行为，青少年的群体压力是非常大的，这个时候，就是有少数人想不吸也是不可能的。

在上面研究结果的基础上，州政府做了一则别出心裁的广告，广告是这样做的：两个毒贩子结束了一天的毒品生意之后，在昏暗的灯光下数钱，一个毒贩子对另一个

高中物理教师专业能力必修

Gao Zhong Wu Li Jiao Shi Zhuan Ye Neng Li Bi Xiu

毒贩子说："现在这个毒品生意是越来越难做了，吸毒的人越来越少，警察查得越来越严。""可不是吗，我们现在的收入主要靠那些年轻人。""那些新新人类，自以为新潮、另类、时髦，其实他们的钱最好骗了。""要是有一天，连他们都不买，我们可就真完了。"广告播出后，效果出奇的好。

启示：

（1）在其中，调查起到了极其重要的作用，调查，是进行科学研究的逻辑起点。

（2）对调查结果的陈述中，①是事实的陈述，②和③是原因的分析。

（3）策略的选择充分考虑青少年的心理：希望从他人那里获得"成熟"的评价。这个案例充分展示了科学研究的魅力。

著名教育家苏霍姆林斯基说过：如果想让教师的劳动能够给每一位教师带来快乐，就要引导每一位教师走到科学研究这条道路上来，课程改革提出了许多新的教育思想和理念，设立了许多新的改革目标，这些理念和目标是否适宜，还有待实践的检验。而最终的检验者应是第一线的教师。教师能否担当得了这样的角色，取决于教师的研究意识和研究素质。另外，新课程改革需要改变过去灌输式的教学行为习惯，这客观上要求教师有一种批判、反思的科研精神。新课程在实施过程中还会出现许多新的问题，也会产生一些矛盾，这同样需要教师对其中的一些问题展开研究，提高对这些问题的认识。总之，新课程需要教师成为一个研究者。教育科学的研究有其特殊的途径和方法，作为一名教师，有必要掌握教育研究方法的基本知识。在这里，重要的是了解研究的整体框架。例如：教育科学研究该按怎样的步骤来进行？在进行研究的过程中应注意什么？

2. 教育研究的一般过程

（1）选择课题：

①确定研究方向：研究的是教育教学中哪方面的问题，如：课堂教学、教师发展等。

②找问题：可以先自由发散思考，记下所有想到的问题，再按宏观、中观、微观对这些问题进行排序。

③确定课题：从问题中选择有理论意义和实践价值，且大小适当的作为研究课题。

（2）文献研究：弄清这个问题的已有研究进展和成果。

（3）选择方法：需注意所选方法与研究的问题要匹配。

（4）确定对象。

（5）确立假设及控制变量。

（6）课题论证：应包括研究目的、理论与实践价值、研究的主要内容、研究现状与突破、主客观条件、研究方法、研究步骤与成果形式。

（7）拟定研究方案。

（8）实施研究：在过程中可随时调整方案。

（9）分类整理资料。

（10）研究分析：注意分析方法一定要科学。

（11）研究表述：

①形式：观察报告、调查报告、实验报告、研究报告、学术论文、教育案例等；

②内容：为什么进行研究、如何进行的研究结果及分析、反思。

3. 教育研究方法简介

（1）观察法：适合一线教师使用。

（2）调查法：包括访谈法、问卷法。

（3）个案法。

（4）实验法：在学校中进行时，很难做到真正意义上的随机分组，所以一般做准实验研究，即在控制变量的前提下比较实验班和对照班的教学效果。

（5）经验总结法：注意要围绕一个点进行总结。

（6）行动研究法。

五、实践性知识

许多教师都有这样的感受：教学实践中，学科专业知识和教育教学理论所能起到的作用只是有限的。牛顿的专业知识可谓登峰造极，但他讲的课没有学生来听。我们也曾发现，刚入行的新教师去听老教师的课，之后原封不动地将所有内容照搬到自己的课堂上，尽管连所举的例子都一模一样，却讲不出老教师的课的味道。在这里，真正起作用的似乎是另外一些性质和存在方式都不同的教育知识，这类知识就是教师们在日常的教育教学实践中所积累起来的对教育教学的认识和教育教学的经验，被学者们称为教师的实践性知识。

在前面我们介绍了文化知识、本体性知识和条件性知识，这些知识都是可以通过阅读获得的。而实践性知识却不同，没有哪一本书教给我们怎样才能将例子举得恰当而生动，告诉我们该怎样在课堂上调动学生的积极性，这些都需要在长期的教学实践中去领悟。

（一）关于实践性知识

1. 什么是实践性知识

教师的实践性知识是指教师在日常教育教学工作中，通过不断反思自身及其他教师的行为，而逐渐建构的能有效指导其教育教学实践的知识；是教师在所处的专业背景中，以独特方式建构的教育教学经验，是教师真正信奉的、内隐的知识。教师的实践性知识产生于实践又指导实践，是教师专业发展的知识基础，对于促进教师的专业发展、提高教师的教育教学水平有着极其重要的作用。

2. 实践性知识对教育教学的意义

研究表明：教师的本体性知识与学生的成绩之间几乎不存在统计上的关系。而且条件性知识也只有在具体的实践情境中才能发挥功效。教师是具体教育情境中的实践者，而教育情境复杂而不确定，教师应对教育情境需要教育机智和教学智慧，教师在面临实现有目的行为中所具有的课堂情境知识及与之相关的知识，是教师的实践性知识。陈向明认为，教师所具有的知识可划分为理论性知识和实践性知识。前者通过阅读和听讲座获得，后者是教师在教育教学实践中实际使用或表现出来的知识。前者通常停留在教师的头脑里和口头上，后者是教师内心真正信奉的、并体现在日常工作实践中。实践知识比理论知识更重要。因为它影响着教师对理论性知识的吸收与运用；它支配着教师的日常教育教学行为；它是教师从事教育教学工作不可或缺的保障；它是连接教师专业知识与专业技能的桥梁。

实践性知识是在教师的专业领域中有别于一般大众的知识和各领域研究者之知识的教师固有的知识。实践性知识与其说是在"理论的实践化"中发挥功能的知识，不如说是在教师的实践情境中支撑具体选择与判断的知识。教师的实践性知识有如下五个要点：（1）由于依存于背景的经验性知识，它同研究者运用的"理论性知识"相比，缺乏严密性和普适性，是一种多义的、活生生的、充满柔性的功能性知识。（2）它是以特定教师、特定教室、特定教材、特定学生为对象而形成的知识，是作为案例知识而积累、传承的。因此，案例研究对于阐明实践性知识是有效的，揭示其形成的临床研究是必要的。（3）它具有不能还原于个别的专业领域的综合性，而且并不具备"理论性知识"那样的发现未知事物和作出原理性阐述的性质，是凭借经验主动地解释、矫正、深化现成知识而形成的综合性知识。（4）它不是显性的知识，它是无意识地运用的、包含"隐性知识"的功能。（5）它是以教师的个人经验为基础而形成的，具有个性品格的知识。因此，要有效地传递实践性知识，不仅要求"知识"，而且要求"经验"。这种传承，具有根据接受者的个性特点和成熟度，加以解读、汲取的性质。

3. 如何获得实践性知识

教师的实践性知识大多是缄默性知识，它是教师在专业活动中的直觉、灵感、洞察力、信念、价值观和心智模式，以及融于教育教学中非正式的、难以明确表达的技能、技巧、经验和诀窍等。它深置于教师个人的行动和经验之中，具有高度个体化、不易言传和模仿和随情境而变化的特点。它与教师的性格、个人经历、修养等因素有着密切的关系，是教师在长期的教育教学中积累和创造的结果。实践性知识的获取主要有以下几个渠道：（1）个人反思：包括微格教学和书写反思日志。（2）同伴的实践交流：主要是听课评课。（3）实践经验的总结和提升：包括撰写教学案例和进行教学研究。

（二）教育机智与教学智慧

教育机智教学智慧是教师面临复杂教学情况所表现的一种敏感、迅速、准确的判断能力。它具体表现为以下两个方面：

1. 及时创造：教师能否对教学做出变通，根据直觉、灵感、顿悟和想象力即兴发挥。

如：在一节课上，教师给出一些具体实例，要求学生分析机械能是否守恒，其中有一个例子是"抛出后的手榴弹"，这个例子本身非常简单，在课堂上，有的学生小声说"不知是实弹还是教练弹"，教师及时抓住这个契机，请这位同学给大家介绍实弹和教练弹的区别，并就此引导学生分析手榴弹爆炸前机械能守恒，但爆炸过程机械能不守恒，使得学生对这个过程的认识不仅仅局限在很窄的范围内，能够从整体上来认识一个物理过程，同时也对机械能守恒的条件有了更深刻的认识。教师针对学生的反应所作的这个引申就属于教学智慧，要做到这一点，除了要对专业知识较为熟悉之外，更重要的是对教学情境保持一定的敏感。而这种能力，需要在长期的教学实践中有意识地进行培养，并有意识地进行积累和总结。

2. 及时调节：一是合理调节教学进度。利用学生上课伊始注意力高度集中的特点进行高效讲解与引导，当学生出现疲惫的状态时，穿插一些巩固性活动或练习，激发学生的成功欲望。二是合理调节学生情绪。教师可以根据教材的特点与需要，用自己的情绪来感染学生，让学生在教师的带动下，将自己的注意力融入到课堂教学之中，保证学习的有效性。三是合理调节教学组织形式，例如：课堂上做完习题之后，讲解答案大致有以下几种方式：（1）老师自行讲解；（2）请学生回答，老师进行总结和归纳；（3）学生上黑板写出解答过程，老师进行评价；（4）学生先进行小组内的交流讨论，再汇报结果；（5）完全由学生来讲解，教师只进行必要的补充。难度较大的题目可由老师进行讲解，如果想对学生的解题过程进行规范可让学生上黑板进行解答，如果习题有多种方法可以先在小组内进行交流。

（三）物理教师的教学基本功

1. 语言

教师主要是通过口头表达教授知识、与学生交流、解惑答疑，因此教师讲课语言发音要准确，吐字清晰，讲解要条理清楚，简练、通俗、生动，有启发性和感染力。由于物理学科严密的逻辑性，对于物理教师的语言尤其如此，最起码的要求是：一要说得准确，条理清楚，不颠三倒四，逻辑混乱。既不能含含糊糊、模棱两可；也不能说来道去不得要领、没有主旨、越说越糊涂。二要说得简明，言简意赅，让学生在脑中形成清晰、正确的深刻印象，话并不在繁，浅显易懂为佳。三要说得生动，富有感染力，语言要可亲可信、巧说为妙，切忌枯燥呆板，更不得故弄玄虚。四要说普通话，语言要规范，要合乎语法和逻辑。另外要注意语言表达技巧，即有声的训练、停顿的技巧、重音的表达、语调的运用、节奏的处理、注重无声语言态势语、幽默语言。

物理语言的特点：（1）语词的单义性；（2）语句意义的确定性；（3）严密性；（4）语言形式的单调性。

2. 板画

板画在物理教学中会经常用到，物理教师的板画基本功非常重要，一副形象生动的板画可以使你的课堂讲授生动、活泼，帮助你轻松地化解教学难点，也更利于学生掌握教学重点。例如：在很多物理现象中都要涉及到对自行车的分析，如果能够快速地在黑板上画出一辆逼真的自行车，对教学无疑会起到锦上添花的作用。请看下面两个图。

（a）　　　　　　　　　　（b）

图（a）中的自行车较为真实，但太过细致，在黑板上画出来要花费一定的时间，图（b）中的自行车笔画很简单，但关键部分都呈现出来了，无论是讲解摩擦力的方向还是线速度和角速度的关系，都能很清楚地在上面反映出来，而且由于画起来非常容易，可以在几秒钟之内画好，相信会使教学过程更为流畅。这种将实际物体简化，用最少的笔画呈现要点的本领，需要在教学实践中不断摸索、勤加练习，才能做到运用自如。

除了反映真实物体的板画之外，还有一种板画用于反映物理过程，这种板画除了要求简洁、形象之外，更重要的一点是要能够准确恰当地反映物理过程中的典型状态。例如在分析下面这道题时：

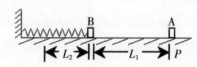

如图所示，轻弹簧的一端固定，另一端与滑块 B 相连，B 静止在水平导轨上，弹簧处在原长状态，另一质量与 B 相同的滑块 A 从导轨上的 P 点以某一初速度向 B 滑行，当 A 滑过距离 L_1 时与 B 相碰，碰撞时间极短，碰后 A、B 紧贴在一起运动，但互不粘连。已知最后 A 恰好返回出发点 P 并停止。滑块 A 和 B 与导轨的滑动摩擦因数都为 μ，运动过程中弹簧最大形变量为 L_2，求：滑块 A 出发时的初速度 v_0。

这道题的物理过程比较复杂，在分析的过程中，如果能借助下面的板画结合板书，相信会大大提高课堂效率。

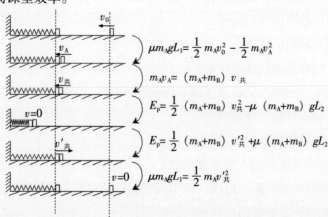

$$\mu m_A g L_1 = \frac{1}{2} m_A v_0^2 - \frac{1}{2} m_A v_A^2$$

$$m_A v_A = (m_A + m_B)\, v_{共}$$

$$E_P = \frac{1}{2}(m_A + m_B)\, v_{共}^2 - \mu (m_A + m_B)\, g L_2$$

$$E_P = \frac{1}{2}(m_A + m_B)\, v_{共}'^2 + \mu (m_A + m_B)\, g L_2$$

$$\mu m_A g L_1 = \frac{1}{2} m_A v_{共}'^2$$

可以看到，这幅板画不仅要求教师有"画"的技巧，还要对题目的核心要点有准确的理解，才能借助图来呈现典型状态，进而用箭头来表示相邻状态之间所夹的过程，并用相应的表达式来描述过程，这样才能引导学生理解如何对一个复杂的物理过程进行分析。当然这方面的技能更需要在教学实践中不断地领悟、积累。

3. 现代教育技术

新课程的实施不仅仅要求教师在教学理念上与新课程与时俱进，还要求教师教学技能也要与时俱进。作为信息时代的物理教师，必须具备驾驭现代教育技术的能力，并将其用于教学中。例如，熟练地制作物理课件；利用互联网上的物理课程资源；建立物理学习网站；利用 word 文档功能完成报告、交流与展示成果；利用电子邮件、聊天室等方式进行师生之间的情感沟通、信息交流等都是信息时代教师不可或缺的能力。在信息化教学环境中，还应该具备收集、整理、利用、管理信息化教学资源并进行课程整合的技能，会利用互联网开展学习、教学及教学研究，拓展物理教学和教学研究的时间和空间。

结束语：什么造就了优秀教师

一、优秀物理教师的素质

曾有人说，教育是科学，其价值在于求真；教育是艺术，其生命在于创新；教育是事业，其意义在于奉献。其实，教师不仅是一项工作，也是一种职业，它更是教师专业成长和实现个人理想的舞台。一个好的物理教师除了具有真善美的心灵，具有坚持公正和热爱教育的责任感。

1. 美国国家教育促进评估会（简称 NAEP），曾对全美 200 位科学教师作了 1 次抽样调查，发现能够配合国家课程实验计划的教师显然具有与众不同的一些特别素质，归纳起来，有以下 20 点：

（1）提供刺激学习的环境；

（2）创造 1 个能被学生接受的学习气氛；

（3）对于不同的学生，期待其有不同的表现；

（4）给学生以较多的学习时间；

（5）对学生有较高的期望；

（6）给学生以富有挑战性的作业；

（7）教师教学过程本身，就是探讨学习的模式；

（8）教学环境不只限于课堂内；

（9）以社会问题作为探讨的重点之一；

（10）与行政人员及其他人员和谐相处；

（11）弹性调整教学时间、进度、教学内容，以及对学生的期望和看法等；

（12）考虑如何开发有效的表达和沟通技巧；

（13）使学生有机会系统地表述其感受、反应和评量；

（14）给予学生自我评量的机会；

（15）借发问引导学生综合概念或想法；

（16）允许学生对事实、教师、权威和知识有所怀疑；

（17）鼓励学生利用机会学以致用；

（18）重视培养科学智慧；

（19）要求学生应用知识；

（20）追求真、善、美的境界。

2. 美国理科教师协会（NSTA）会长典白礼博士在他所著的《如何做一个中学理科教师》一书中，列举了识别理科教师素质的 15 个问题：

（1）是否表现出相当的教学热忱？

（2）能否用恰当的声调和动作表情吸引学生的注意？

（3）能否使用教具进行教学？

（4）能否把握简单的教学目标？

（5）是否具备学科专业知识并能应用于日常生活？

（6）是否有能力将复杂的内容用简明的语言加以解释说明？

（7）能否刺激学生思考？

（8）是否只将课本草率教完了事而不管学生有没有了解？

（9）能否沉着地应付课堂上的偶发事件？

（10）是否对教学有足够的自信？

（11）能否动用各种不同的教学技巧？

（12）是否鼓励学生共同参与和发问？

（13）是否保持适当的教学进度？

（14）能否在教授新内容之前给学生以适当的刺激来引发学习兴趣？

（15）能否将重点放在主要概念的教学上，并在教学结束时能以事实举例？

物理教师应该追求 3 个境界：

教师的职业境界——经师。师者，传道、授业、解惑者也。所谓经师指，教师要像传教士布道一样，严肃、严谨、严格地对待教育教学工作，做一个不"误人子弟"的合格教师。

教师的专业境界——能师。所谓能师，就是具有教育智慧的专家型、研究型的教师。能师要有深厚的专业功底，有独特的教学艺术和风格，有出色的教学效果，有对教育教学的研究和探索，直至著书立说。

教师的事业境界——人师。这是教师人格修养的最高境界。古人云："经师易得，人师难求。"人师以自身人格的魅力塑造学生的人格，以自己的德、才、情给学生以潜移默化的、终生受益的影响和感化。这种境界也是教师完善自我、实现自我、超越自我的享受境界。

二、你的教育信念

信念是人的高层次需要，它激励和支持人按照自己深信不疑的观点和准则去行动，是一种崇高的精神力量。教师的教育信念是积淀于教师个人心智中的对教育理论的坚定确信和意识倾向，主要包括教育目的观（教育培养什么样的人）、教师观、学生观（学生应该接受怎样的教育）等。对教师的教育工作而言，实践性知识以及在此基础上的某些行为往往潜意识地受到教师所持的教育信念的影响。教师的信念常常作为"内隐的理论"深置于各种具体的教学实践中，实属于"实践知识"。这里的教育信念是教师个人所持有的教育观念，与一般的"教育理论"相比更强调个体性、实践性，是教师认可并信奉的教育思想。自觉的教育行为总是以一定的观念作为先导。因此，无论教师口头上褒扬的理论多么先进，而在其行为中却带着明显的"应试教育"烙印，那么他所说的不过是根据某些外在标准认为"应该如此"的理论，而不是他真正信奉的、在教育实践中体现出来的教育观念。

教师已有的教育信念并不是一成不变的。随着时代的发展，教育理论在不断发生变化，过去认为正确的理论现在看来并不一定正确或者是不完善的，就像科学真理的相对性一样，需要对其加以修正甚至是彻底改变。如果新课程倡导的教育理论不能转化为教师笃信的教育信念并进而转化为有效、适宜的教育行为，那么无论多么先进的教育思想终究难以逃脱"付之一炬"的命运。更新教育信念首先应加强理论学习，提高教师的教育认识。然而所有的教育理论研究至多只能为教师提出一些建议，只有当教师以研究的心态与研究者发生共鸣，才可能接受并做个人化的理解和重构，进而使新的教育理论得以内化，成为引导教师从事教育教学工作的教育信念。另外，从经验中收获的实践理论会强化或阻碍新的教育理论进入教师的思维领域，因此除了教师自己，没有人能改变教师的内隐理论。

教师的教育信念，具体表现为对以下问题的理解：

（1）教育的目的是什么；（2）学生应该接受什么样的教育；（3）什么是"好"的教育；（4）"好"教育应该如何实施和评价；（5）如何看待教师职业。

三、教师成长之路

2002年6月26日，朱永新教授在网上发帖子《朱永新成功保险公司开业启事》：1. 保险十年。2. 投保条件：每日三省吾身，写千字文一篇，十年后，持3650篇千字文来本公司。3. 理赔办法：十年后，如投保方未能跻身成功之列，本公司愿以一赔十。

相信很多人把这个启事当奇闻趣事来读，未必真正当回事儿。但是。还真有人较真儿。2002年10月12日，江苏盐城的农村教师张向阳成了"朱永新成功保险公司"的第一投保者。是日，张老师写下了他的第一篇教学随笔——《听课随笔》。8个月即240天，张向阳老师竟写了30万字的教学随笔，其中50余篇7万字见诸报端。

高中物理教师专业能力必修

Gao Zhong Wu Li Jiao Shi Zhuan Ye Neng Li Bi Xiu

张向阳老师的成功事例告诉我们，朱永新教授的"保险"并非虚谈。这里的关键是要持之以恒。"苦读可以成为知名学者，深思可以成就一代宗师"。对教师来说，不间断地反思自己的教学行为，思考身边的教育实例，并且天天用文字记载下来，坚持几年，想不成功恐怕都不行。朱永新教授说十年，张向阳老师只用了八个月，便初见成果了。

写教学反思并不是新词。但一谈到反思，许多老师仅仅理解为检讨自己的教学行为。华东师范大学的孙照保老师说："教师反思的角度，可以是自己，也可以是学生、同事、专家或者是家长；反思的内容可以是教学行为、班级管理、学生生活等各个方面；反思的方法也可以是多种形式的，可以是独立反思，也可以是合作反思。"这样理解教学反思，我们的笔下可述、可评的内容便多了。每日"智慧的结晶"有千八百字便不在话下。

教育事业的进步，教学质量的提高，是以教师的专业发展为前提的。许多教师的成长历程，都提供了极好的范例。大概正因为如此，朱永新教授才自信地提出来个"成功保险公司"。其实，朱教授不过清晰地揭示了事物发展的一条内在的规律罢了，并非奇思妙想。但别人没有这样的揭示，也没有发出类似的《启事》。我们不能不佩服朱教授的高明。不过，朱教授也很"狡猾"，他的"保险公司"保老师们成功，大前提当然是你得照章做事，并且长期坚持做下去。

我们可以将教师的发展之路总结为以下几点

1. 学会反思，在反思中进步

反思是教师以自己的职业活动为思考对象，对自己在职业中所作出的行为以及由此所产生的结果进行审视和分析的过程。教学反思被认为是教师专业发展和自我成长的核心因素。波斯纳（G. J. Posner）曾提出了一个教师成长公式：经验＋反思＝成长。他认为没有反思的经验是狭隘的经验，至多只能形成肤浅的知识。可见，教师成长的实质在于对教学经验的科学反思。

在新课程背景下的物理教师更是如此。按教学的进程，教学反思分为教学前、教学中、教学后三个阶段。在教学前进行反思，这种反思能使教学成为一种自觉的实践；在教学中进行反思，即及时、自动地在行动过程中反思，这种反思能使教学高质高效地进行；教学后的反思——有批判地在行动结束后进行反思，这种反思能使教学经验理论化。反思的过程就是物理教师在自己的实际教学中发现问题，而后对教学过程进行分析，明确问题所在，进而结合自身的经验和理论探索，力求改进教学的过程。

那么物理教师应怎样对自己的教学经验进行反思呢？研究表明，课后备课、反思日记、观摩分析、行动研究等都是反思的方法和有效途径。反思是充分挖掘自己专业素质发展资源的主要方式。传统的观念认为教师的经验是教师发展的重要资源。新的教育理念表明，反思是连接教师自身经验与教学行为的桥梁，没有反思的经验毫无价值，如果一名教师仅仅满足于获得经验而不对经验进行深入的思考，那么即便他有20

年的教学经验，也许只是 20 次工作的重复。

教学反思是优秀教师发掘自己潜藏的教育思想的工具。它既要求教师教学生"学会学习"，又要求教师"学会教学"，在发展学生的同时，实现教师自身的提高。所以，学会了反思，就会对自己和他人的行为观念有更深层次的认识，它有助于教师把自己的经验升华为理论，由经验型发展为反思型教师；有助于教师获得专业自主；有助于教师形成优良的职业品质；它能大大缩短经验型教师成长为学者型教师的周期。

2. 在实践和实践研究中获得实践性知识

一位具有较高适应能力的优秀教师，不但应有能力通过相关理论掌握教学情境变化的可能性，理解各种教育现象所蕴含的深层含义，而且能够将正式的理论与个人的专业经验进行转换、修正与反省，以获得理论与实践的高层次整合。物理教师教育实践是物理教师成长的基础和生命，也是物理教师成长和发展的根本动力。近年来有研究者指出，使新教师成为优秀教师，重要的不是他们的知识和方法，而是教师对学生、自己、他们的目的、意图和教学任务所持有的信念；是教师在教育实践中表现出来的教育机智和批判反思能力。物理教师在教育实践中既需要技术性知识，更需要实践性知识。这样教师可以建构并持续发展个人的专业实践理论，有效地将个人的专业经验转化为专业知识，并将其作为进一步反省与提高自身的基础。另外，物理教育活动和物理教师工作的复杂性、不确定性、独特性和价值冲突，决定了物理教师不能奢望仅仅靠教师已有的专业知识来应对，只有投身于实践，在教育实践中感悟或通过经验获得。

教育机智和批判反思能力的获得，只有通过投身于日常的专业实践，但又绝不仅仅是现有理论到实践的直接运用和过渡，它需要物理教师在实际的教育情景中，在面对复杂而具体的实际问题的活动过程中，经过观摩、领悟、反思、反复实践而获得。

3. 善于经验分享、合作与交流

教师要实现专业的深入发展，必须突破目前普遍存在的教师彼此孤立与封闭的现象，物理教师自己主动地、积极地追求专业发展，保持信息的双向开放，随时准备接受好的、新的教育理念，更新自己的教育信念和专业知识。学会与他人进行合作。新课程倡导学生合作学习，而作为教学活动主导者的教师应积极主动的去进行合作，会对学生起到示范作用，引导学生也积极地进行合作。新课程综合性的特点也要求教师必须走出"封闭"环境，与其他物理教师、其他专业的教师进行合作、交流。物理教师还要积极主动地和教学专家、学生、教育管理者等进行各种类型的专业合作，这样才能使自己的专业视野更加宽广，充分发掘、利用各种可利用的资源，进而扩充个人的专业实践理论的内涵，实现自己的专业发展。

4. 养成终身学习习惯，在学习中发展

现代教师所面临的挑战，不但具有高度的不可预测性与复杂性，而且越来越找不到一套放之四海皆准的应变通则。因此，教师只有随时针对自己所处的情境以及个人专业能力的发展状况进行评估，了解个人与环境间的动态关系，并据此制定与修正个人未来的发展方向。只有这样，才能更有效地促成教师专业潜能最大化的发挥。

教师要树立终生学习的理念与意识，保持开放的心态，将学校视为自己学习的场所，通过工作与学习的结合，不断地对自己的知识与经验进行重组，解决自身在教育教学中遇到的问题。

5. 积极开展教育科研，在研究中成长

物理教师参与到教育科研中，可以使物理教师把自己的教育教学活动作为研究对象，在研究的过程中审视自己的教育观念，加快行为的转变，改变自己的教学方式。通过教育科研既可以对已有教学实践进行总结和提炼，又可以对未来教育教学进行预测和把握；既可以对教育现象进行分析和提升，又可以对教学规律进行探索和概括；还可以使自己的见解和教育理论与同仁的见解和现实去碰撞，最后达到不断地提高自己的教学水平的目的，促进教师在研究中发展。

专题三　物理实验教学

　　无论是在应试教育中，还是在素质教育的尝试阶段，还是有很多人重视物理实验的。但是，到目前为止，物理实验中的"走过场"问题仍然存在着。

　　因为在大家实施课程改革的过程中，都已经注意到物理课的教学要从实验入手，于是就开始在课堂中增设兴趣小实验，可是，在增设这种小实验时，有很多人重在"趣"的问题上，而忽略了"以趣导学"的宗旨，并没有达到激发学生思维冲突的效果。尤其是一些引入性实验更存在这些问题。所以如何选取有趣味性的实验，怎样"以趣导学"是目前物理教学中引入实验部分要解决的问题之一。在此类教学设计中主要是通过趣味式的实验演示而创设学生思考的情景，在思考的过程中达到培养学生思维能力的目的。在设计教学过程中，教师不仅要熟悉教材内容，明确教学目标，更要熟悉学生的认知特点，了解学生的认知规律，激发学生的学习动机。否则将不能达到预期目标。在"以趣导学"的设计中的关键问题是"激发学生的思维冲突"，这就是教师必须了解学生的认知规律的原因，在设置问题时考虑到问题要能"激发思维冲突"。

　　在演示实验中也存在很多的问题。比如完成率低，教师的引导不到位。同样的实验仪器，同样的操作过程，只是因为教师的不同指导而导致教学效果完全不同。所以在演示实验的过程中，教师一定要适时地引导，对于一些需要学生观察的实验，观察指导更显得重要，引导的好，可以让学生观察的准确，并在实验过程中提高学生的观察能力，达到事半功倍的效果。没有教师的观察指导，学生盲目地看，无目的地看，或者是教师在实验过程中不经心的语言都不会很好地提高学生的观察能力。

　　从实验教学的目的上，也存在着问题。目前很多的课堂演示实验都在为知识的传承而服务，为知识点服务，而忽略了运用实验对学生能力进行培养，忽略了学生对过程和方法的体验，同时，"教师演，学生看"的现象比较多，没有注重学生的参与性、动手性。这些与素质教育的目标是不相符的，还处在应试教育的影响之中，必须更新实验教学的理念，让实验教学真正地起到培养创造型人才的作用。在演示实验的过程中一定要注重研究方法的渗透，让学生在学习的过程中掌握科学的研究方法对学生的终身发展更为重要。所以突出物理的科学研究方法和把握学生的认知规律是目前实验教学中的关键。物理新课程标准对科学探究及物理实验能力做了明确的要求。

一、科学探究及物理实验能力要求

　　加强实验教学是培养学生的科学探究与实验能力的有效途径，探究能力的培养从

"问"开始。陶行知先生说："小孩得到言论自由，特别是问的自由，才能充分发挥他们的创造力。""要把束缚儿童创造力的裹头布撕下来，使他们敢想会做。""发明千千万，起点是一问，人力胜天工，只在每事问。"也就是说，探究始于问题，没有问题无从创新。创造性思维的核心是求异思维，多角度，创造性地思考问题，能使思维更深入，理解更透彻，运用更灵活。在课堂教学中，教师要鼓励学生敢于和善于质疑问难，引导学生从无疑之处生疑，从看似平常之处见奇，从微小之处发散。爱因斯坦也曾说过"提出一个问题往往比解决一个问题更重要"。因为解决一个问题仅仅是一个科学的技能而已，而提出一个新的问题则需要创造力的想象，标志着从新的角度看问题，科技有了进步。英国的哲学家培根说过一段富有哲理的话"如果你从肯定开始，必将以问题告终；如果从问题开始，则将以肯定告终"。陶行知先生早在 1943 年发表的《创造宣言》中希望"处处是创造之地，天天是创造之时，人人是创造之人。"一切创造都伴随想象，无论是创造性想象，还是再造成想象，对于培养学生思维是非常重要的。21 世纪是知识经济的时代，为"创造而教"已成为世界教育的一大潮流。在大力开展创新教育的今天，重温陶行知先生博大精深的创造教育思想，对于指导教育教学改革，培养创新素质人才具有十分重要的现实意义。

（一）提出问题

1. 能发现与物理学有关的问题

发现问题是提出问题的前提，只有发现了问题，才可能提出问题。然而，怎样才能发现问题？我们可以通过对发现问题的过程分析，来理解"能发现问题"的能力要求。在高中物理教学中要发展学生提出问题的能力，应该从两个方面入手：一是养成仔细观察的习惯，善于捕捉新现象；二是不断地把新现象和自己的认知相联系，增强质疑的意识。

2. 从物理学的角度较明确地表述这些问题

明确表述所发现的问题，不仅使探究问题的内容有一个明确的主题，而且也使别人对该问题的核心有一个初步、大致的了解。物理中除常所列举的"是什么"的问题外，物理学还经常有"为什么"和"怎么样"的问题，这一类问题主要讲的是物理规律。要从物理学角度明确表述这类问题，就需要表述所探究的物理规律内容和存在该规律的物理条件。

（二）猜想与假设

1. 对解决问题的方式和问题的答案提出假设

2. 对物理实验结果进行预测

猜想与假设是科学思维的一种形式，是对所研究的问题根据已知事实材料和科学知识作出的一种猜测性陈述，对问题中事物的因果性、规律性作出的假定性解释。

猜想与假设，可以从两个方面来提出要求：一是猜想什么、假设什么；另一方面是怎样猜想、怎样假设。《高中物理课程标准》是从前一个方面对学生提出要求的，要求学生能够对解决问题的方式和问题的答案提出假设、对物理实验的结果进行预测。这样要求，指向性强，操作性好。

物理学中的许多理论，都来自于提出了正确的假设。那么我们应该"怎样假设"？假设过程的两个基本特征：一是具有一个客观事实；二是研究者原有的知识和经验。研究者运用自己原有的知识、经验对客观事实的结论作出猜测性解释，这就是假设。因此，从"怎样猜想、怎样假设"的角度来思考，要发展学生猜想与假设的能力，就要增强学生应用自己的原有认知来审视所面对的事实的意识，学会仔细观察、分析事实，并在其中寻找跟原有经验和知识中相似的特征，尝试用自己的知识和经验对它作出解释。

我们再从猜想与假设的形成环节来认识这一过程。假设的形成过程，大致来说，可以分为两个环节，第一是提出假定，第二是运用已有的知识和经验对该假定作初步的逻辑证明，构成假设。提出假定的过程，是一个思维非常活跃的过程，思维常常是非逻辑性的、发散性的；而后一个对假定进行初步逻辑证明的过程，思维是逻辑性的，收敛性的。因此，整个假设的过程，就是一个非逻辑思维和逻辑思维反复交替的过程，这显然是非常具有创造性的。从这个角度上考虑，我们要发展学生猜想与假设的能力，在实施环节上，就应该让学生反复经历假定和解释这两个过程，形成良好的思维习惯。

（三）制定计划与设计实验

1. 知道实验目的和已有条件，制定实验方案

要制定实验方案，必须明确实验目的，即明确这个实验想说明一个什么问题。实验目的来自于猜想与假设，制定实验方案，实际上就是从操作的角度把探究的猜想或假设具体化、程序化。

要对假设的验证具体化、程序化，或者说，要把实验目的演变为一个实验方案，中间有一个桥梁，这就是实验原理。同样的实验目的，应用不同的原理，将会制定成不同的实验方案。根据探究假设来确定实验目的，根据实验的目的来思考实验的原理，按照实验的原理，来设计实验的程序和步骤，这是构思实验方案的基本线索。当然在制定实验方案的实施技巧上，我们还可以根据实验目的来分析实验需要解决的各个问题，然后提出解决每个问题的各种方法，经比较、选择、优化后，形成最终的实验方案。

2. 尝试选择实验方法及所需要的装置与器材

实验器材是和实验装置相关的，实验装置不确定，就无法确定实验器材；实验装置又是和实验方法相关的，只有确定了实验的方法，才有可能设计实验的装置；而实验方法的选择，是由各种因素综合考虑决定的。究竟选择哪一种方法，应该根据所具有的实验条件、所需要的实验精度、所允许的实验时间、实验者对实验器材的熟悉程度以及预定的教学目标等不同情况，作相应的选择。

选择实验器材所涉及的面很广，如实验原理、实验的误差要求、实验器材的功能、

高

中物理教师专业能力必修

Gao Zhong Wu Li Jiao Shu Zhuan Ye Neng Li Bi Xiu

实验器材的安全、实验操作的方便以及实验器材的代用品等，这些方面都会对实验器材的选择产生影响。

学生在具有多次选择实验经历以后，可以总结一些在选择实验器材方面的基本思路，例如：首先从实验原理、实验步骤方面来选择实验器材的种类；然后从保证实验器材的安全、减小实验误差方面来选择实验器材的规格；同时从实验器材的功能、周围环境与就地取材来考虑实验器材更广泛的来源（包括应用日常生活器具等）。

3. 考虑实验的变量及其控制方法

经过初中物理课的教学，学生已经尝试考虑了影响问题的主要因素，初步具有了控制变量的意识。《高中物理课程标准》中，在控制变量方面提出了更高一步的要求，学生在具有控制变量意识的基础上，需要考虑和分析实验的变量及其控制的方法。

对一个物理量在某过程中是变量还是常量的分析，应该贯穿在物理教学中的多个场合，而不应该仅仅局限在实验中。在观察一个物理图像时，应该让学生想象图像中纵坐标轴物理量是如何随着横坐标轴物理量的变化而变化的，还应使学生意识到，在图像所表示的这一物理过程中，除纵坐标轴和横坐标轴所表示的物理量以外，其他的物理量都应该是常量，如果这是一个实验过程，这些量在实验中必须是不能变化的。

还应该让学生学会分析具体实验中的常量和变量，学会在实验中实施对常量的控制，对变量的操作，以及对变量和必要常量的实验数据进行合理的收集和记录，从控制变量的观点认识通常所说的"实验条件"究竟是怎么一回事。

要控制实验变量，保持实验过程中的常量不发生变化，就要对实验中相关物理量的概念有一个比较本质的认识。设计实验，有时会遇到不只是两个物理量之间的关系问题，探究所涉及的是多个物理量，这时候，应该把整个探究活动分解成几个过程，每一个过程只讨论两个物理量之间的关系，而保持其他的物理量不变。

（四）进行实验和收集证据

1. 用多种方式收集数据

观察是收集数据的重要方式，它是人们有目的、有计划地感知和描述客观事物的一种科学认识方法，是科学研究过程中的一种基本的认识活动。通过观察收集数据，要有严谨的科学态度。实验是收集数据的主要方式，物理实验不同于在自然条件下对物理现象观察的地方，就在于它是人工控制条件下对物理现象的研究过程。通过观察，实验收集数据都有以下要求：首先要有明确的观察目标，知道是在哪一个研究对象上收集信息；同时要明确收集信息的内容，知道所收集的是反映哪一现象的特征的数据；还要明确收集信息的时间，知道是在哪一个时刻或哪一段时间内记录有关信息。做到在预定的时间观察预定的目标，收集预先所关注的数据。由于实验是在人工控制下进行的，因此实验数据的收集可以和实验方案的制订、实验装置的设计结合起来，例如利用光电门和电子计数器结合起来做实验，用各种传感器和电脑结合起来做实验，所收集数据的对象、数据内容、收集时间都已经事先体现在实验装置中，使实验过程和数据的呈现能自动进行，收集数据的前一半工作已经在实验操作之前完成了，剩下的工作只是记录数据。实验操作结束后，更要注重培养学生的处理信息、得出结论的能力，不要实验操作结束了，实验就完成了，要让学生养成利用表格记录数据的实验习惯，然后让学生分析、归纳、推理，也可以借助图像，还可以借助 DIS 数字实验系统来完成实验。

其他实验者按照相同实验条件进行实验所收集的数据，也是科学研究的依据或重要借鉴资料。因此，学生还应该具有从纸介信息资源中收集数据的能力，会从图书、报刊、杂志中查找自己所需要的数据；会通过调查、访谈、参观，了解相关的数据；会在互联网上通过检索、下载获得有用的数据。

2. 按说明书进行实验操作，会使用基本的实验仪器

义务教育的物理课程标准要求学生会阅读简单仪器的说明书，进入高中阶段的学生，物理知识比初中更丰富，对物理知识的理解、运用的能力比初中更强，在按说明书进行实验操作的时候，因而有条件对说明书中的内容作更深入的理解。能正确使用高中物理实验的基本仪器，包括了解仪器的使用要求，辨明仪器的测量范围和最小分度值，正确地装配仪器，正确地操作仪器，正确读取仪器的读数等。

3. 如实记录实验数据，知道重复收集实验数据的意义

是否能如实地记录实验数据，这涉及到实验者实事求是的态度，也涉及到对实验的理解。

实验是检验假说、理论的重要手段，实验结果将对所检验的假说、理论提供肯定或否定的证据，如果不能如实地记录数据，实验所作出的检验将是无效的，该实验将毫无价值。还应该认识到，即使对于成熟的理论，实验结果和理论之间有偏差是正常的，这是由于因实验原理和实验器材所引起的系统误差和因实验操作所引起的偶然误差造成的，在正常误差范围内的偏差是允许的，只有如实记录数据，才能认识、理解和分析出实验所表现的现象跟理想结果之间发生偏差的真实原因。

实验需要重复收集实验数据。在一次实验中，重复相同的实验操作，分别收集各次操作中同一物理量的数据，合理地得出在相同实验条件下该物理量数据的平均值，能够减少这次实验的偶然误差。

对不同实验者来说，或者对同一实验者在不同时间、场合下进行同一实验来说，重复收集实验数据具有更深刻的意义。科学实验在保证其结果可靠性方面必须遵循的基本原则就是要有可重复性，作为一个客观规律，它具有在同样条件下必然会同样出现的规律，实验者进行必要的重复实验，才能总结出可靠的结论。如果甲所收集的实验数据，乙在相同条件下的实验中却与甲不符，或甲在另一时间、场合下具有相同实验条件的数据竟跟原先不同，这种不能通过重复实验考验的数据，都不是可靠的实验数据。

4. 具有安全操作的意识

实验的安全主要体现为实验仪器的安全和实验者的人身安全。

在考虑实验仪器的安全时，应该具有关注实验仪器量度范围的意识。例如，天平所测量物体的质量不能超过天平的称量；不能把温度计用来测量有可能超出其量度范围的温度；不能对弹簧用力尝试超过它的弹性限度；不能使电学元件通过的电流值超过其标称的额定值。在考虑实验仪器的安全时，还应该具有关注实验仪器使用条件的意识，例如，打点计时器的电源是交流的，但不是220V。

应该对实验操作的程序具有安全性考虑的意识。当用滑动变阻器控制电路中的电流时，开关闭合前，应审视变阻器的接线和滑动头的起始位置是否会造成变阻器的短路。当对电路的接线没有十分把握的情况下，闭合开关前，会用瞬时碰接的方法来探测电路在接通时的安全性。对于一些比较复杂、有操作程序要求的实验器材，应该弄清楚先操作哪个开关或步骤，然后再操作哪个开关或步骤。

当使用易破、易碎的器材做实验时应具有谨慎操作的意识。例如在使用长的玻璃管和薄的玻璃器皿时应该采取合理的防范措施，应该对220V交流电源的使用始终保持用电安全的意识。

（五）分析与论证

1. 对实验数据进行分析处理

要对实验数据进行分析处理，从操作上考虑，需要明确数据处理的基本方向、物理原理、数学思路、处理方法、处理手段等各个方面。

数据分析的基本方向，即我们期望从实验数据中获得哪一方面结论，这首先来自于探究假设，因此，我们可以沿着探究假设的方向来对实验数据进行归类和分析。数据分析的物理原理，即实验数据是根据什么原理来体现所探究的物理量的。数据分析的数学思路，就是对数据进行比较，寻找数据之间的规律。实验数据的处理方法，有计算列表法、图像法等。计算、列表是常见的数据处理方法。采用列表法时，根据对实验数据关系的预期，列出需要进行比较的数据表格，把实验的原始数据在经过必要计算后填入表格，以通过数据对比发现数据间的规律。列表法操作简单，数据间的简单数学关系一目了然。数据间的数学关系比较复杂时，列表法就不容易奏效，这时可以采用图像法，作出两物理量关系的图像。两物理量关系的图像如果不是直线而是一条曲线，应该通过观察曲线的形状，改变其中一个坐标轴，让它变为原物理量的平方、开方或者倒数，或者其他的数学关系的量，目的是使作出来的图像是一条直线，从而能够发现与实验数据吻合的定量关系。实验数据的处理手段，可以采用纸笔计算、作图等人工方法，也可以用计算机，借助常用的数表软件进行处理。

2. 尝试根据实验现象和数据得出结论

3. 对实验结果进行解释和描述

探究性实验的结论应围绕探究假设进行：假设究竟是得了验证还是被推翻。在描述实验结论时，不仅要陈述假设获得验证或者被推翻的结果，还要说明假设获得验证时成立的条件或者假设被推翻的理由。

对于探究物理规律的实验，实验结论的形成通常建立在两方面分析的基础上：因果分析和数据分析。如果能知道一个现象的发生是由于某个原因所引起的，又能知道该现象和某原因之间所存在的数据关系的规律，只要把这两方面概括起来进行描述，这就是实验的结论。

原因和结果，在物理实验中，通常表现为物理条件和物理现象，物理条件是原因，物理现象是结果，物理条件的改变引起了物理现象的变化。因此，要归纳科学规律，就要关注物理条件改变与物理现象变化之间的联系。

在描述实验结果时，语言要客观、准确。所描述的结果如果只是在某种实验条件下进行的，不仅要描述所探究到的规律，还要客观地指出这一规律所存在的条件。对实验结果的描述，还应注意语言的概括性。规律的简洁性和普适性，不仅是该规律能够广泛应用的基础，也是一种美的体现。实验结果的描述，应该通过抽象和概括，最终用极其简洁的语言来表现物理规律的本质。要提高学生概括、陈述实验结果的能力，除了让学生对自己的实验结果进行概括和陈述之外，还可以让他们对所概括、陈述的结论进行交流和评价，评价所陈述语言的科学性和简洁性。

（六）评估

1. 尝试分析假设与实验结果间的差异

2. 注意探究活动中未解决的矛盾，发现新的问题

探究假设是对探究结果的预期，探究结果是对探究假设的验证。若结果与假设吻合，则假设被证实；若结果与假设冲突，则假设被推翻。关于这方面的内容，属于"分析与论证"要素的范围。现在我们所讨论的是，经过分析、论证、形成了探究结论后，还需要对结果与假设之间的差异性作进一步深思和评价，寻找该差异的特征并判断其性质。倘若结果与假设之间存在着一定的差异，就该差异的性质，有以下几种可能情况：第一，假设是正确的，结果与假设之间的差异是由于实验误差所引起的；第二，假设是正确的，结果与假设之间的差异是由于事实中还隐藏着另外一个因素；第三，假设大体上是正确的，但有值得进一步修正的地方。以上第二、第三种情况，都意味着该差异是受另一种尚未发现的规律支配的结果，因此，关注这种差异，分析这种差异的规律，实际上就是在发掘引起这种差异的因素，这是发现问题和提出问题的前奏，是创造性思维的表现。

科学史上，由于理论预期和实践测定之间存在着差异，并围绕着这个差异进一步探究而导致新的发现的事例是不胜枚举的。

3. 吸取经验教训，改进探究方案

探究方案的改进，包括在实验方法、器材、步骤和数据处理等各个方面的改进。因此它涉及对"制定计划与设计实验"、"进行实验与收集证据"、"分析与论证"这几个环节的评估。

要对这些环节进行评估，首先要有具有反思的意识，即具有对这些环节中的优点和缺点进行评价的愿望，这种愿望，通常表现为对以下问题的思考：

（1）探究方案中所确定的实验方法，其原理是否科学？是否有利于收集证据？

（2）探究方案中所选择的实验器材，是否有利于减小误差？

（3）按要求应该保持不变的物理量是否在实验中真正做到了保持不变？

（4）是否存在着和整个实验数据的合理趋势相违背的个别异常数据？

（5）实验数据是否能有力地支持所得出的实验结论？

对这些问题的思考都反映了评估的意识。通过评估改进实验方案的过程，就是发现问题、分析问题、创造性解决问题的过程，对学生的发展是有积极意义的。

（七）交流与合作

1. 能写出实验探究报告

初中物理课程标准要求学生能写出简单的探究报告，即能在探究报告中初步陈述探究的问题、探究的过程和探究的结论，高中学生应该在这个基础上再进一步提高。

高中学生在写探究报告时，应比初中学生要有更高的独立性和自主性。学生应尽可能独立地构思报告的内容和格式，尝试不同的实验探究课题所陈述的内容和表现的方式具有不同的侧重和各自的特征，避免套用刻板格式的实验探究报告"八股文"，应该让学生在理解实验、并具有自己的考虑的情况下写实验探究报告，即学生自己写探究报告和写自己的探究报告。

高中学生写探究报告，内容上应比初中更深入和更完整。实验数据的记载要更准确，实验过程的描述要更详尽，实验数据处理的定量化水平更高，其图表、图像形式的分析方法更为普遍，实验结论的形成更富有逻辑和说服力，陈述的语言更简练。

高中学生写探究报告，观念上应比初中有所提高。学生应该具有把实验数据作为证据的观念，认识实验事实是不可动摇的根据；学生应体现"证据＋逻辑"是进行探究的基本理念，所有的结论都应该建立在证据和逻辑分析的基础上，根据证据进行逻辑分析，贯穿着整个探究过程；学生应树立实践是检验理论的唯一标准的观念，该标准应有意无意地体现在探究报告中。学生应对实验过程中不符合这些基本观念的内容作出评估、提出疑问，这些具有个性化和创造性特征的质疑，应能不时地出现在高中学生的实验探究报告中。

2. 在合作中注意既坚持原则又尊重他人

3. 有合作精神

科学探究中要发扬合作精神，发挥各人的积极性，就要群策群力，使每个人都贡献出自己的聪明才智。合作精神表现在探究过程中，就是既有分工，也有合作。应使学生体会到，合作能提高探究的质量和效率，例如同一实验小组在收集某个实验信息时，有读数人，有读数审核人，有记录人，还有记录审核人，明确的分工，在短短时间内能准确、有效地获得实验数据，这种互相分工、互相合作、互相关联、互相制约的活动，放大来看，好像是在扮演社会分工中的不同角色，让学生认识到合作能力是现代社会人们必须具备的重要能力。因此，要克服做实验时总是只有成绩好、动手能力强的少部分学生忙碌的现象。

尊重他人，是具有合作精神的重要表现。要尊重他人，就要认真思考别人的观点，分析别人观点与自己观点不同的地方，一旦发现自己的想法有错误时，要勇于承认、放弃或修改自己的错误的地方。尊重他人，还表现为听取别人意见时，能以别人思考问题的角度，能站在别人的立场上，认真琢磨别人意见中的道理。一旦发现别人意见中的合理因素，应尽量吸收到自己的探究方案中来，完善和改进自己的探究方案。

在合作中要坚持原则，具体表现为坚持实事求是的精神，坚持严谨的科学态度，坚持用实践来检验理论的观点，坚持依靠证据结合逻辑分析进行科学探究的方法等。

总之科学探究是一种学习方式，是学习目标，也是学习内容，更是一种学习的精神。科学探究的行为应渗透在整个物理教学中，学生的自主探究和教师的合理指导相结合，教学中对学生探究行为的设计是提高探究能力的关键。

（参考文献：《高中物理课程标准》《高中物理课程标准解读》）。

二、高中物理课程中的能力培养

物理学是一门观察、实验、思维相结合研究物质最普遍的运动形式和物质基本结构的科学，也是人们研究其他自然科学和各种科学技术的基础和方法论的典范。实验探究对培养学生的创新精神和实践能力、全面提高学生的科学素养，形成科学的世界观和价值观至关重要。《高中物理课程标准》中，内容标准共分三大部分：一是科学探究及物理实验能力要求；二是共同必修模块；三是选修模块。把物理实验能力要求作为内容标准的一个独立的主题，物理实验在《高中物理课程标准》中的地位是显而易见的。物理实验对于提高学生学习物理的兴趣，进而提高学生物理成绩把学生培养成有较高科学素养的人，有着不可替代的作用。所以在物理的学习中通过实验培养学生的科学探究与实验能力以及创造能力具有可行性和必要性。不同的教学设计所实现的教学目标是有区别的。物理学主要是通过实验进行教学，而好的实验教学对于培养学生的科学探究与实验能力起着积极的作用。物理学内容蕴含着丰富的素质教育内容，为培养新型人才提供了极大的可能性。真正从物理课堂教学中得到很好训练的物理人才，将对物理学及边缘学科的发展有敏锐的观察力，善于用物理学特有的思想和方法研究问题，最大限度地发挥自己的才能。教师可以通过实验教学发展学生的智能，不再是单纯的知识传授，在开发智能的基础上进行知识的传授，并使学生获得运用和扩展更新知识的能力。其次，通过实验教学学生可以掌握循序渐进的原则，由探索未知到促成创新，逐步建立创造思维；再次，实验教学还可减轻学生学习课本的负担，防止学生向"书生型"、"豆芽菜型"等转化，从多方面对学生进行能力的培养，为创造型人才的成功智力的形成奠定基础。当然实验是研究物理的基本方法，它对激发学生学习物理的兴趣，培养学生的观察分析能力，提高学生实验实践技能，起着十分重要的作用，对于培养学生的能力和科学作风是必要也是有效的措施，而且有利于因材施教，有利于调动学生的主观能动性，提高学生的创造力，所以说加强和搞好物理课堂的实验教学必然成为实现素质教育的关键，配以实验的课堂教学是实施创造性教育，培养学生多种能力的一个很必要的条件。但是课堂实验，重在巧妙设计。同样的实验器具，还要看教师怎样去设计实验的思路。不同的设计思想对于学生的培养方向是不同的，作用的程度也是不一样的。兴趣性的小实验，也要看教师怎么把兴趣调动起来；探究性实验要求教师把学生探究的欲望调动起来；所以不仅增加课堂实验重要，更重要的是如何有效地设计课堂实验，针对学生的分析思维、创造思维、实践思维进行设计，达到实验辅助课堂的真正目的。

对学生进行创造思维的训练，首先要掌握学生的学习特点，这样训练才有针对性。培养创造性，就是要把记忆型学习的学生转化为创造型的学生。在这个转化的过程中，首先要通过兴趣的培养，激发学生的创造思维，那么物理实验在这里起着不可替代的作用。有了兴趣，就有了探究欲望，这时要引导学生独立地思考，细心地观察，引导学生自己发现新的知识，鼓励学生多提问题，让学生处于学习的主体地位，只要提出问题，就说明学生已经动过脑筋，进行了思考，已经向理解迈近了一步。提出问题就意味着有了创造思维的火花，学生的思维就处于非常活跃的状态，创造性思维从而会得到充分的发挥和锻炼。在这样的基础上，要让学生找出解决问题的途径，让学生自己总结规律，学生只有善于发现、归纳总结规律，才能在原有的基础上有新的发现和新的创造。

由此看来，物理实验是培养学生的创造思维的重要途径，所以在高中物理教学中，一定要突出实验教学的实践性，精心设计演示实验，充分利用家庭和社会的条件，改变原有的学生看老师讲的演示情况，多让学生参与，并在参与的过程中充分调动学生的各种感官的功能，努力使实验教学具有启发性，能通过实验中的现象和问题激励学生深入地思考。"学源于思，思源于疑"，疑是汲取知识的动力，有疑惑才能有探究，才能有积极主动地思维活动，所以有人说，教学的过程就是"教无疑者有疑，教有疑者无疑"的过程。探究式教学的过程可以是教师通过实验教学，不失时机地设置疑惑，创设问题情景，进而引导学生通过实验进行积极的探究学习。为了强化探究性，要鼓励学生对实验中可能出现的现象和结果做出猜想和预测，这是对培养创造思维不可缺少的环节。正如牛顿所说"没有大胆的猜想，就做不出伟大的发现"。比如在实验教学中，可以让学生在猜想和预测的基础上，设计实验方案，选择实验器材，再用实验验证自己的观点。学生的观点可能是正确也可能是错误的，其实即使是错误的，也要让学生尝试错误，因为失败是成功之母，在教学中恰当地运用仍然可以对学生的创新能力的培养起到积极的意义的。

学源于思，思源于疑，那么疑怎么来的呢？观察，科学的观察是学生获得感性材料的基本途径，是学生学习进行思维加工的重要条件，观察可以有利于激发学生的学习兴趣，从而探究其中的奥秘，所以培养学生的观察能力是培养学生科学探究与实验能力的基础和有效途径。

创新离不开实践，脱离实践不可能有任何发明和创造。所以在高中物理的教学中，应力求做好实验，并将教学情景向生活靠拢，把课堂延伸到自然、社会，扩大学生的视野和知识面，激发学生的兴趣和求知欲，保持学生的好奇心，激发学生的探究社会的欲望。

三、演示实验的设计与呈现

观察和实验是研究和学习物理的基本方法。设计演示实验，这是物理教师应有的素质，也是当前物理教学改革的重要课题。在演示实验的设计过程中遵循一些基本原则更能体现演示实验的作用。所以物理教材中安排了大量的演示实验和一定数量的学生实验，其目的就是要让学生在观察和实验的基础上接受物理知识，形成科学观点。因此，教师在教学过程中应首先认真做好每一个演示实验。

1. 应做好演示前的准备工作

演示前应做好与课堂教学有关的教具的准备工作，有选择地对需要特别强调的部分进行突出准备，对演示过程要认真准备，若是实验演示，应进行提前演示练习，避免意外事件发生。教师应在演示实验的前一天预先通知实验员实验名称以及仪器的名称和数量，提前到实验室核实领取并做好预备实验，以确保课堂上演示成功。

2. 演示过程中的注意事项

（1）实验现象明显易观察

演示实验一定要让班上的每一个学生都能清楚地看到所演示的现象，尤其是演示仪器的摆放和演示环境要合理，便于学生观察。其次因为学生只对自己感兴趣的东西进行主动观察，但是学生主动观察的不一定是需要感知的重点，这就需要教师在演示过程中，要进行必要的语言讲解，演示要与语言讲解相配合，引导学生进行主动观察和思考，唤起学生已有的知识，并将其与学生的观察进行联结，强化演示的感染力，提高教学效果。

（2）科学直观、结构简单

结构复杂，操作繁琐的演示实验，很容易分散学生的注意力，而且仪器的讲解时间花费较长，容易影响学生的学习积极性，所以只要演示仪器效果明显，不失科学性，那么越简单越好。

（3）演示规范，时间合理适度

演示实验是学生学习实验操作的重要途径。教师演示实验的态度和效果，对学生的科学观有着至关重要的影响。在演示的过程中，要注意演示的适时性和适度性，注意动作的规范性和示范性。时间过长会分散学生的注意力，也会影响教学的主要内容。

演示过程中教师的认真行为除了培养学生实事求是、一丝不苟的优秀品质外，还可以把学生易出现错误或有疑问的地方，有预见性地交代清楚，消除疑问，防止错误的发生。

（4）安全性要高

电学实验、热学实验尤其明显，一定要小心谨慎，确保实验成功。提高演示实验教学的有效性，应注意：

①不要过早地展示，分散学生的注意力；

②教师不规范的动作误导学生；

③演示得太快了，不利于学生的观察；

④要实事求是，不要弄虚作假，把错误当成误差；

⑤要认真对待学生的观察结果，不要轻易给予否定。

四、学生分组实验的要求

学生的实验尽管因为目的的不同而存在很多手段的不同，但是有很多的对教师的基本要求是相同的，比如：

1. 在每学期的开学第一周，要制定好本学期的实验教学计划并上交一份给实验室。

2. 每做一个学生分组实验，各学科教师要提前到实验室了解实验员做的实验准备。同时注意要让学生加强预习，明确实验目的。所以每次学生实验前：教师都要安排一定时间指导学生预习好本次实验内容，使每个学生都能熟练地掌握实验目的、实验物品、实验步骤以及影响实验成功的关键等问题，以提高学生的实验效果。任课教师要在实验室黑板上板书以下内容：实验名称，实验目的，仪器，实验步骤，实验中的注意事项。

3. 教师应在课前组织学生有秩序地走进实验室，按规定的座次坐好并保持安静，教师组织学生检查核对实验桌上的仪器，如有差错，请实验员及时纠正，每次实验都要强调实验安全，一切就绪后，教师宣布开始实验。

4. 学生做实验时，教师要指导学生注重观察，及时记录数据，实事求是。任课教师要对学生加强巡视，了解操作情况，及时纠正不正确的实验操作，对操作行为规范要求，指导学生人人进行实验，教师要起到督促每个学生的作用，让全体学生都有实践的过程体验，未下课前，学生不得离开实验室。

5. 学生做完实验后，教师要做小结，鼓励那些在实验过程中进行探究和创新的同学，给予多元评价，并指导学生写实验报告，督促学生整理实验桌，实验组长清点好仪器和其他物品，发现损坏或丢失要及时报告老师，照价赔偿和填好仪器报损单。

6. 下实验课，教师要有秩序地组织学生离开实验室，不允许学生带走实验室的任何物品。要留下部分学生做好实验室卫生，任课教师要配合实验员清点仪器和其他用品，发现损坏或丢失，查清原因和责任人作出赔偿及填写仪器报损单。

无论是演示实验还是学生分组实验，都要让学生养成良好的实验习惯，比如使用测量仪器应注意的问题：

（1）使用前一定要了解仪器的测量范围，最小分度以及单位；

（2）要了解该仪器的正确的使用方法以及保护措施；

（3）要校验零点，注意恢复零点；

（4）要熟练掌握该仪器的读数方法。

再有，要在实验中注重实验方法的渗透和应用，要让学生熟悉物理常用的实验方法，如：控制变量法，类比法，转换法，放大法，记忆法，留迹法。教师要尽量通过实验教学培养学生的实验技能。物理学是以实验为基础的科学，高中的物理课程仍然应该以实验为基础，实验探究对培养学生的创新精神和实践能力、全面提高学生的科学素养，形成科学的世界观和价值观至关重要。实验动手能力强的学生，普遍受到用人单位欢迎。也要注意培养学生的信息的收集、传递和处理技能。高中物理课程应广泛引入信息技术，让学生用计算机处理和分析实验数据，用信息技术来改变学习的方式，用网络技术来拓宽学生的视野。高中物理也应将科学的思维能力的培养列为重点，所以通过实验教学使学生具有较强的理性思维，表现出较强的创造性和开拓性，从而培养学生的科学思维能力。现行的高中物理课程运用数学主要体现在解题上，面太窄。应该更加关注如何运用数学建构物理概念和模型，建立物理运动的方程，认识物理现象的本质，分析和处理物理实验的数据，从而培养学生运用数学工具解决物理问题的能力。

五、实验资源的开发

实验教学是物理课程改革的重要环节，也是落实课程目标，全面提高学生科学素养的重要途径，更是物理课程改革的重要资源。物理实验的开发和利用有利于提高物理教育质量和全面实现物理课程目标。物理实验教学资源是指有利于实现物理教学目标，在实验教学设计、实施和评价过程中可利用的各种资源的总和。它包括物质的，人力的；校内的，校外的；传统的教材、图书馆和现代信息网络等。因此，物理教师应强化教学资源意识，树立新的课程资源观，因地制宜地开发和利用物理实验教学资源，确保物理实验教学目标及整个物理教学目标的顺利完成。按照不同的标准对物理实验教学资源进行不同的分类，比如实验室的建设，低成本的随堂小实验器材的开发，与生活生产密切联系的实验用具的选择，注重实验仪器的整合，改造和自制教具等等，还要进一步学会数字实验系统。DIS 数字信息系统，它具备采集方便，计算准确，实时呈现等特点，通过它可以：

1. 以图像为手段突破教学难点；

2. 填补传统实验空白，优势互补；

3. 它可以将测量、记录、呈现一体化，达到速度快；

4. 数据处理功能强大，适合开展探究实验。

但是数字信息实验系统在培养学生的操作技能、方法以及求平均时间等科学素养等方面还有待提高。

（参考文献：《刍议实验教学资源及其开发策略》浙江省天台县育青中学 范爱民。）

专题四　物理概念教学

物理学是一门重要的科学，它对客观世界的规律作出了深刻地揭示，在物理学的发展、成长的过程中，形成了一整套独特而卓有成效的思想方法体系。人们通过对物理现象的观察、概括、抽象，形成了物理概念和规律。中学物理教学中的主要任务就是引导学生通过对生产、生活以及实验的现象进行观察，最终形成物理概念，掌握物理规律，发展认知，形成解决问题的能力。

一、掌握物理概念的重要意义

物理概念是反映物理现象、物理过程本质属性的一种抽象，是在大量观察、实验的基础上，运用逻辑思维的方法，把一些事物本质的、共同的特征集中起来加以概括形成的。这些概念的形成大都经历了人类艰难而漫长的智力活动历程，是人类智慧的结晶。人们始终在尝试理解这个世界，从托勒密、亚里士多德，到伽利略、牛顿，再到爱因斯坦，正是这些人的努力，为我们建立了完备的物理学体系。借助于这些物理概念，我们才能把握事物的本质属性；借助这些高度概括的思维形式，才能找到支配着世界的内在规律，建立物理学的理论体系和方法体系。因此可以说，物理学基本概念是构成物理学整个理论大厦的砖石。没有严密、精确的物理概念，也就没有真正意义上的物理学。对于学生来说，在学习物理的过程中，如果不能很好地建立并理解清晰、准确的物理概念，也就不可能对物理学本身进行准确理解，不可能在物理的学习和研究中取得突出成绩，这是仅仅依靠大量习题的训练所无法达到的。因此，物理概念的教学，在整个高中物理教学上中占有重要地位。

二、物理概念学习的基本过程

建构主义学习理论认为：学习的过程是个体主动建构自己知识的过程，学生不仅需要从头脑中提取与新知识一致的旧有经验作为同化新知识的固着点，而且也要关注到与当前知识不一致的已有经验，看到新旧知识之间的冲突，并设法通过调整来解决这些冲突，有时需要改变原有的错误观念。学生原有的知识经验，会由于新知识经验的进入而发生调整和改变。

在学习中正是由于主体和外界刺激之间不断的同化和顺应达到平衡，才促使主体的认知模式不断地发展，学习才得以实现。同化是学生把新学习的内容整合到认知结构的原有模式之中，认知结构得到丰富和扩展，但其总的模式不发生根本的变化。顺

高
中物理教师专业能力必修
Gao Zhong Wu Li Jiao Shi Zhuan Ye Neng Li Bi Xiu

应是认知结构的更新或重建，学生新学习的内容已不能为原有认知结构的模式所容纳，需要改变原有模式或另建新的模式。平衡是新、旧知识间的差异或矛盾消除后，认知结构所达到的相对稳定状态。

下面以"自感"的概念为例，说明在物理概念的教学中应有哪些过程。

1. 物理概念教学前的分析工作

（1）分析教材内容的基本情况

教材分析是教师备课中的一个重要环节，是教师进行教学设计以及编写教案、制订教学计划的基础；是备好课、上好课和达到预期的教学目的的前提和关键，对顺利完成教学任务具有十分重要的意义。

要进行正确的教材分析，首先要深入理解和钻研课程标准，在此基础上充分领会教材的编写意图，熟悉整个教材的基本内容和思想，了解本节教材在整个学科、篇、章或课时中所处的地位。具体分析教材的内容，包括教材的知识结构体系（能准确精练地写出教材的知识结构方框图）、教材的教学目的和要求、教材的特点、教材的重点、难点和关键。根据教学目的、内容和教学原则，按照课程标准的要求，结合学校和学生的实际情况，研究如何优化处理教材，如何突出重点、抓住关键、克服难点，明确教材中培养学生的能力因素，选择恰当的教学方法和教学手段。

自感在教材中的地位和作用

本节内容是《电磁感应》一章的重要组成部分，它是在学生掌握电磁感应现象的基本规律的基础上，使学生进一步认识一种普遍存在的电磁感应现象——自感现象。自感现象是一种特殊的电磁感应现象，其感应电动势是由电路自身的电流变化而引起的，遵守电磁感应现象的一般规律，包括法拉第定律与楞次定律等。

这一现象在非稳恒电路中有着重要意义，它上承电磁感应现象，下启进一步学习交流电、电磁振荡等后续知识。也是进入高一级学校或步入社会后，学习和了解电磁学和电工学的基础，所以本节在整个电磁学知识体系中有非常重要的的作用。深刻理解"自感"的概念对以后的进一步学习以及对整个知识体系的构建都有重要意义。本节内容涉及到自感现象、自感电动势、自感系数以及自感现象的应用等基本内容。

（2）分析学生的既有知识

奥苏伯尔提出根据学生原有的知识基础进行教学，建构主义的一个重要思想就是学习者利用原有知识结构同化或顺应新的知识。学生的起点不同，在教学中所采取的策略亦应不同，对学生情况的掌握程度往往决定教学的成败。学生经过一段时间的学习，已经具有一定的知识储备，掌握了相关概念。但对于日常生活中接触较少的概念往往感觉很抽象，在既有的认知结构中找不到适当的观念予以同化。所以在进行教学设计之前，要充分分析学生现有知识的掌握情况。

学生在学习自感现象之前，已经对电磁感应现象的发生条件，感应电动势的大小，感应电流的方向等概念有了一定的认识。知道引起感应电动势的条件为电路中的磁通量发生变化，并且知道引起磁通量变化的原因有部分导体切割磁感线运动、磁场变化、面积变化等。同时也存在一些错误的前概念，如电路断开时电流立即消失等。

在教学中，既要利用学生已有的正确概念，又要注意破除学生头脑中错误的前概念。

（3）分析学生的思维特点

学生的认知结构无疑对新概念学习的质量和效率有着深远的影响，教师必须明确知道学生的认知结构特点，了解学生认知发展水平及思维特点。高中学生的思维发展达到了新的水平。具有更高的抽象概括性、反省性和监控性等特点。他们能够用理论作指导分析、综合各种材料，以不断加深对事物发展规律的认识，抽象逻辑思维趋向理论型。到高中二年级，这种理论型思维发展趋于成熟并基本定型。高中生的辩证逻辑思维发展比较迅速，但只是趋于优势地位，并非达到完美的程度。就思维品质发展而言，高中生思维具有更大的组织性、独立性、深刻性和批判性。他们一般不盲从，喜欢探究事物的本质，敢于大胆发表自己的见解，喜欢怀疑、争论，有时好走极端，产生片面性、主观性，肯定一切或否定一切的倾向。

（4）分析物理概念的教学目标

学生掌握物理概念对其构建整个物理知识体系具有重要意义，因此在教学中的首要任务是使学生理解和掌握物理概念。完全地掌握物理概念，包括用来解释概念含义的有关物理现象、过程等事实性知识；明确表达概念的内涵与外延的命题性知识；运用概念解决问题的方法性知识；伴随概念学习过程中形成的更高层次的认知知识和技能等。除上述"知识与技能"目标外，教学目标中还应包括"过程与方法"方面的教学目标，学生能力的发展是离不开他们学习中的相关行为的，要发展某种能力，就必须亲身经历相关过程，让学生通过分析问题提高分析问题的能力。教学中需要关注学生的学习过程，而不是仅仅关注学生在该过程中所获得的结论，学生经历某一过程本身就是要完成的学习目标之一。第三个维度的教学目标是"情感态度和价值观"。通过物理概念的学习可以培养学生严谨、求实的科学态度和实事求是的科学精神；让学生领略物理学规律的简洁、普适的和谐之美；培养学生勇于独立进行观察、分析物理问题，勇于提出自己的见解。

知识与技能目标

①知道什么是自感现象。

②知道自感现象是普遍存在的物理现象。

③知道自感系数是表示线圈本身特征的物理量，知道它的单位及其大小的决定因素。

④知道自感现象的利与弊及对它们的利用和防止。

⑤能够通过电磁感应部分知识分析通电、断电自感现象的原因及磁场的能量转化问题。

过程与方法目标

①通过对两个自感实验的观察和讨论,培养学生的观察能力和分析推理能力。

②通过对自感现象利与弊的学习,培养学生客观全面认识问题的能力。

情感、态度与价值观目标

自感是电磁感应现象的特例,使学生初步形成特殊现象中有它的普遍规律,而普遍规律中包含了特殊现象的辩证唯物主义观点。

2. 物理概念教学的一般过程

(1) 物理概念的引入

物理概念的引入是物理概念教学的第一个环节,物理概念引入的方法很多,其基本原则是,尽量能激发学生的学习动机,使其积极参与到教学活动中来,充分体现学生的主体地位;使学生明确一个概念的物理意义,知道这个概念到底有什么作用;寻找学生新旧知识之间的联系,利用学生原有知识,将新概念纳入学生原有的认知结构当中,使学生容易接受;选择的感性材料要典型全面,要突出与概念有关的本质特征,尽量减少非本质特征的干扰。

引入物理概念的常用方法

实验法,物理学是一门实验学科,很多物理概念都可以通过实验演示,让学生透过现象揭示其本质而引入。学生通过直观观察形成深刻印象,强化了对概念的理解和记忆。除课堂上可以进行演示的实验之外,也可以利用学生熟知的生活中的现象,人类科学探究活动中的事实等进行概念的引入。这些现象和事实往往可以通过一些视频资料呈现给学生。

通电自感和断电自感的两个实验的成功与否是自感这一物理概念引入的关键。

实验一:

如图所示的电路中,两个灯泡 A_1 和 A_2 的规格相同,A_1 与线圈 L 串联后接到电源上,A_2 与可变电阻 R 串联后接到电源上。先闭合开关 S,调节电阻 R,使两个灯泡的亮度相同,再调节可变电阻 R_1,使它们都正常发光,然后断开开关 S。再重新接通电路,观察两个灯泡的发光情况。学生观察到的现象是跟变阻器串联的灯泡 A_2 立刻正常发光,跟线圈 L 串联的灯泡 A_1 逐渐亮起来。

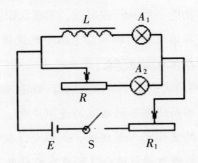

实验二：

如图所示的电路中，先闭合开关使灯泡发光，然后断开开关。学生观察到的现象是 S 断开时，A 灯突然闪亮一下才熄灭。

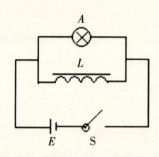

类比法，是在科学研究中常用的方法，在物理学中不少的概念是用类比推理方法得出的，让学生借类比事物为"桥"，从形象思维顺利过渡到抽象思维，有助于接受理解新概念。例如：与重力势能类比，引入电势能的概念；与电场强度概念的类比，建立磁感应强度的概念；将电流类比水流，建立电流概念；将电压类比水压，建立电压概念；把电磁振荡类比于弹簧振子或单摆，把电谐振类比于机械振动中的共振，建立电磁振荡概念。

逻辑推理法，物理概念大多数是在已有认知结构的基础上建立起来的，新概念的建立主要依赖于认知结构中相关的概念，要充分发挥已有的旧知识的作用，通过新旧概念之间的逻辑关系引入新概念。例如引导学生复习初中学过的功的概念，指出物体能够对外做功，则物体具有能量。在此基础上，讨论运动物体能够对外做功，则运动物体就具有能量，这种能量叫动能，进一步用做功的多少来确定动能与哪些量有关系，使学生真正理解动能的表达式。

（2）理论探究，形成概念

通过组织学生自主探究，逐步揭露物理概念的本质特征，是形成正确概念的关键环节。要充分尊重学生的主体地位，鼓励学生参与到教学活动中来，敢于发表自己的见解。一种情况是新的物理概念与学生原有的认知结构相符，与学生既有的感性认识相一致，这种情况下建立概念一般不会有大的阻力，但要注意通过分析、比较、抽象、概括的思维活动，抽象出事物的本质特征或属性，实现认识上的飞跃。

在通电自感的实验中，接通电路的瞬间，电路中电流增大，穿过线圈 L 的磁通量增大，产生感应电动势，由楞次定律可知，产生的感应电动势将阻碍原电流的变化，所以灯泡 A_1 中的电流将逐渐增大，A_1 逐渐亮起来。灯泡 A_2 所在的电路中没有线圈，将无法产生明显阻碍作用，因而观察不到电流的逐渐变化。在电磁感应的过程中，感应电动势只是阻碍了原电流的变化而不是阻止，所以电流变化的进程虽然被延缓，但最终仍要变化到应有的数值，即灯泡最终会达到应有的亮度。

由上述分析可知，电路中的电流发生变化时，线圈中发生了电磁感应现象，而此时的电磁感应是由于电路自身的电流变化引起的。

另一种情况是，学生存在与新概念相抵触的前概念。这种情况下，直接讲授新概念的效果往往不佳，学生很容易从已有概念出发，只接纳那些与原有认知结构相容的内容，而与其原有认知结构相矛盾的内容则无法正确理解。此时最好能演示一些颠覆性的实验现象，或者是从原概念推导出荒谬的结论，给学生以震撼，既能使学生暴露出原有的错误概念，又能使其产生建立新概念的强烈动机。

在断电自感的实验中，电路断开的瞬间，学生的生活经验应是灯泡熄灭，但实验事实是灯泡猛然一亮，之后才逐渐熄灭，表明流过灯泡的电流出现了瞬间的增大，之后才逐渐减小。应引导学生逐步探究，线圈中电流减小时，引起穿过线圈的磁通量减小，产生的感应电动势将阻碍原电流的减小，流过线圈中的电流只能逐渐减小，而不能立即减小为零。开关 S 断开后，灯泡和线圈共同组成回路，线圈中的电流从灯泡中流过，所以灯泡不会立即熄灭。

如果在电路稳定时，线圈中的电流比灯泡中的电流大，则开关 S 断开的瞬间，线圈中的电流流过灯泡，会使灯泡中的电流瞬时增大，灯泡亮度突然增加，出现闪烁（此时流过灯泡的电流已反向，但灯泡发光与电流方向无关）。这一过程中，灯泡中电流 i_1 和线圈中的电流 i_2，可分别由下图中的曲线描述。

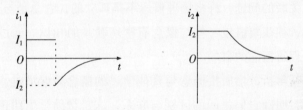

（3）明确概念的定义

通过学生的讨论与交流，教师的启发与诱导，学生思维的碰撞，逐步形成正确概念。学生的思维发生碰撞时不要急于反馈，应适时地为他们的思维碰撞搭好平台。鼓励学生认真观察，不代替学生探索，放手让学生独立思考。通过学生的观察、思考、动手、动脑、总结，使学生的认识逐步趋于正确统一。通过上述程序，学生将顺理成章地揭露出事物的本质属性，明确概念的定义。此时可进一步启发学生将已抽取出的事物的本质特征加以连缀，用恰当、简洁、明确的语言加以表达。

本课中最终得出的结论是，由于导体本身的电流发生变化而产生的电磁感应现象叫做自感现象。

在对物理量进行定义时，除语言表述之外，还应给出定义式，并且明确式中符号所代表的含义，物理量的单位和单位的定义或导出关系，以及该物理量的大小与哪些因素有关。

自感现象中产生的感应电动势叫做自感电动势，自感电动势的大小决定于哪些因素呢？通过讨论与总结，得出结论：自感电动势的大小与线圈中电流的变化率 $\dfrac{\Delta I}{\Delta t}$ 成正

比，与线圈的自感系数 L 成正比。写成公式为

$$E = L \frac{\Delta I}{\Delta t}$$

电流的变化率与磁通量的变化率相似，电流的变化率反映电流变化的快慢，其值等于电流的变化与所用时间的比值。

表达式中 L 叫做自感系数，是用来表示线圈的自感特性的物理量。线圈的自感系数与线圈的大小、形状、圈数、是否带有铁芯等因素有关。线圈越大，越粗，匝数越多，自感系数越大。另外，带有铁芯的线圈的自感系数比没有铁芯时大得多。

自感系数的单位是亨利，符号 H，更小的单位有毫亨（mH）、微亨（μH）

$$1 \text{ mH} = 10^{-3}\text{H} \qquad 1 \text{ μH} = 10^{-6}\text{H}$$

（4）分析讨论，深化物理概念

分析概念的物理意义，仅仅得出了概念的定义是不够的，还要从定义出发，明确其内涵、外延，及其物理意义，帮助学生进一步理解概念，并尽快地掌握和运用概念。只有引导学生深入理解物理概念的物理意义，才能全面、系统、深刻地理解这个物理概念；只有明确概念的内涵和外延，才能更好地运用概念。要强调概念中的关键字句，在强调时要尽可能地配合实例加以说明。

讨论与概念有关联的问题，许多物理概念不是孤立的，它总是与其他事物相关联，所以讲完概念之后，往往要讲授一些与概念有密切联系的知识。通过拓展知识间的联系，来达到进一步理解概念的目的。

对易混概念进行辨析，当所授概念与其他学过的概念易混淆时，对这些易混概念要进行对比、辨析，明确它们之间的区别与联系，这是帮助学生纠正错误，理解、巩固、深化概念最有效的方法。

自感现象是广泛存在的，凡是有导线、线圈的设备中，当电流发生变化时，都会有自感现象发生。只是对于一般电路来说，如果没有线圈，电路的自感系数通常较小，自感现象不明显。但对于有较大自感系数的电路，自感现象就必须考虑。

自感现象同样遵守法拉第定律和楞次定律，"阻碍"不是"阻止"，电流最终仍将变化，只是变化的进程被延缓；线圈中的电流变化不能瞬间完成，即电流不能"突变"，只能"渐变"。

（5）巩固深化物理概念

重要物理概念讲过以后，要使学生真正理解概念并牢固、清晰地掌握概念，往往需要巩固和强化工作，对概念加以深化。通过练习，形成运用概念的技能，学习物理概念，就是为了运用概念进行思维，运用概念解决问题，运用概念去理解和定义新的概念。

运用概念解释某些物理现象，某一物理概念建立后，为对其进行强化，可以为学生设置一些实际问题，由学生进行解释。任何事物都存在正反两个方面，选取问题时，

也可以从正反两个方面着手。

自感现象的应用，在交流电路中，由于电流不断变化，自感线圈存在通直流、阻交流、通低频、阻高频的现象，因此，自感现象在交流电路与无线电技术中有广泛应用。如日光灯镇流器、LC 振荡电路等。

交流电路中自感系数很大的用电器（如大型电动机的定子绕组）在切断电路的瞬间，会产生很高的自感电动势，并有可能形成电弧，危害人员及设备的安全，常采取特殊的安全开关加以保护。精密电阻中常采取双线绕法消除其自感现象等知识都可以介绍给学生，供其分析研究。

另一种常用的强化概念的方法是做相关练习题。为了巩固概念，可以设置一些练习题当堂进行训练。需要注意的是，练习的目的是为了巩固深化概念，因此，习题选择一定要精，所练习的题型与内容应多样化，有助于学生对概念的理解。习题讲解要力求深入，通过习题，力争破除学生头脑中那些似是而非的理解，因而更适宜选取概念性的习题，而不是大量的计算题，过多地练习计算题，反而容易冲淡对物理意义的理解和掌握。

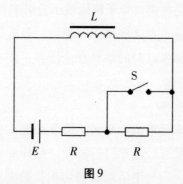

图 9

例 1. 如图 9 所示，多匝电感线圈 L 的电阻和电池内阻都忽略不计，两个电阻的阻值都是 R，电键 S 原来打开，电流 $I_0 = E/2R$，今合上电键将一电阻短路，于是线圈有自感电动势产生，则这个电动势（　　　）

A. 有阻碍电流的作用，最后电流由 I_0 减少到零

B. 有阻碍电流的作用，最后电流总小于 I_0

C. 有阻碍电流增大的作用，因而电流 I_0 保持不变

D. 有阻碍电流增大的作用，但电流最后还是增大到 $2I_0$

例 2. 如图 14 所示的电路，A_1 和 A_2 是两个相同的小电珠，L 是一个自感系数相当大的线圈，其电阻与 R 相同，由于存在自感现象，在电键 S 接通时，_____灯先亮；S 断开时，_____灯先熄灭。

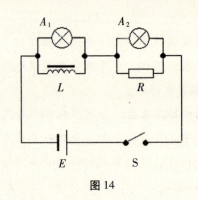

图 14

三、修炼建议

（1）掌握物理概念要准确

对物理概念的准确掌握，是对教师的基本要求，高中物理中许多概念都容易出现错误的或不准确的理解，包括概念的主体、概念的内涵和外延等。比如能级的概念，原子的能量是量子化的，这些量子化的能量值叫做能级，而不应将能级理解为电子的能量。再如结合能的概念，是将组成原子核的核子分开时所需要的能量，而不是核子结合成原子核时所具有的能量。对这些概念的理解一旦失误或不准确，都将造成对学生的误导。需要教师不断地加强自身的学科理论修养，使自己具有超越中学阶段的物理知识和理论水平。

（2）消除错误前概念的影响

维果斯基提出将概念分成日常概念和科学概念两类，日常概念又称为前科学概念或前概念，实质上是学习者没有经过专门的教学，在日常生活中通过辨别学习，积累经验而掌握的概念。物理是一门与生活现象密切相关的实验学科，学生生活中已有的前科学概念对其掌握物理概念会产生一定的影响。

前概念有片面性、产生的自发性、非本质性等特点。正确的物理前概念是物理学习的良好基础和铺垫，它的正迁移作用可成为物理概念学习的资源和概念学习的基础。但片面的或错误的前概念，将会成为学生学习物理的障碍，这些错误的前概念如果得不到及时纠正，将影响对新概念知识的学习，甚至歪曲新知识的意义，使学生形成错误的思维。比如对惯性的认识，需要长时间的努力才能使学生逐步建立起物体的运动不需要力来维持，力是改变物体运动状态的原因等正确概念。

在讲授有关物理概念之前，应通过一定的方式了解学生的前概念的状况，如通过小组讨论、问卷调查、课前提问、小测验等方式让学生的前概念呈现出来，教师做到心中有数。利用学生的原有认知结构，从学生已有的前概念先出发，归纳推导出与事实或学生已知的公理相悖的结论来，从而创设认知冲突，让学生在冲突中自己发现原有前概念的错误之处，以达到对科学概念的正确顺应。

高
中物理教师专业能力必修
Gao Zhong Wu Li Jiao Shi Zhuan Ye Neng Li Bi Xiu

（3）注意物理概念教学的阶段性

根据学生的认知规律，学生不可能一次就对一个概念达到深刻的理解，而是有一个逐渐加深理解的过程，因此物理概念的教学还应注意阶段性。对于复杂的物理概念的学习应是一个复杂而持久的过程，理解和巩固概念要注意经常化，要经过多次反复，循序渐进，逐步加深，不断地深化概念，这样学生才能吃得透、用得活，进而掌握物理概念。

比如电动势概念，电动势是描述电源把其他能量转化成电能的本领的物理量，它概念的理解在高中物理中是一个难点，相关的知识几乎贯穿整个电磁学部分，我们应该认识到这一点，把电动势概念的理解作为一个循序渐进的过程。

在恒定电路部分讲述电动势的概念时强调的是能量的转化和守恒。强调电源的作用是把其他的能量转化为电能，而电动势则是描述电源把其他能量转化成电能的本领的物理量，对电动势的理解也是围绕着非静电力做功展开的。不同的电源有着不同的非静电力。在化学电池中，推动电荷克服电场力做功的非静电力是原子核对电子的作用力。

在磁场部分讲到带电粒子在磁场中的运动时，课本提到了磁流体发电机，带电粒子在洛伦兹力作用下发生偏转并在两极板上积累形成电源的两极，此处虽未明确提出感应电动势的概念，但感应电动势的产生机理问题被提了出来，也为下一章感应电动势的讲述埋下了伏笔。

在电磁感应部分，非静电力分为两种情况。对于动生电动势来说，帮助电子克服电场力作功的非静电力就是自由电子所受到的洛伦兹力的一个分量。对于感生电动势，是在变化的磁场周围产生的涡旋电场，非静电力是这一涡旋电场的电场力。不过这一电场的电场线是闭合的，它不同于静电场。这正是电磁波的形成机理。

这样，从恒定电路到磁场，再到电磁感应和电磁波，随着学习的不断深入，学生对电动势这一概念的理解也将不断深入。

专题五　物理规律教学

　　物理规律包括物理定律、定理、原理、法则、公式等，是物理过程在一定条件下发生、发展和变化的必然趋势的反映，是建立在物理概念基础上的更深一层次的物理知识。它一方面反映了物理概念之间的相互联系，另一方面揭示了在一定条件下某些物理量之间的、内在的、必然的联系。学习物理规律，可以使学生掌握物理概念和物理规律之间存在着不可分割的、辩证的联系。另外，有些概念本身就是建立在物理规律的基础之上，如电阻就是建立在对同一导体电压与电流之比是一个常数这个实验规律之上的。所以二者是相辅相成、相互促进的。形成物理概念是掌握物理规律的基础，概念不清就谈不到掌握规律；掌握物理规律又可以使学生从物理现象与物理现象的联系中进一步更深入地理解物理概念。

　　物理规律的学习是一个复杂的认知过程，它是感性认识与理性认识、特殊认识与一般认识反复结合、相互作用的过程。要经过几个阶段的反复学习，逐渐深入才能掌握。物理规律的教学过程就是帮助学生完成这一复杂认识的过程，在物理规律的理解、应用的过程中，可以不断发展学生的智力和能力，所以我们应当抓好物理概念教学的基础上，认真抓好物理基本规律的教学。

一、物理规律的特点

　　1. 物理规律是观察、实验、思维、想象和数学推理相结合的产物

　　规律总是客观存在的，任何客观规律都只能被发现，而不是被创造。物理学规律揭示的是物质的结构和物质运动所遵循的规律，因此必然与人们认识物理世界的途径有关，物理学科既来自于实验，又有其自身逻辑严谨的特点，物理规律都与观察、实验，抽象思维、数学推理等有着密不可分的联系。例如牛顿第二定律，就是在取得大量实验数据的基础上，经过分析与综合，并利用数学方法总结出来又被实验和生产实践证明无误的客观规律。

　　2. 物理规律反映有关物理概念之间的必然联系

　　任何一个物理规律，都是由一些概念组成的，规律表现为概念之间的联系，这些概念常常表现为物理量，则物理规律也常常与一些数字和测量联系起来。物理规律把概念之间的关系用语言逻辑或数字逻辑表达出来。例如，万有引力定律，就是由物体、引力、质量、距离等概念组成的。研究对象是物体，力、质量、距离是三个可测量的物理量。它表明了研究对象物体之间的引力与质量以及物体之间的距离的定量关系。

又如，楞次定律，是由感应电动势、磁通量、变化率概念组成的。研究对象是回路，它表明的是感应电动势与磁通量的变化之间的关系。

3. 物理规律具有近似性和局限性

自然界本身是和谐的，也是极其复杂和多样化的，其中所隐含的物理规律，也是复杂而深刻的。人类在认识自然的时候往往采用科学抽象方法，使之适当简化之后建立起理想的模型和理想的过程。同时人类对自然的观察也局限于仪器的精密程度、技术的进步程度，从而不可避免地出现测量误差。因此，物理规律只能在一定精度范围内足够真实但又是近似地反映客观世界。另外，物理规律不仅具有近似性，而且由于规律总是在一定范围内发现的，或在一定条件下推理得到的，并在有限领域内检验的，所以规律还具有局限性。也就是说，物理规律总有它的适用范围和适用条件。

大家都熟知的牛顿三大定律，就是在宏观物体、低速运动的前提下得到的近似真实的规律。随着科学技术的不断进步，人类对自然的认识也是不断深入的，新的现象发现后，往往会诞生出新的规律，相对论和量子力学就是在对高速运动的物体和微观领域的现象的研究中诞生的。虽然牛顿定律只是相对论和量子力学在宏观、低速条件下的近似，但这丝毫不会影响牛顿定律在物理中的崇高地位。

二、物理规律的教学要求

必须加强物理概念教学。对物理概念的明确掌握是建构物理规律的前提，所有的物理规律都是由有关物理概念构成的，并反映概念之间的联系，可以说物理概念是构成物理规律的基石。因此没有准确的物理概念就不可能有明确物理规律。例如法拉第电磁感应定律的描述为：电路中感应电动势的大小，跟穿过这一电路的磁通量的变化率成正比。如果学生没有对磁通量和变化率等概念的准确把握，而奢谈对法拉第电磁感应定律的掌握，是根本不可能实现的。即使能套用公式，也是照猫画虎，不可能有创造性的应用。很多学生在学习中出现对规律掌握不牢，理解不透，不能正确应用等问题，其实质往往是对物理概念掌握不够准确造成的。

重视实验对获得感性认识的促进作用。物理规律本身，总是以一定的物理事实为依据的，因此，学生学习物理规律，也必须在认识、分析和研究有关的物理事实的基础上来进行。对于中学生来说，他们的抽象思维能力不强，理解和掌握物理规律更需要有充分的感性材料作为支柱。人的认知规律也决定了如果没有客观事物作为基础，就很难实现对事物的正确认识，要想使学生掌握物理规律，就必须使学生对所学的知识获得生动具体的感性认识，然后再通过对感性认识的理性分析与加工，使之上升到理性认识，成为学生能掌握的物理规律。

人类在对物理规律的探索与研究过程中，逐渐形成了物理学研究的基本方法。学生认识和掌握物理基本规律的过程，也相当于一个简化了的探索和研究过程。实验是总结物理规律的重要方法，通过对实验现象的观察与总结，可以自然而然地得出物理规律。例如牛顿第二定律的教学，可先由学生分组进行实验探究，由学生自主探索加速度与合外力、质量之间的关系。让学生利用多组实验数据从容地描绘出 $a\text{-}F$，$a\text{-}m$ 曲线，学生利用熟悉的数学手段，自己发现加速度与合外力、质量之间的关系。尤其重要的是让学生体会数据的分析、处理方法，强调了从猜测和推断得出结论的方法，并且只有当这些结论推导出的新的结果都与事实相一致时，它才能成为"定律"。这正是物理定律的发现过程。

精心指导学生进行思维加工。通过对实验现象的观察获得对规律的感性认识，是学生学会物理规律的必由阶段，但如果仅仅停留于这一阶段，不经过理性加工，就不可能抽象出物理实质。如果学生没有经历探究的过程，只是机械地记住了最后的结论，而缺乏自己的独立思考的理性加工过程，就不能促进其认知能力的提高。从感性认识到理性认识，是认知过程的一次飞跃，要实现这次飞跃，就必须带领学生进行分析、归纳、概括和抽象，这就是思维加工的过程。

三、物理规律教学中应注意的问题

1. 要深刻理解规律的物理意义

中学阶段所研究的物理规律，一般都要用文字语言加以表达，即用一段话把某一规律的物理意义表述出来，在表述及应用中对数学知识的应用要求相对较低，更多的是注重学生对物理规律的真正含义的理解。在教学中切不可直接给出结论，然后让学生机械地进行记忆，对于物理这样一种思辨性、逻辑性很强的学科，如果只是将正确的结论灌输给学生，就离开了认知的基础，学生不可能深刻理解，就更谈不上应用规律去解决实际问题。这种做法，颠倒了认识的顺序，学生不知道规律是怎么得来的，为什么这样，就不可能理解它的真正含义。

通过实验观察总结出规律，或通过已有的规律进行理论推导的过程都应该让学生亲身参与，只有参与其中，才能有深刻的理解。得到规律后，还应让学生应用这些规律去尝试解决问题，在解决问题的过程中，发现规律的真实含义，纠正一些似是而非的说法。

比如，牛顿第一定律指出了一切物体都具有保持原来匀速直线运动状态或静止状态的性质，即一切物体都有惯性。它明确了力和运动的关系。物体的运动并不需要力来维持，只有当物体的运动状态发生变化，即产生加速度时，才需要力的作用。同时它也提出了惯性的概念，物体之所以保持静止或匀速直线运动，是在不受力的条件下，由物体本身的特性来决定的，惯性是物体所固有的。通常把牛顿第一定律成立的参照系称为惯性参照系，因此这一定律在实际上也定义了惯性参照系这一重要概念。

在理解的过程中不能将惯性与惯性定律混淆，否则容易出现把用力改变物体的运动状态说成"打破物体的惯性"把物体不受外力作用保持原来的运动状态说成是"保持物体的惯性"等错误说法。牛顿第一定律是作为牛顿力学体系一条规律，它具有特殊意义，是三大定律中不可缺少的独立定律，不能将第一定律看作牛顿第二定律的特例。有人认为牛顿第一定律是第二定律的特例，当加速度 a 等于 0 时，第二定律就成了第一定律了。凡此种种，都是对牛顿第一定律的真实内涵理解不够深刻的结果。

2. 注意物理规律的适用条件

一种情况是规律的适用范围。物理规律通常是以实验或对自然现象的解释为基础建立起来的，而自然现象又是复杂多变的，只有在某种特定条件下物理规律才能近似反映实验事实，即物理规律都有其适用范围。例如气体实验定律，只适用于理想气体，对于实际气体总是有偏差的。当气体的温度不太低、压强不太大时，应用实际气体与理想气体类似，实验定律得出的结果偏差不大。因此，气体实验定律的使用条件为温度不太低、压强不太大。

另一种情况是规律成立的条件，有些规律的适用范围很广，但在具体的物理过程中，规律的成立是有条件的。比如动量守恒定律是自然界最普遍的规律之一，在宏观和微观领域都能适用，这一点与牛顿定律不同。但是在具体应用时，必须是在系统不受外力，或系统受到的外力矢量和为零，或系统受到的外力的冲量为零时，动量守恒定律才成立。

只有在明确规律的适用范围与条件后，才能正确地理解和应用规律去解决实际问题。在每一条物理规律的学习中，这都是必须要弄清楚的事情。

3. 明确物理量之间的因果关系

物理规律的内容都可以用数学公式表达出来，即物理公式。每一个公式都有其深刻的物理内涵作为支撑，不仅仅是数量上的关系。不但要使学生从物理意义上去理解公式中所表达的物理量之间的数量关系、单位关系，还要使学生理解各个物理量之间的决定关系，或者说是因果关系，而不能从纯数学的角度加以理解。

例如，牛顿第二定律公式虽然经常写为 $F = ma$，但它的含义却是物体的加速度跟作用力成正比，跟物体的质量成反比，它揭示了物体的加速度与所受的合外力以及物体质量之间的关系，如果只从数学形式考虑，就可能得出物体的质量与所受的外力成正比与它的加速度成反比的结论，这显然不是错误的。质量是物体本身所固有的属性，不能由合外力及加速度决定。再如，对于欧姆定律的公式为 $I = U/R$，应当使学生理解，这一公式表达了电流的强弱决定于加在导体两端电压的大小和导体本身电阻的大小，即某段电路中电流的大小，与这段电路两端的电压成正比，与这段电路中的电阻成反比。把公式加以数学变换，得到电阻的定义式 $R = U/I$。如果不理解公式的物理意义，就可能得出"电阻与电压成正比"这一类错误的结论来。

四、修炼建议

掌握物理规律的基本教学方法，物理规律可以分为实验规律、理想规律和理论规律三种。在观察和实验的基础上，通过分析归纳总结出来的物理规律叫做实验规律，物理学中的大多数规律都是实验规律，如牛顿第二定律、欧姆定律、电磁感应定律、楞次定律等；不能直接用实验来证明，但是根据足够数量的经验事实总结出来的规律，叫做理想规律，这些规律是在把大量经验事实进行整理分析，去掉非主要因素，抓住主要因素，推理到理想的情况下得到的，如惯性定律等；以已知的事实为根据，通过理论推导总结出来的物理规律，叫做理论规律，如动量定理、动能定理、万有引力定律等。

在物理规律的教学过程中，不仅要让学生掌握规律本身，还要对规律的建立过程、研究问题的科学方法进行深入了解，更重要的是如何应用规律来解决具体问题。不同的物理规律，由于其本身特点的不同，应该采取不同的教学方法。

1. 实验规律的教学方法

（1）探究实验法

探究实验法就是根据某些物理规律的特点，设计实验，让学生通过自己做实验，总结出有关的物理规律。

教师通过教学设计可以逐步引导学生进行思维加工。例如，在楞次定律的教学中，可以通过教师提问，学生观察、总结逐步找出规律，认识物理实质。

预设问题

条形磁铁插入或抽出线圈时，线圈中的感应电流的方向怎样判断？

若磁场加强，导体棒不动，感应电流的方向又怎样判断呢？

实验探究

1）科学猜想

首先猜想感应电流的方向与哪些因素有关？

①原磁场的方向

②原磁场的运动方向

③原磁场的磁通量的变化

通过什么方法研究感应电流的方向与这些因素存在怎样的关系呢？

2）设计实验

实验目的：

研究感应电流的方向与原磁场的方向和原磁场的磁通量变化之间的关系。

实验设计：

①设计如图所示的实验

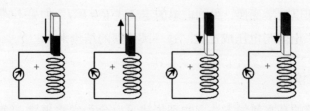

②选择怎样的实验方案？（最简单）

③需观察、记录什么？

观察记录：

感应电流的方向、原磁场的方向及原磁场的磁通量的变化方向。

3）实验方案

确定灵敏电流计指针偏转与通入感应电流的方向的关系，用一节干电池分别判定电流计左偏时左右的正负情况，右偏时左右的正负情况。

确定线圈中导线的绕向：

当磁铁的 N 极、S 极插入时观察电流计指针的偏转方向；当磁铁的 N 极、S 极拔出时观察电流计指针的偏转方向，以表格的形式记录结果。

N 进	N 出	S 进	S 出
右偏	左偏	左偏	右偏
"＋"进	"＋"出	"＋"出	"＋"进

得出结论：

当引起感应电流的磁感强度 E 增强时，感应电流的磁感强度 B 与之反向，起阻碍它增强的作用；当引起感应电流的场强 E 减弱时，感应电流的磁场 B 与之同向，起阻碍减弱的作用，最终得出楞次定律内容，感应电流的磁场总是要阻碍引起感应电流的磁通量的变化。

归纳总结：

利用楞次定律判断感应电流方向的一般步骤：（若磁场加强，导棒不动，感应电流的方向的判断）

①确定原磁场的方向

②判断穿过闭合电路磁通量的变化情况

③根据楞次定律确定感应电流的磁场的方向（增反减同）

④根据右手螺旋定则判断感应电流的方向

（2）演示实验法

并不是所有的实验都适合中学生进行自主探究，教师通过演示实验总结物理规律也是一种重要方法。教师通过精心设计的演示实验，引导学生观察，根据实验现象，师生共同分析、归纳，总结出有关的物理规律。中学物理的演示实验，往往带有定性或半定量的特点，是具有很强的模拟性质的实验，要求演示实验应使全班学生都能看清楚，一是看清仪器，二是看清现象。实验的现象或数据显示要尽量做到清晰、直观。如带电粒子在匀强磁场中的运动的教学，可以通过观察洛伦兹力演示仪的实验现象，总结出带电粒子在匀强磁场中的运动的规律。

引入新课

带电粒子在匀强磁场中受力，即洛伦兹力 $F = qvB$，那么：垂直射入匀强磁场中的带电粒子，在洛伦兹力 $F = qvB$ 的作用下，将会偏离原来的运动方向。粒子的运动径迹是怎样的呢?

讲授新课

首先让学生观察洛伦兹力演示仪,并介绍其显示原理(电子射线使管内的低压水银蒸气或氢气发出光辉,显示出电子的径迹),以及电子速度的大小和磁感应强度可以分别通过电子枪的加速电压和线圈的励磁电流来进行调节的原理。

然后进行一系列的实验观察:

1)不加磁场时,引导学生观察电子束的径迹。学生观察到没有磁场时,电子束的径迹是直线。

2)给励磁线圈通电,在玻璃泡中产生沿两线圈中心连线方向、由纸内指向读者的磁场,观察电子束的径迹。学生观察到外加匀强磁场时,电子的径迹是圆形。通过提问引导学生讨论:

①带电粒子在什么条件下做圆周运动?(带电粒子垂直射入磁场)

②是一种什么性质的圆周运动?(匀速圆周运动)

③为什么是匀速圆周运动?(因为带电粒子受到一个大小不变、方向总与粒子运动方向垂直的洛伦兹力)

④什么力提供了向心力?(洛伦兹力 $F = qvB$)

通过讨论可以得出结论:沿着与磁场方向垂直的方向射入磁场的带电粒子,在匀强磁场中做匀速圆周运动。洛伦兹力不改变带电粒子速度的大小,即洛伦兹力不做功。

3)保持出射电子的速度不变,改变磁感应强度,观察电子束径迹的变化。学生观察到磁场的磁感应强度越大,电子束作圆周运动的轨道半径越小。

4)保持磁感应强度不变,改变出射电子的速度,观察电子束径迹的变化。学生观察到电子的速度越大,其圆周运动的轨道半径越大。继续引导学生讨论:

⑤电子作匀速圆周运动的半径与什么物理量有关?经过分析可知,电子只受洛伦兹力作用,由洛伦兹力提供向心力

$$qvB = \frac{mv^2}{r} \quad 即$$

$$r = \frac{mv}{qB}$$

进一步讨论可以得出结论:带电粒子在匀强磁场中只在洛伦兹力作用下做匀速圆周运动时,轨道半径与带电粒子的速度大小成正比,与磁感应强度的大小成反比。

2. 理想规律的教学方法

理想规律是在物理事实的基础上,通过合理推理至理想情况而总结出的物理规律,因此在教学中应用"合理外推法"。如在牛顿第一定律的教学中,应引导学生特别注意伽利略的理想实验,注意它忽略次要因素、抓住主要因素的科学性,即合理外推。在教学中要让学生体会到前辈大师们思维的过程,体会逻辑的严密性,假想的合理性,从中发现思维的乐趣。如牛顿第一定律的教学可以考虑如下的推理过程。

高中物理教师专业能力必修

Gao Zhong Wu Li Jiao Shi Zhuan Ye Neng Li Bi Xiu

首先引导学生讨论亚里士多德的观点是什么？错在哪里？

可以进行演示实验，让小车以相同速度在不同粗糙程度的水平面上滑行，发现平面越光滑，摩擦阻力越小，小车滑得越远。得出结论，摩擦力在物体的运动中起到阻碍作用，亚里士多德的错误在于忽略了摩擦力的影响。

继而讨论伽利略的观点是什么？其合理性是如何体现的？

可以用多媒体演示模拟实验，让一个小球沿一个斜面从静止开始滚下，小球将滚上另一个斜面。如果没有摩擦，小球将上升到原来的高度；如果减小第二个斜面的倾角，学生经过讨论得出，小球仍能达到同一高度，但这时它要滚得远一些；继续减小第二个斜面的倾角，小球达到同一高度会滚得更远一些。继续减少第二个斜面的倾角，使它最终成为水平面。小球就再也达不到原来的高度，而沿水平面以恒定速度持续运动下去。因为我们不可能把斜面做的无限长，也不可能消除一切阻力，所以这是一个理想实验，是对现有实验事实的外推。但是，整个过程是以真实的物理现象为背景的，因此，这样的外推是合理的。

最后得出结论，我的看法是什么？

通过上述理想实验，可以得出牛顿第一定律"一切物体总保持匀速直线运动状态或静止状态，除非作用在它上面的力迫使它改变这种状态。"

同时应该注意：定律指出一切物体都具有保持原来运动状态的惯性；定律指出了外力是改变运动状态的原因而不是维持物体运动的原因。

3. 理论规律的教学方法

理论规律是由已知的物理规律经过推导，得出的新的物理规律。因此，在理论规律教学中应采用"理论推导法"，在推导过程中应注意数学方法的应用。如万有引力定律可以由开普勒定律进行推导。

开普勒第一定律指出，所有的行星围绕太阳的运动轨道都是椭圆，太阳处在所有的椭圆的一个焦点上。事实上，行星运动的椭圆轨道离心率很接近于1，我们把它理想化成一个圆形轨道，即认为行星绕太阳作匀速圆周运动。根据圆周运动的条件可知行星必然受到了一个来自太阳的力。牛顿认为这是太阳对行星的引力，那么，太阳对行星的引力 F 应为行星运动所受的向心力，即

$$F = m\frac{4\pi^2}{T^2}r$$

再根据开普勒第三定律，所有行星的轨道的长半轴的三次方跟公转周期的二次方的比值都相等，即

$$\frac{r^3}{T^2} = k$$

代入上式可得：

$$F = m \cdot \frac{4\pi^2 K}{r^2}$$

其中 m 为行星的质量，r 为行星轨道半径，即太阳与行星的距离。也就是说，太阳对行星的引力正比于行星的质量而反比于太阳与行星的距离的平方，即

$$F \propto \frac{m}{r^2}$$

根据牛顿第三定律，既然太阳对行星的引力与行星的质量成正比，那么行星对太阳也有作用力，也应与太阳的质量 M 成正比，即

$$F' \propto \frac{M}{r^2}$$

由于 $F \propto \frac{m}{r^2}$ 和 $F' \propto \frac{M}{r^2}$，而 F 和 F' 的大小又是相等的，所以，太阳与行星之间的引力，与它们质量的乘积成正比，与它们的距离的平方成反比，即

$$F \propto \frac{M \cdot m}{r^2}$$

用等式可表述为：

$$F = G \frac{M \cdot m}{r^2}$$

其中 G 为比例系数，与太阳和星星的质量均无关。

进一步思考，太阳与行星之间的引力，地球与月球之间的引力以及使苹果下落的力是否为同一种力呢？如果是同一种力，它们应该遵循相同的规律。

在牛顿时代，重力加速度 g、月 - 地的距离 r、月球的公转周期 T 都能较为精确地进行测定，月球轨道半径即月 - 地的距离 r 为地球半径 R 的 60 倍，假定维持月球绕地球运动的力与使苹果下落的力是同一种力，同样遵守平方反比的规律，那么，月球在轨道上运动的加速度就应该为物体在地球表面下落的加速度的 $\frac{1}{60^2}$。

物体在月球轨道上的加速度 a（月球公转的向心加速度）是它在地面附近下落的加速度 g 重力加速度（重力加速度）的几分之一？

设月球的质量为 m，在其轨道上运动的加速度（月球公转的向心加速度）为 a，已知 $r = 3.8 \times 10^8 \,\mathrm{m}$，$T = 27.3\,\mathrm{d}$，由 $a = \frac{4\pi^2 r}{T^2}$，可以求得 $a = 2.7 \times 10^{-3} \,\mathrm{m/s^2}$，而地球表面的重力加速度为 $g = 9.8 \,\mathrm{m/s^2}$，所以月球公转的向心加速度为地球表面重力加速度的 $\frac{1}{60^2}$，也就是说，月球轨道处的物体的重力加速度是地球表面重力加速度的 $\frac{1}{60^2}$。

上述计算表明，地球对月球的力，地球对地面物体的力真是同一种力。至此，平方反比律已经扩展到太阳与行星之间，地球与月球之间、地球对地面物体之间。因此可以得出结论：自然界中任何两个物体都相互吸引，引力的大小与物体的质量 m_1、m_2 的乘积成正比，与它们之间距离 r 的平方成反比。

技能修炼

该篇主要针对高中物理教学设计、目标把握、教学实施和教学评价等方面进行了专题探讨，每个专题下根据学科特点和当前教学实际设有几个小话题，以案例导入或结合案例的形式阐述教师教学所必需的技能以及形成这些技能的方法和途径等。

专题一　教学设计——预设

引子：关于一节课的设计

一个案例：

小王老师接到一个任务，要他为全区的老师做一节展示课，为此，小王老师做了精心的准备。他先从网络、报刊杂志和有关书籍上全面搜寻了有关这节课的资料，包括文字、图片、视频等，然后将这些资料进行了有机的组合，形成了这节课的流程，并针对每个环节精心设计了语言及学生活动，写教案的时候，发现教学目标和重点、难点还没有考虑，为确保科学性，他找到教师用书和一些现成的教案，将上面的教学目标和重点、难点照抄下来，完成了整个教学设计，看着教案上一个个精彩的学生活动设计，丰富的实例和大量的实验，小王老师非常满意。

请问，你认同小王老师的做法吗？你平时是这样备课的吗？

一、教学设计概述

（一）什么是教学设计

所谓教学设计，就是教师在教学目标的指引下，对教学活动进行全面通盘考虑、系统规划与预先策划，并根据实际反馈的信息不断地调整教学活动的过程，教学设计是针对教学过程而言的。教学设计是上好课的前提和基础。

教学设计相当于传统意义上的备课，只是比传统的备课更强调以学生为中心，更加注重将知识能力和情感统一于教与学的系统中。那么在进行教学设计之前需要做哪些准备呢？教学设计一般又是按照怎样的步骤进行的呢？

（二）如何进行教学设计

1. 前期准备工作

（1）充分地理解物理课程标准

为了备好课，准确地制定教学方案，老师们通常都是去深入研读教材，大量翻阅教学参考，而忽略了最不应该被忘记的物理课程标准，教学目标制定的依据是学科课程标准，教师在教学的过程中，将本学段的课程目标分解成单元目标，再进一步分解为章节的教学目标和课时目标，这是一个将宏观目标逐级细化为具体目标的过程。因此，在进行教学设计之前，有必要对课程标准进行深入研读，以准确理解课程标准。如：三维目标是三种目标吗？怎么处理知识技能与过程方法的关系？怎样在教学过程中关注情感态度价值观？对这些问题的深入思考，有助于准确地设定教学目标，把握教学的重点、难点，选择恰当的教法和学法，从而进行有效的课堂教学。

（2）深入钻研教材

首先要统览整个学段教材，以明确学段目标内容，知道每个阶段的目标和要求，实施教材中教师就能较好地把握执教的尺度。知道每个阶段应该有哪些知识点，达到哪些能力，做到心中有数：既不人为地拔高要求，又不降低标准达到保底的要求。还要通读本册教材，以弄清本模块的知识线索。最后细读单元教材分析，单元教材分析从以下方面入手：①课标的相关要求；②在本单元知识在学科体系、本模块中的地位、作用及与相关知识的联系；③主要内容及知识结构；④重点及难点。

通过对教材的深入研究，力争做到：领会教材的编写意图，理清知识间的内在联系，并要研究教材所渗透的思想和方法。

（3）充分了解学生

学生是教学的对象，是学习的主体，因此，了解学生是进行教学的出发点，也是教学设计必须首先明确的问题，只有从学生的实际出发，教学设计才能切合学生的特点和需要，所以有必要了解学生的年龄特点、心智发展水平，已有的知识储备和能力基础，存在的问题，学习的需要等等。

例如，就学生智力发展规律，发展心理学有明确的陈述"高中生的思维特点：主要是以理论型为主的抽象逻辑思维。"高中生在他们的实践与学习中，已经能够完成从具体上升到理论，再用理论指导去获取具体知识的完整过程。实验证明，16 岁到 17 岁，即高中一年级至高中二年级，是思维发展的初步成熟期，高一学生的智力变化较大，很多高中入学考试的尖子生，经过高中半年或一年的学习以后不一定仍然是尖子生，有的甚至显得比较平庸；而从高二年级以后，学生的智力日趋稳定和成熟，凡在高一年级后期显露出来的尖子生，多数都能够保持；而高中毕业时的学习尖子，约80% 以上在上了大学之后，仍然是学习尖子。所以在这一时期对学生进行思维训练，有助于促进其思维的成熟，进而形成稳定的能力结构。

了解了这一规律，我们就可以抓住最佳学习期，合理设定整个高中阶段对学生的系统培养计划，使得对学生综合能力的培养形成系统网络，在高一阶段应着重激发学生学习兴趣，帮助学生养成良好的学习习惯，在高二阶段则可以将教学的重点放在开发学生的学习潜能，帮助学生形成科学的思维方法上，高三阶段则可以重点抓知识网络的搭建、知识系统的构建。

除了要了解学生发展的一般规律外，还要对自己所教的学生有全面的了解。首先，要对班级整体和学生个人的原有认知结构，最近发展区的情况搞清楚。其次，知识与技能目标能否在课堂教学结束时得到根本性落实、在促进本课知识与技能落实上学生的学习是否主动有意义，而不是被动机械性掌握，是否具备相关的学习方法，若没有是否授予；情感、态度、价值观都应该有一个先期的预设，看学生在学习的过程中能否始终具备积极的情感。应该考虑到每一个学生，因为学生的状况，很大程度上就是课堂教学是否高效的根本性指标。

例如：在《欧姆定律》一课中，通过实验探究了小灯泡的伏安特性曲线后，老师根据学生的知识储备和能力基础，提出了问题：请学生猜想小灯泡的电阻随电压增大的原因是什么。由于学生在初中已经认识到：电阻是导体本身的一种属性，不随导体两端的电压和导体中的电流而变化，这时学生会很自然想到：一定是由于导体两端电压的升高，而使得导体本身的某种特性发生了变化，从而很顺利地想到，可能是电压的升高导致灯丝温度升高而使电阻发生了变化。接下来，老师又设计了一个拓展性问题：如何用实验验证你的猜想？这个问题将教材上要求的内容做了延伸，有一定的难度。但由于学生在初中学过热传递的有关内容，加上高中生已经可以将抽象的物理概念与实际的现象进行联结，自然会联想到利用热传递的方法控制灯丝的温度，从而设计出合理的实验方案：如将灯丝浸入冷水或缩短灯丝通电时间。这两个问题的大胆设计，并非刻意求新、求难，而是源于对学生认知水平和思维水平的了解，合理设定思维的"最近发展区"，使学生通过有效的思考，提升思维水平。

因此，只有在进行教学设计时准确地了解学生，把握学生存在的学习问题，才能选择恰当的教学策略，从而在教学情境中通过产生一定的认知冲突，帮助学生逐步形成科学认知结构和科学方式，实现课堂教学的有效性。根据高中生的思维发展特点，具体可以从以下几个方面进行：①让学生充分暴露于物理概念和规律不符的经验，鼓励学生开放思考、大胆提问。②尽量让学生多接触真实具体的物理情景，做到从具体的现象出发，经过推理后再作出解释和判断，提高学生的识别和辨析能力。③重视物理结论的得出过程，让学生从认知和行为上得到深切的体验和感悟。④设计一些使学生能灵活运用所学知识的问题，鼓励一题多解和多题归一，克服来自思维品质方面的学习障碍。

2. 教学设计的基本步骤

（1）教学目标的确定

美国著名教学目标研究专家马捷尔曾说过："如果能够提供给学生优良的教学目标，学生经常自己就可以学得会"。这句话强调了教学目标的重要地位与作用。一般说来，从学科角度看，物理教学目标具有以下三大作用。

导向作用：即物理教学的各个环节各个要素都指向于明确具体的目标，对教师的教学活动起着指导作用。以目标为导向，目标贯穿于物理教学的全过程，规范教师的教学行为，以及学生的学习行为，使师生双方在物理教学过程中均有方向感，避免由于传统教学目标模糊不清所带来的随意性和盲目性。

激励作用：学生带着明确、清晰的物理学习目标学习，可激发学生学习物理积极性和学习动力。目标执行前激发师生学习动机、执行中激发师生创造力、执行后激发师生的新动机。

评价作用：即为学生物理学习结果的评价提供了依据，对教师物理教学工作具有衡量质量的作用目标。物理教学活动是否实现了预定的目标，有助于评价反馈，评价反馈的参与使教学过程能够按照预定目标方向有效运转，并能够自我调控和纠正。

由此可见，无论是教师的教学活动，还是学生的学习活动，都是围绕着教学目标来开展的，能否准确设定教学目标，对教学起着决定性的作用。因此，在进行教学设计时，要做的第一步就是确定教学目标，而且这一步在整个教学设计中应占有相当的比重，如果能够准确设定教学目标，接下来的教学过程中如何呈现就水到渠成了。

（2）重点、难点的把握

重点知识，就是在同类知识中分量大的、重要的或主要的内容；难点，就是学生难懂和不易掌握的内容。重点、难点的把握是否准确，关系到教学过程的设计是否合理，一般，教学活动是围绕着重点知识开展的，而对于难点，则要采用一定的策略和手段来实现突破。

（3）教学过程的设计

这一部分，是教学设计的主体，之前的钻研教材、了解学生、设定目标、把握重点、掌握难点等步骤，都是为了进行教学过程的设计。依据前面设定的教学目标、重点、难点，结合学生的特点，有针对性地选择与整合相关的教学活动、教学方法和教学组织形式，形成具有效率意义的实际教学方案。其中包括教学方法的选择、教学活动的安排、教学组织形式的选择和教学时间的安排。

（4）教学资源的搜集和选择

物理课程资源是非常丰富的，教师要充分认识开发和利用各种课程资源对物理课程的实施所起的重要作用，将物理课程资源的开发和利用纳入物理课程实施的计划之中，在物理教学中，应重视以下几个方面资源的开发：①重视教科书等文字课程资源的开发和利用；②加快信息化多媒体课程资源的开发；③开发实验室的课程资源。

二、教学目标的确定

（一）准确理解三维目标内涵及关系

在课程标准中，分别从知识与技能、过程与方法、情感态度与价值观这三个方面对总目标提出了具体要求：

1. 课程标准中的具体课程目标

知识与技能：（1）学习物理学的基础知识，了解物质结构、相互作用和运动的一些基本概念和规律，了解物理学的基本观点和思想。（2）认识实验在物理学中的地位和作用，掌握物理实验的一些基本技能，会使用基本的实验仪器，能独立完成一些物理实验。（3）初步了解物理学的发展历程，关注科学技术的主要成就和发展趋势以及物理学对经济、社会发展的影响。（4）关注物理学与其他学科之间的联系，知道一些与物理学相关的应用领域，能尝试运用有关的物理知识和技能解释一些自然现象和生

高中物理教师专业能力必修

Gao Zhong Wu Li Jiao Shi Zhuan Ye Neng Li Bi Xiu

活中的问题。在这四条和"知识技能"有关的具体目标中，强调了让学生学习物理学核心理念，掌握物理学研究的基本技能，了解物理学的发展历程、主要成就以及对社会发展的影响，关注物理学与其他学科的联系以及物理学的应用等。

过程与方法：（1）经历科学探究过程，认识科学探究的意义，尝试应用科学探究的方法研究物理问题，验证物理规律。（2）通过物理概念和规律的学习过程，了解物理学的研究方法，认识物理实验、物理模型和数学工具在物理学发展过程中的作用。（3）能计划并调控自己的学习过程，通过自己的努力能解决学习中遇到的一些物理问题，有一定的自主学习能力。（4）参加一些科学实践活动，尝试经过思考发表自己的见解，尝试运用物理原理和研究方法解决一些与生产和生活相关的实际问题。（5）具有一定的质疑能力，信息收集和处理能力，分析、解决问题的能力和交流、合作能力。在这五条与"过程与方法"有关的具体目标中能够强调对学生科学探究能力的培养，对学生自主学习能力的培养，对学生实践能力的培养以及对学生解决问题的能力的培养。

情感态度价值观：（1）能领略自然界的奇妙与和谐，发展对科学的好奇心与求知欲，乐于探究自然界的奥秘，能体验探索自然规律的艰辛与喜悦。（2）有参与科技活动的热情，有将物理知识应用于生活和生产实践的意识，勇于探究与日常生活有关的物理学问题。（3）具有敢于坚持真理、勇于创新和实事求是的科学态度和科学精神，具有判断大众传媒有关信息是否科学的意识。（4）有主动与他人合作的精神，有将自己的见解与他人交流的愿望，敢于坚持正确观点，勇于修正错误，具有团队精神。（5）了解并体会物理学对经济、社会发展的贡献，关注并思考与物理学相关的热点问题，有可持续发展的意识，能在力所能及的范围内，为社会的可持续发展作出贡献。（6）关心国内外科技发展现状与趋势，有振兴中华的使命感与责任感，有将科学服务于人类的意识。在这六条和"情感态度与价值观"有关的具体目标中，强调了培养学生的学习兴趣，参加科技活动的热情，实事求是、敢于创新的科学态度和科学精神，可持续发展的意识以及振兴中华民族的责任感与使命感等。

2. 三维目标的整合

"知识与技能"是基础性目标，是"过程与方法"和"情感态度与价值观"的物质载体，"情感态度与价值观"是实现知识与技能的掌握、形成实效性过程和方法的动力，"过"是"情"和"知"目标的桥梁、纽带，是学生获取知识与技能，以及形成正确的情感态度与价值观的主渠道，是掌握科学的学习方法的途径。因此，课程目标的三个维度是相互渗透、相互交融的有机整体，知识技能是学科的躯体，过程方法是学科的思维方法，情感态度价值观是学科的灵魂。

"三维目标"不是"三种目标"，可以把三个维度绘制成直角坐标系的三个坐标轴（如图），每一个坐标轴的坐标，表示该维度目标的具体要求，在这个三维坐标系中引入一个点 A，A 表示课堂教学中的某一个教学活动，它在三个坐标轴上的坐标分别是

x_1、y_1、z_1，表示这个教学过程既有知识技能目标 x_1，同时有过程与方法目标 y_1，还同时有情感态度价值观目标 z_1，因此，在设定教学目标时要有一个三维目标整合的理念。

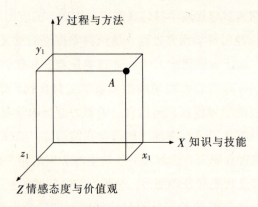

3. 处理好知识技能与过程方法之间的关系

知识技能，从学生学习的角度来说，它的目的是为了学会；过程方法，就是让学生学会学习。处理好二者的关系，从学习角度来说，要把学会和会学统一起来；从教学的角度讲，就是要把结论和过程统一起来。

曾有一个形象的比喻"学习就是学走路"，"学走路"意味着没有人能够代替你走路，你只能自己经过爬行，跌跌撞撞，才能学会走路。如果不经历尝试、摸索、跌倒、摔跤的过程，人就不会掌握走路的技巧。

一位教育家曾经讲过一个"父亲的脚后跟"的故事：

小时候我曾住在丰原东边的山里，父亲常带着我入城。这条路很长，走起来总要两三个钟头。每次父亲走在前边，我跟在后头，他的步伐大而且快，我必须两脚不停地划，眼睛不停地盯住他那双破旧的布鞋，一路不停地赶。

有一次，天色将晚，路过一道铁桥，一根根枕木的间隔比我的步子还宽。平常父亲总会歇下来等着我爬过去，或索性抱着我过去，但那天他心里不知牵挂些什么，等到我爬过桥，抬头一看，他已经"失踪"了。

突然，我涌起一阵恐惧："这条路来回已跟着父亲走过二三十趟了，怎么一下子变得如此陌生？"

我哭着等在桥端的田埂上，几个钟头在黑夜里又饿又怕。我甚至分不清家的方向。我苦苦思忆，但呈现的总是父亲那双不停晃动的布鞋。午夜时分，总算由远而近，传来了母亲苛责父亲的声音。后来我才知道父亲回到家竟还不知我早在半途就已走失。

我深深相信，当时父亲如果像赶牛一样让我走在前头，出城的时候便用手指明家的方向，然后问我："吴厝的大榕树，旧厝的土地庙，阿公溪上的铁桥，南坑阿婆家后的小径……你认不认得？"而在我点头之后，叫我逐一带路走过。我必定在走过一趟，回到家之后便会十分熟悉整条路径。

如果父亲是最最上乘的教育家，也许他在指明家的方向后，便要我带路，他在后头宁可随我多走一点冤枉路，一边加以修正。其后并画图比较近路与远路，如此我不仅能熟悉家城之间的路径，城东郊的地理我必也在走过一遭后便了如指掌，再也不愁迷路，甚至可以常常代我父亲跑腿办事。

可是我不敢苛求，我仍该感谢父亲，毕竟他不会抱着或背着我走，使得我尚有一丝镇定，能在漫长的四五个钟头里守在同一个地方等着他与母亲回来找到我。

这个故事充分说明了过程与结果之间的关系，我们看到，如果重结果轻过程，无视知识的发生过程，无视对知识来源的探究，那么缺乏体验和感悟的知识只是一种特殊的符号系统，对学习者来说自然很难应用与实践情景。

在我们的物理教学中，最让老师们头疼，同时也是最让学生苦恼的一个问题就是：课堂上能听懂，自己不会做题。仔细想来，问题是不是就出在：老师总是走在前头，一味要学生"尾随"，甚至是将学生"背着走"的。

事实是：学生看到的不是"路该怎么走"，他们只看到了"布鞋不停地晃动"，简单的"左－右－左－右……"的换脚规则是知道的，但一旦没有"布鞋"在前面带路，便觉一片陌生。家在何方？路怎么走？在教学中我们是不是也要学生"带路走"的方法，也就是在经历过程的同时掌握知识和技能。

这一点在新教材中有充分的体现，如在人教版教材选修3－1《磁场》一章的第二节"几种常见的磁场"一节中，直线电流周围磁场的分布这一内容，在旧教材中有明确的讲解："直线电流周围的磁感线是一组以导线上各点为圆心的同心圆"。而在新教材的正文中并没有给出它的磁感线是一组同心圆这一结论，相应地，在磁感线分布图上比原教材多了几个小磁针（见下图），这样的安排更加突出了新教材变"知识是怎样的"为"知识是怎样来的"这一特点。因为在磁场中放置小磁针是研究磁场分布及方向的基本方法，也就是说，新教材更注重的是如何研究方法的呈现，而非结论。因此，如果教师能够发现这一细节，通过安排学生分组实验等方法突出电流周围磁场特点的得出过程，学生可以充分领悟研究方法，同时也一定会对电流周围磁场的空间分布有更为深刻的认识。

甲　磁感线分布

（二）怎样准确设定教学目标

要想准确设计一节课的教学目标，除了要全面理解课程标准以及深入钻研教材以外，还需要在长期的教学实践中不断摸索，这是一个长期的、系统化的过程，其中有两点是需要引起我们注意的：

1. 设定系统目标

物理学科的知识具有很强的系统性，也就是各部分知识之间具有很强的关联，因此在设定单节课的目标时，一定要充分考虑本节内容的地位和作用，建立系统的目标。即这一节的内容掌握到何种程度，才能起到它在整章甚至整个模块中应起到的作用。

例如，在选修 3-1 的磁场这一章，第一节是磁现象和磁场，着重介绍各种磁现象和人类对磁场的认识过程，老师们可能会感到这一节的内容过于简单，其中大部分内容，象奥斯特实验、地磁场等在初中都学过，用一课时是否过于松散。但考虑到这一节在本章中的地位，应该是通过这一节的学习，学生能对磁场建立一个较为全面的认识。于是将三维目标中的的知识与能力目标确定为：（1）了解磁现象，知道磁性、磁极的概念。（2）知道电流的磁效应、磁极间的相互作用。（3）知道磁极和磁极之间、磁极和电流之间、电流和电流之间都是通过磁场发生相互作用的。（4）知道地球具有磁性。（5）了解磁场的基本特性，知道磁场对放入其中的磁体、电流、运动电荷能产生力的作用。

具体的处理方法为：循着人类对磁现象的认识过程，结合具体的现象，辅以相应的演示实验，向学生介绍磁现象以及磁场，除了教材上的实验，把后面的平行通电导线间的相互作用、阴极射线在磁场中的偏转两个实验也放在这里进行，学生可以了解到：磁场不仅对放入其中的磁体有力的作用，对在其中的通电导线和运动电荷都会有力的作用，两个电流之间的相互作用也是通过磁场产生的，学生对磁场会有更为全面的认识，这样学生不仅对本章的知识结构线索有了一个整体的认识，也充分体会到对于磁场这样一个事物的认识，人类经历了怎样的过程，自然达到了教材所提出的从科学与人文两个角度提升认识这一要求。也为后面的学习进行了铺垫，符合新教材对知识逐步推进，层层深入的特点。

2. 充分考虑能力的培养

教学目标的设定应该紧紧围绕着我们的培养目标来进行，我们的培养目标是培养学生的能力，以能力培养为主的教学，强调通过活动给学生以思想及情感体验，并借此完善学生的人格。即通过学生的活动，训练其各方面的规范，并在活动中强化这些规范，再通过情感体验使学生形成素养。如学习能力，教学中应根据不同的学习阶段制定不同的学习能力培养目标，以保证循序渐进地推动学习能力向高一层次发展。

教学目标编制的科学性有助于提高教学目标的针对性和可测性，在物理课时教学目标的编制时，注意以下问题，将有助于目标的准确叙述：一是进一步研读课标的内容标准，准确把握三维目标的具体内容，明确课标内容标准的具体要求；二是进一步研读课标的附录，明确标准中行为动词的界定，准确把握目标编制行为动词选择的科学性；三是进一步认识结果性目标与体验性目标的区别，避免三维目标分类的混淆；四是进一步研读教材，明确教材的内容要点与编写意图，为目标编制奠定知识基础；五是进一步加强目标分类理论的学习，明确目标编制中四个要素的科学选择与准确表述。

高 中物理教师专业能力必修

Gao Zhong Wu Li Jiao Shi Zhuan Ye Neng Li Bi Xiu

（三）如何陈述教学目标

教学目标的陈述应包括以下四个要素"行为条件，行为主体，动宾结构，程度描述"。

行为条件：影响完成规定学习行为所需要的条件（情境），通俗地讲，就是"在什么条件下"，特指影响学生学习结果的特定的限制或范围。

如："能利用刻度尺，测量……"、"能根据电路图，……"、"能独立完成……"等，都属于行为条件的描述。

行为主体：教学目标中所陈述的行为主体必须是学生，行为主体可以是学生个体，也可以是学生群体。也就是说要从学生的角度出发，而不是以教师的目标为行为主体，这一点非常关键，很多教师习惯于把教的过程或教授的内容作为教学目标，把教学目标陈述的主体当作教师或讲授的内容，而不是学生或学习结果。应避免如下表述，比如："教给学生……"、"使学生树立……观点"、"培养学生动手能力"、"引导学生自学"等，这些都是将教师作为了行为主体，其行为主体不是学生。

动宾结构：采用行为动词后面加上具体内容，形成动宾结构，行为动词是学生在教学活动中表现出的学习行为和特征，具有外显性的特点，通俗地讲就是"能做什么"，这种学习行为和特征，必须注意明确、可操作、可测量。教师在编制物理教学目标时应注意考虑到此方面。物理课程标准附录中，提供部分行为动词的说明，其中教学目标的具体行为动词的水平含义见下表，在对教学目标进行陈述时要合理而准确的选择恰当的行为动词：

类型		水平	各水平的含义	所用的行为动词
知识技能目标动词	知识	了解	再认或回忆知识；识别、辨认事实或证据；举出例子；描述对象的基本特征	了解、知道、描述、说出、举例说明、列举、表述、识别、比较、简述、对比
		认识	位于"了解"与"理解"之间	认识
		理解	把握内在的逻辑联系；与已有知识建立联系；进行解释、推断、区分、扩展；提供证据；收集、整理信息等	阐述、解释、估计、理解、计算、说明、判断、分析、区分
		应用	在新的情境中使用抽象的概念、原则；进行总结、推广；建立不同情境下的合理联系等	评估、使用、验证、运用、掌握
	技能	独立操作	独立完成操作；进行调整或改进；尝试与已有技能建立联系	测量、测定、操作、会、能、制作、设计

类型	水平	各水平的含义	所用的行为动词
知识技能目标动词	独立操作 经历	从事相关活动，建立感性认识等	观察、收集、调查、交流、讨论、阅读、尝试、实验、学习、探究、预测、考虑、经历、体验、参加、参观、查阅
	反应	在经历基础上表达感受、态度和价值判断；做出相应反应等	体会、关注、注意、关心、乐于、敢于、勇于、发展、保持
	领悟	具有稳定态度、一致行为和个性化的价值观等	形成、养成、具有、领略、体会、思考

这些行为动词从三个维度体现了对学习物理内容的相应要求，在"知识与技能"方面，对物理知识的学习有从低到高的四个水平的要求，即"了解"、"认识"、"理解"、"应用"，对技能的学习则有"独立操作"方面的要求；在"过程与方法"方面，有与"经历"有关的一系列行为动词，这些行为动词表明了对过程的要求；在"情感态度与价值观"方面，有关的行为动词出现在"反应"、"领悟"等类型的行为动词中。（物理课程标准（实验）解读）

程度描述：描述行为表现程度，一般通俗的表达为"能做到什么程度"。一般从准确、速度、质量等方面来确定。为了更加准确，在动词前加上表示程度的副词，如动词前加上"初步"、"大致"、"简单"等表示较低水平，而"熟练"、"准确"、"深入"等则表示较高水平。

以下是一位老师就《楞次定律》一课，所设计的知识与技能目标：

1. 引导学生对实验现象进行总结归纳得出楞次定律；

2. 使学生理解楞次定律的内容；

3. 能够熟练运用楞次定律。

在上书教学目标的编制上存在的问题有：目标1、2的行为主体不是学生而是教师，目标3太过笼统，行为动作的描述不够完整，且没有明确行为条件，可将目标3修改为：在具体问题中能够熟练运用楞次定律判断感应电流的方向。

但是编制物理教学目标并不是一味的要求所有的物理目标呈现方式都要包括这四个要素，有时为了陈述简便，省略了行为主体或行为条件，前提是以不会引起误解或产生多种解释为前提。

（四）重点、难点的把握

教学重点既是知识的关键点，在知识结构中又是连接关键点的纽带，它具有基础性、规律性、全局性，因而占教材知识总量的比例较大。教学难点多隐含在教学重点之中，少数游离于教学重点之外，它们占教材知识总量的比例较少。教学重点容易被确定，而教学难点不易被发现。这主要是因为教学难点由多种因素造成，可能是知识本身的确难度大，但更多的可能是与学生有关，下面以楞次定律一课为例进行说明：

楞次定律

重点：楞次定律的内容和应用

难点：由实验现象归纳出楞次定律

可以看到，由于将本课的难点定为由实验现象归纳出楞次定律，其中心词是"归纳"，也就是说，实验本身并不是难点，如何将实验现象归纳为简洁的语言"阻碍变化"才是需要重点解决的问题，因为学生以前没有进行过如此高水平的概括。因此在设计教学环节时，就没有必要安排分组探究实验，而要将各种方法和策略的选用放在如何顺利突破"归纳"这个难点上。

由此可见，重点、难点的准确把握从根本上决定了后面的教学环节如何设计。

三、教学过程的设计

（一）教学环节的设计

一节课上的基本教学环节有：导入新课、讲授新课、巩固强化、课堂小结。在对这些环节进行设计时，需要考虑以下几个方面的内容。

1. 教学方法的选用

（1）教法与学法的统一

在进行教学设计时，不仅要考虑教师的施教过程方法，也要考虑学生的学习过程方法，使两者互为依存、融为一体，整个结构应以学习过程为基础，以问题探讨为主线，以学法指导为基础。

物理施教过程的方法	物理学习过程的方法
以物理情景和物理现象为基础	以感知探索为基础
以物理实验和认知活动过程为主线	以归纳总结为提高
以物理问题和物理思维方法为中心	以分析运用为增殖
以规律探究和变式训练为手段	以探究讨论为保证
以社会和现代技术网络为资源	以合作交流为发展
启发式　渗透式　研究式　活动化	选择式　跳跃式　模块化

（2）选择恰当的教学方法

在课程改革的背景下，除了以往的传统教学方法，如：讲授法、讨论法、练习法等，又涌现出了许多新的特色教学法，如：情境教学法、尝试教学法、和谐教学法、问题教学法等，这些教学法在我们进行教学设计时该如何合理地选用呢？

在选择教学法时，主要应考虑的因素有：

①教学目的

②教学内容的特点：不同的教学内容有其适用的教学方法，如：难度较大的内容就不适采用发现法，人文性内容也不适合练习法。

③学生的情况：同一个教学内容，学生的情况不同，选用的教学方法也不尽相同。例如：这个班的学生不善于交流和沟通，那么就不适合使用小组协作教学法。

④教师自身的特点：对于性格外向、开朗的教师，可考虑多采用以师生互动为主的教学方法，而对于内向、刻板的教师，最好多采用讲授法，如果不考虑自身特点而盲目求新、求异，则有可能难以驾驭，会适得其反。

⑤教学的实际情况：除了上述几个因素之外，像课时、教学资源、实验条件等具体的情况也要综合考虑。

（3）多种教学方法的交替使用

在课堂教学中，如果仅使用一种教学方法，难免使教学过程单调，难以取得好的教学效果，实际情况往往是多种教学方法交替使用，这样可以充分调动学生的各种感官，训练学生各种方式的思维，有利于学生各方面能力的提高。例如：直观的方法和抽象的方法相结合使用，在初期阶段采用直观的方法，可以帮助学生快速理解知识，而在巩固加强阶段采用抽象的方法，有利于思维层次的提升。

2. 教学活动的安排

加涅在他的《教学设计原理》一书中，系统总结了各种的教学活动及其效果的关系。

教学活动	目的及效果
1 引起注意，激发动机	建立一个学习定势，把学习者的注意力引导到教学目的或与教学相关的方向上。
2 呈现学习目标	建立对预期行为表现的期望。
3 回忆先前知识	为新的学习提供固着点，把将要学习的与学生已知的内容联系起来。
4 呈现新的内容	呈现将要学习的新信息、程序、过程或问题解决任务，这通常是演讲与书面文本关注的焦点，把这些与先前习得的知识联系起来，可有助于将其编码到长时记忆中。
5 提供学习指导	对活动4中呈现的内容进行精细加工，可以例子、故事、描述、讨论或其他任何形式来使内容更容易记忆。这一步促进了编码和丰富知识结构的建立。
6 提供练习	引出学习者的反应，其目的更多的不是为了评价，而是为了发现不确定性与误解。
7 提供反馈	为学习者提供其理解正确性的信息。
8 测量行为表现	检验习得的知识或技能的延迟保持情况。
9 提供保持与迁移	通过间隔练习强化所学内容，迁移意味着能将所学的内容应用于不同的情境。

（二）教学细节的设计

教学环节的设计完成后，课的整体框架就形成了，按照这个框架来实施教学，上一节流畅的课应该没有太大的问题，但要上一节优质课，仅有整体框架是不行的，还应将教学设计精细化，也就是对一些教学细节做精心的设计，其中，课堂提问、演示实验、板书等都是非常重要的教学细节。

1. 提问设计

课堂提问是组织课堂教学的中心环节，课堂提问是一项设疑、激趣、引思的综合性艺术，精彩的提问是诱发学生思维的发动机，能开启学生的大门，提高课堂教学效率和师生情感的交流，优化课堂教学。日本教育家斋藤喜称提问为"教学的生命"。

在课堂上经常可以看到这样的情景：老师提出问题后就不断启发学生思考，想方设法让学生回答出问题，可学生就是"启而不发"，最后，学生在同学和老师的多方暗示下"挤"出正确答案，或老师只能无奈地自问自答，下课后，老师感叹：如今的学生怎么那么笨？殊不知，出现这种情况大多是因为老师所提的问题不当造成的。

提问的质量和问题的设计有着密切的关系。如果教师在备课时并未进行问题设计而是即兴提问，这样的问题往往偏离教学重点和关键，或仅仅限于较低水平。因此建议在进行教学设计时有必要将课堂提问的设计作为教学设计的一个重要内容。这样可在很大程度上避免提问的盲目性和随意性。

问题的设计，要围绕教学目标，符合学生实际，体现教材的重点难点。这就要求教师在备课过程中，认真钻研大纲和教材，挖掘各知识点间的内在联系，并根据学生实际精心设计多种水平的问题。首先，所设计的问题难易要适当，问题过难，会使学生丧失回答问题的信心；问题过易，则不利于学生能力的发展。问题的难易程度应以多数学生经过思考后能正确答出为宜。其次，课堂提问应尽量形成系列，环环紧扣教学内容，对于易混淆、易出错的知识点应通过提问来加以区别，要改变课堂提问的随意性，把问题设计作为备课的重要内容之一。

教学中的问题设计需要遵循六条原则：（1）设计的问题内容应该符合学生知识基础，以学生已有的知识技能为起点；（2）问题应包含几条线索，能够激励学生沿着这些线索来展开研究；（3）设计的问题情境应能鼓励学生应用已学的知识来解决新的问题；（4）问题应能够引起学生讨论、探询，能激发学生对学习内容的兴趣；（5）问题应该与一项或多项学习目标相对应；（6）问题应能鼓励学生生成新的学习问题，通过自主查阅文献、资料等方法，获得问题的解决。（物理课程标准研修 P83）

作为有效提问，一般来说要达到如下效果：（1）激发学生的学习动机和兴趣；（2）吸引和维持学生的注意力；（3）启发学生积极的思维；（4）使学生理解巩固深化所学的知识和技能；（5）活跃课堂气氛，提高学生在课堂教学的参与度；（6）培养学生交流能力和口头表达能力。

上述原则在具体实施时应注意下面的问题：

（1）问题过于浅显，没有思考价值。

例：一位老师在《功》一课中，提了这样一个问题：力与位移的夹角为θ，在计算功的时候，除了分解力，还可以分解谁呢？这样的问题，学生不需进行深入思考，就可以立刻回答出：分解位移。如果一节课被这样的问题充斥着，表面上学生的参与度很高，但由于问题没有思考价值，学生的思维水平难以得到提升。

例：在《自由落体运动》一课中，老师提问："物体自由下落时，是不是越重的物体下落越快呢？"这完全是一个封闭性问题，学生只需要随意答"是"或"不是"，根本不需要进行任何思考。将此问题改为："物体自由下落时，下落的快慢与什么因素有关？"这样的问题属于半封闭式，学生需要进行思考，但仍是回答一个自己的猜测即可，思考的层次不高。将这个问题再加以改进："物体自由下落时，下落的快慢与什么因素有关？请提供一个生活实例或小实验来支持你的观点。"这样的提问既避免了学生回答的随意性，思考水平提升了，同时又有科学方法和科学态度的渗透。

在有效的课堂提问中，所提问题的开放程度是影响提问有效性的重要因素。一般地，封闭性问题是将回答限定在一个或少数几个答案之内的问题，而开放型问题是指问题没有固定的唯一答案。封闭性问题是为了让学生获得既定的、有确切答案的知识而设置的问题，其目的是为了培养学生的发散性思维。设置封闭性问题和开放性问题的主要依据是课堂教学内容的复杂程度。当课堂教学内容的复杂性较低时，封闭性问题和开放性问题的最佳比例是7∶3；而当课堂教学内容的复杂程度较高时，二者的最佳比例以6∶4为宜。无论是开放式还是封闭式，都应避免"是不是"、"对不对"之类的"假问题"。

（2）问题过难，缺乏一定的铺垫。

在课堂上，经常会有教师提问后出现"冷场"的现象，这往往是因为问题设置太难的缘故。那么，该如何把握问题的难度呢？维果茨基关于认知心理学的观点认为，人的认知水平可划分为三个层次："已知区"、"最近发展区"和"未知区"。人的认知水平就是在这三个层次之间循环往复，不断转化，螺旋式上升。

课堂提问不宜停留在"已知区"与"未知区"，即不能太易或太难。问题太易，则不能激起学生的学习兴趣，浪费有限的课堂时间；问题太难则会使学生丧失信心，不仅使学生无法保持持久不息的探索心理，反而使提问失去价值。因而，经验丰富教师的提问总能在不知不觉中唤起学生学习的热情，而后逐渐提高问题的难度。这些教师常常善于寻找学生的"已知区"与"最近发展区"的结合点，即在知识的"增长点"上布设悬念，在学生可能形成数学思想、价值观念、良好的生活方式等的原始生长点处设置问题。这样才能促进学生认知结构的形成、巩固和发展，使学生的认知能力得到迅速提高，并最终使认知结构的"最近发展区"化归为"已知区"。

问题难度的确定，可以借鉴教育测量学试题"难度"的计算方法，即可以用 $P = \frac{R}{N}$ 来计算问题的难度，P 代表问题难度，R 为答对通过该问题的人数，N 为全班总人数。显然，P 在 $0 \sim 1$ 之间取值。当 P 的值为 0 或接近 0 时，表明几乎所有的学生都不能正确回答，问题太难；当 P 为 1 或接近 1 时，表明几乎所有的学生都能正确回答，问题太容易。比较适宜的 P 值应在 $0.4 \sim 0.7$ 之间，这样大多数学生经过思考都能做出正确回答。

（3）问题指向不清，使学生难以回答。

例：一位老师在《用单摆测定重力加速度》中提了这样一个问题：单摆的周期该如何测量？老师的本意是想让学生回答：测出 50 次全振动的总时间，再除以 50，即可得出单摆的周期，这样测量可以减小误差。但仔细研究这个问题本身就可以发现，这个问题包含的内容太多，回答这个问题时，除了老师希望的答案之外，回答用何种仪器测量，或测量时如何操作都是合理的，这就是所谓的问题指向不清。

学生在思考这样问题时就会感到迷茫，不知老师问的是什么，因此问题的设计一定要注意措辞明白、易懂，不产生歧义，能使学生准确把握问话的要点。

（4）有些问题提出后需要后续引导语。

例：在《磁感应强度》一课中，老师提问：在研究电场强弱时，我们在电场中派入了一个"侦察兵"——试探电荷，那么在研究磁场强弱时，该派谁作为侦察兵呢？这个问题问得很精彩，既生动，又突出了将研究磁场与研究电场的方法进行类比的思想，但学生的思维一下子完成这样的过渡，有一定的困难，出现了课堂的沉默，于是老师有不失时机地引导：我们是不是该派一个能够感受到磁场力的"侦察兵"呀？学生立刻想到"小磁针"、"通电导体"、"运动的带电粒子"，老师的引导有效地帮助学生进入了深度思维，同时还有方法上的引领。

表达清楚的提问，能够提高学生正确回答的可能性。提问的语言应力求做到准确、简洁、清晰，避免不规范、冗长或模棱两可的提问。尽量避免反问，避免将答案包含在问题之中。

2. 演示实验的设计

演示实验是物理课上的一项重要的教学内容，实验效果将直接影响教学效果，尤其在一些规律课上，需要依据演示实验的现象得出规律，这时，确保实验的效果显得尤为重要。

要保证实验的效果，主要有以下途径：

（1）设计恰当的实验突破难点

有一些知识点学生理解起来有一定的困难，也就是教学中的难点，但教材中并没有相应的演示实验，这时需要教师设计出有效的演示实验来帮助学生理解知识。例如：在牛顿第三定律这一课中，定律内容本身并不难理解，难点在于针对不同的具体情境，是否还能准确地理解力的作用是相互的。如：人或车前进时，要受到地面向前的摩擦力，人或车是否也会对地面施加一个向后的摩擦力？这一点学生虽然能根据定律内容作出判断，但并没有太多的真实体验。此时，可设计这样的实验：用上弦的玩具小汽车放在平板小车上来模拟汽车的启动，如下图所示。

可以看到，在汽车启动的同时，平板小车会向后运动，说明平板小车会受到汽车施加的向后的摩擦力。这个现象，可以加深学生对作用力反作用力关系的理解。此实验要想成功，一要注意小汽车的质量尽可能大，而平板小车的质量要尽可能小，可以用泡沫来制作；二要注意小汽车与平板小车之间的摩擦尽可能大，而平板小车和桌面之间的摩擦要尽可能小。

（2）设计实验的呈现方式，凸显效果

我们在课上所做的演示实验多数是教材上的，这些实验方案比较完善，这时就需要教师从呈现方式上动脑筋，以保证实验的可视性，最大限度地增强学生的学习体验。例如：在演示电路的有关实验时，不能将器材放在讲台上来做，那样的话学生无法看到电路的连接和老师的操作，解决这个问题可以将器材放在实物投影上，这样虽然能看清电路，但会由于导线的干扰而无法看清元件之间的连接关系，最好的方法是制作电路的示教板，这样不但元件的连接关系可以清晰地展现，也便于老师进行操作。如下图：

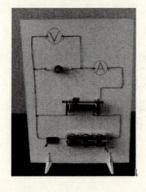

这是在"欧姆定律"一节中教师自制的示教板，它的独特之处是将滑动变阻器的实物放在了示教板的正面，这样不仅电路结构清晰可见，也使学生对分压电路的如何连接有了一定的认识。

3. 板书设计

（1）板书的作用

板书是课堂教学的重要组成部分，是老师的微型教案。它能将课文内容系统化、条理化、形象化，有助于突出教学重点，突破教学难点。研究表明，有很多知识采用视觉输入，听觉加工的方式最有利于记忆和保持，这也就说明了板书在课堂教学中的重要性，与教学口语的配合可以使学生的视觉和听觉都调动起来，能够使听者的注意力保持更持久、理解更充分。板书可以帮助实现教学目标，能精炼地揭示教学内容，体现教材结构。可以提纲挈领地表达讲课的内容体系和推导线索，突出教学的重点和关键，有利于形成知识结构，从而帮助学生理解和记忆；可以强化直观教学，增强教学效果。板书可以激发学生的兴趣，集中学生注意力；可以简化课文内容，突出教学重点。好的板书应该有审美作用。应注意避免电子课件代替板书的现象，恰当的板书，可以给学生思考的空间，体验思考的过程。

板书设计是课堂板书的基础，要做好板书设计，必须在深入钻研教材，对教学内容深刻理解的基础上，对教学过程中在黑板上写什么、怎样写、何时写，作出全面考虑，制定出切合实际、促进教学的板书设计方案。

（2）板书的几种模式：①条目式；②图形式；③概念图式

无论采用何种板书，一定要与教学内容相契合。总之，在进行板书设计时，应注意：①板书设计要加强目的性，克服盲目性；②用词精炼、准确，做到科学性和艺术性相统一；③抓住最本质、最主要的内容，做到少而精；④条理清晰，化繁为简；⑤具有启发性，能引起联想。

四、教学资源的搜集和选择

（一）教学资源和教学媒体

教学资源的定义有广义和狭义之分，广义的教学资源是指狭义的教学资源是指蕴含了特定的教学信息，并能创造出教育价值的各种信息资源。包括文字教材、音像教材、以计算机网络与光盘为载体的网页、网络课件和 CAI 课件等，基于物理学科的特点，实验也是一种重要的教学资源。

教学媒体是指承载、传递、控制教育教学信息，并介入教与学过程之中的材料和工具的总和，在传播知识、技能和情感的过程中，储存和传递教学信息的载体和工具。有的定义中将教学媒体作为一种教学资源。

在教学设计中教学资源的搜集和教学媒体的选择实际上就是一个呈现什么和如何呈现的问题。

（二）如何搜集和选择教学资源

现如今，互联网已经成为最大的信息集合地，也同样成为教师备课时搜集教学资源的主渠道，只要输入相应的关键词，立刻就会出现几十甚至成百上千的文字、图片及视频资源，在这样庞大的资源库中找到教学资源并不难，难的是从中选择适合于教学内容的资源。在选择教学资源时，是否与教学目的匹配是特别需要考虑的问题。

例如，在讲解波传播的独立性时，在网上搜索可以发现，有 flash 课件演示两列波相遇时彼此穿过的过程，也有慢镜头的实验视频，这时，如果只选用 flash 课件，将会降低这一规律的真实性，所以应首先选用慢放的视频向学生展示现象，之后再用 flash 课件说明原理。

在导入新课、创设情境环节，最好选择与学生生活贴近的实例，如图片和视频等，在分析过程、展现细节时，最好利用视频资源，并采用慢放功能，在讲解原理时，可采用课件。

（三）选择合适的媒体

在选择教学媒体时，应考虑以下三个标准：

适合度：教学媒体是否适合于特定的教学内容；

难易度：教学媒体是否适合学习者的智力水平、知识水平等；

经济性：使用媒体时，学习的效率与所付出的代价是否合适。

例如：有一位教师在讲解光的反射定律时，考虑到做好这个实验有一定的困难，所以制作了计算机软件来模拟光的反射这一过程，虽然使实验的可视性增强了，但他忽视了一个重要问题，那就是实验的可信度下降了，学生对实验过程虽然理解了，但对实验结果却持怀疑态度。这就是由于媒体选取不当造成的。如果能够在做好演示实验的基础上，用课件来分析、总结，效果会很好。

很显然，在进行媒体选择时，并不是越现代的媒体越好，应该根据教学内容的不同选择合适的教学媒体，投影媒体具有直观性强，操作简单的优点；视听媒体生动形象，可以跨越时空；计算机媒体可变抽象为形象，变微观为宏观。所以投影媒体常用于习题课的教学，可以大大提高教学密度。视听媒体常用于显示细节、反映联系。而计算机媒体常用于展示变化，分解过程。各种电教媒体在教学中恰当选用，能充分发挥不同媒体的作用。

同时，应该重视多种媒体的组合教学，根据教学内容和教学目标的需要以及各种媒体的特性，扬长避短，互为补充、有机结合选择教学媒体，充分发挥整体功能大于各个部分之和的作用，达到教学过程的优化。

（四）物理教学中两个有用的工具软件

1. 物理仿真实验室

质谱仪和回旋加速器的原理是重点也是难点，但由于中学条件所限，无法进行这方面的具体实验，因此学生对此问题的理解往往只限于抽象的公式运算。而物理仿真实验室可以真实的模拟电磁场实验，学生可以站在设计者的角度来分析两种仪器的原理，并通过亲自动手操作，增强学习体验，也体会物理研究的过程。

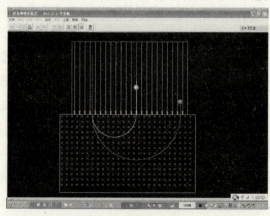

可以看到，物理仿真实验室在这里已经不仅仅是教学手段和学习工具，而是真正成为一种物理学的研究方法本身。目前，仿真模拟实验的方法在生产和科技中都有着广泛的应用，因此将其引入中学物理的教学也符合教学与生活生产相结合的原则。另外，在中学阶段，注重理想化物理模型的建立，因此，很多真实实验由于次要因素干扰过多、干扰机制过于复杂，因而不适于引用。仿真实验恰恰克服了这一缺陷，它是模拟实验，又不同于虚拟实验，它的现象生成完全符合相应的物理原理。因此这样的模拟实验并未影响学生科学探究和自主思考的过程，相反，学生在这个平台上更积极地思考，更乐于探究现象产生的原因。在教学中，我们发现，物理仿真实验室的运用已经成为一种研究方法，成为课程的一部分。

当然，也应注意到，仿真实验室毕竟是模拟实验，不能完全代替真实实验，在教学中，要注意将这种模拟实验与真实实验结合使用。

2. 数字式传感器

在人教版的新教材中，增加了很多利用传感器进行的实验，大约 20 多个，由于传感器具有实时采集数据，自动生成图像，配套软件可对图像进行分析和计算等功能，在很多实验中弥补了传统实验手段的不足。

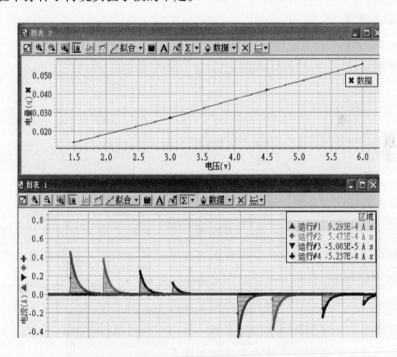

五、教案的书写

（一）教案应包括的内容

教案就是把备课的主要内容陈述出来，也是将教学设计进一步具体化。教案的内容一般包括：

1. 课题；

2. 教材分析：分析本节或本课内容在这一章或在本册书中的地位和作用；

3. 学生分析：一般从知识和能力两方面分析学生的基础及学习本课的条件及不足；

4. 教学目标：按照物理课程标准、教学内容和学生的实际，提出三维目标的具体要求，一般将三维目标分别陈述，有些特殊课型或内容可将三维目标整合在一起进行陈述；

5. 教学重点和难点；

6. 教学资源：包括教具、教学媒体等；

7. 教法、学法；

8. 教学过程：一般包括导入、新课、巩固练习、小结、作业等环节，其中教师活动与学生活动最好分开陈述，后面简单陈述每一步的设计意图；

9. 板书设计；

10. 反思。

（二）教案的一般书写模式

1. 记叙式教案

动力学模型的建立

设计思路：

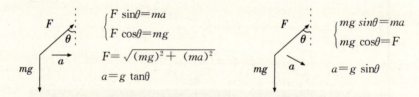

这两个典型力图在直线运动和圆周运动的问题中均有广泛的应用，将直线运动和圆周运动的实例结合起来进行分析，可以进一步加深对二者力学特点的认识，也能更深刻地理解动力学基本分析方法，同时也可使学生认识到不同的物理过程可以有相同的物理模型，从而建立运用模型分析问题的物理思维。

学生在经过的牛顿定律和曲线运动的复习之后，初步掌握了动力学问题的基本分析方法，但由于缺乏应用物理模型的意识，解决实际问题时往往找不到切入点，同时对直线运动和曲线运动的共同动力学特征也缺乏认识。

知识主线：动力学问题的基本分析方法及两个典型力图的特征。

方法主线：从具体现象抽象出物理模型的研究方法。

在学生能够使用动力学基本分析方法来解题的基础上，结合生活实例，经过学生的自主思考，提炼出两个典型力图，通过对两个典型力图的力学特点和有关实例的分析，学会构建物理模型的方法，建立运用物理模型解决实际问题的意识，同时认识到

高中物理教师专业能力必修

不同的物理过程可以统一为相同的物理模型。

教学目标

1. 知识技能

①加深对两个典型力图力学特点的理解。

②会从具体现象抽象出两个典型力图的物理模型。

③能运用动力学基本分析方法对两个典型力图进行分析，并能运用有关方法和结论解决直线运动和圆周运动的实际问题。

2. 过程方法

①体会通过舍弃次要因素，抓住主要因素，突出本质特征来构建物理模型这一物理学研究的方法。

②学会如何从具体现象抽象出物理模型的方法。

③深化对动力学基本分析方法的理解，即不仅要正确分析受力，还要关注加速度。

④体会直线运动和圆周运动具有相同的动力学特征。

⑤了解通过抽象物理模型对知识进行横向归类的复习方法。

3. 情感态度价值观

①体验物理模型简明和谐的美学特性。

②感受交流合作对学习的作用，增强交流合作的意识。

重点：

两个典型力图的力学特点及分析方法。

构建物理模型的物理研究方法。

难点：

将具体的物理过程抽象为物理模型的思维方法。

教法：情景教学、任务教学。

学法：头脑风暴、合作学习。

教学过程

一、导入：创设情境

教师：出示在汽车中所拍摄的细线悬挂小球的图片，要求学生判断汽车的运动状态，对学生的回答给予归纳总结。

学生：判断汽车的运动状态，说出判断依据，进行动力学分析。

一列沿水平轨道作直线运动的火车内，在一段时间内，乘客发现用轻绳挂于车顶的一个物体偏向车尾方向，且在一段时间内轻绳与竖直方向的夹角恒定不变，你能从以上描述判断火车的运动状态吗？

设计意图：复习动力学基本分析方法，引出本课的中心内容：两个典型力图。

二、实例分析（头脑风暴）

教师：要求学生举出在之前做过的习题中或生活实际现象中与典型力图受力相同的物体，将草图画在黑板上。

学生：画出受力与典型力图相同的物体草图，说明判断依据。

设计意图：

①通过学生的发散思维及之后的交流，使学生认识到尽管所举实例是不同的物理过程，但可以抽象为相同的物理模型，甚至直线运动和曲线运动也可统一为相同的受力图。

②通过教师的引导，使学生认识到尽管有些实例物体受力相似，但由于加速度不同，因此力的关系不同，由此体会相似的物理过程可以有不同的受力特点。

③通过对实例的讲解练习学生用物理语言表达物理过程的能力。

三、模型应用

模型辨认

教师：向学生提供 10 个实际问题，要求学生判断属于两个典型力图的哪一个。

（在电脑上依次播放题目，学生自行判断——小组交流，得出一致答案——各小组汇报结论）

学生：对教师提供的题目进行模型的判断，并通过小组讨论得出结论。

设计意图：训练实际问题中物理模型的辨别能力，加深对两个力图区别的认识，初步形成动力学模型建立的方法。

题目见后

四、模型拓展

1. 变式的判断：

教师：给出两个实例，要求学生辨析属于哪个力图（既不是力图 1，也不是力图 2）。

学生：进行判断并说出判断依据。

2. 方法归纳：

动力学模型的建立过程：受力分析、由运动情况判断加速度方向、根据加速度方向对力进行合成或分解、得出各力的关系。

五、小结

教师：引导学生总结要点，强化学生构建模型的意识。

学生：总结本课要点及个人收获。

作业：将课堂上的 8 个模型辨别的问题作出详解。

板书设计：

黑板中间画出两个典型力图及相应的动力学分析，两侧是学生画出的实例草图。

2. 表格式教案

实验探究：匀变速运动规律的应用

一、设计思路：

主题：通过实验探究掌握研究物体运动规律的方法

知识点：匀变速运动导出公式 $\Delta s = aT^2$

科学方法：猜想与假设　　控制变量　　实验探究

探究过程实录：

教学环节	教师活动	学生活动	设计意图	反馈情况
一、创设情景提出问题	1. 教师给出一打好的纸带，要求学生用已学过的方法检验是否为匀变速运动		由学生熟悉的方法引出新的研究视角	学生能运用加速度的定义式和速度—时间图像两种方法
	2. 提出"相邻、相等时间间隔的位移差"的概念，并要求学生依据文字叙述解释其物理意义		此概念学生自行提出有一定的困难，所以教师给出文字叙述，要求学生依据文字叙述解释其物理意义是训练学生通过阅读进行自学的能力	能够理解此概念的物理意义
	3. 要求学生利用上述纸带测量相等时间间隔点间的位移，计算各位移的差，分析其有何规律。要求自行设计表格，在表格中记录直接测量出的各点间的位移 S 和计算出的位移差 ΔS，通过分析数据，得出结论。		学生在设计数据表格的时候必须要思考所需测量的物理量以及怎样将所测量的值及规律通过表格展现出来，训练进行研究的基本素养	学生设计的表格基本符合要求，能包含测量数据和计算数据，并可显示结果。

教学环节	教师活动	学生活动	设计意图	反馈情况
二、分析讨论得出结论	1. 展示学生所设计的不同类型的数据表，并给予评价		通过交流，取长补短	
	2. 交流研究成果，得出结论：无论 T 取何值，ΔS 与 T^2 的比值为一恒量		让学生意识到只有将大量的实验结果进行归纳综合才能得出普遍规律，一个小组的结果是片面的	
	3. 引导学生从单位分析这一衡量的物理意义为加速度，并要求学生设法证明自己的结论		使学生初步建立量纲的概念，并有意识地从理论角度来证明试验结论	此时学生能运用所学过的公式法和图像法加以证明
三、反思	要求学生讨论检验物体的运动是否为匀变速运动的几种方法，并列举其优缺点		使学生能对已学过的方法进行评价	学生经过讨论，可以对所学方法进行总结和比较
四、应用、迁移	教师用气垫导轨演示滑块沿倾斜导轨下滑的运动，要求学生就这一过程提出自己的问题		创设问题情境，启发学生进行发散思维，学会提出问题	学生的问题集中在以下两个： 1. 小球沿光滑斜面由静止开始下滑的运动是否为匀变速直线运动？ 2. 滑块沿光滑斜面下滑的加速度大小与什么因素有关？
	要求学生针对自己提出的问题提出猜想并说明理由		让学生体验科学研究的过程，并了解猜想需要一定的事实为依据	
	设计方案验证猜想		尤其是第二个问题的设计方案中体现控制变量法	学生的方案集中在两种： 1. 利用气垫导轨辅以打点计时器 2. 利用仿真实验室
五、作业	设计方案，探究物体由静止释放做什么运动		使学生了解这种方法的普遍意义并为自由落体运动的学习做准备	学生能设计出较为完整的实验方案

高

中物理教师专业能力必修

Gao Zhong Wu Li Jiao Shi Zhuan Ye Neng Li Bi Xiu

评析：

科学探究是以提高学生的科学素养为宗旨，以探究科学问题的过程为中心，以主动参与、亲历过程、协同合作、发展个性为特征。学生以探究者的姿态认识未知世界，获取新知识，对已有的知识经验重新进行排列、将之重组，对吸引学生注意力、激发学生学习兴趣，主动参与探索和学习，都大有益处。

可以看到，这节课所涉及的内容既有本章尚未学习的知识，甚至还有后面章节的知识，但完全围绕一个主题，那就是对物体运动规律的研究，所以将这些内容安排在这里进行符合学生的认知规律，突出体现了物理学的基本研究方法，也与新教材逐步推进、层层深入的思想不谋而合。学生经历了从实践到理论再到实践的完整的科学研究过程，既学到了应有的知识和技能，又体会了科学研究方法，也影响了他们的情感态度价值观，收到了良好的效果。

两种教案各有特点，其中，记叙式教案能清晰地展现知识线索，适合于刚入行的老师使用。表格式教案有利与呈现课堂教学的组织方式，知识线索不是很清晰，适合有一定教学经验的老师使用。

（三）如何让教案更加实用

1. 注意反思

根据课堂的实际情况写出课后反思，能够补充、完善教案，积累教学经验，促进教学不断改进和发展，还可以为教师进行教育科研提供丰富的第一手资料。总之，通过反思，可以获得实践性知识和智慧，进而促使自己的业务素质和实际能力不断提升，对于调整自己的教学策略、凝练教学特色和教学风格，十分有效。

进行反思时，可围绕以下几个方面：①目标反思，就是反思教案设计的既定目标是否有制定依据，是否合理，是否充分考虑主观的条件。②针对实施反思，就是反思教案物化和落实的各种条件和因素是否具备，以进一步明确自身的水平、周边的环境、各方的配合、实施的方式方法。③针对效果反思，最主要的是检验目标是否实现。

具体来说可以：反思教科书处理的得失，教学环节的实效性，反思教学细节把握的针对性和有效性，反思教学目标的准确性和教学效果的实效性等。

2. 详略得当

前面列举了教案一般应包括的主要内容，但书写教案的格式没有一个绝对的模式，并不是所有的教案都要严格按前面所举的例子来书写，老师可以根据自己的需要对各部分的详略进行调整。

临界问题、复合场

教学目标：

知识与技能：

1. 会解决有关临界问题；
2. 知道连接类复合场问题的解题思路。

过程与方法：

1. 体验临界问题的求解过程，体会最终不等式的建立方法；

2. 通过连接类复合场问题的解决，学会思考方法，发现自身漏洞。

情感、态度、价值观：

建立自我反思，完善调整学习方法的意识。

教法：学习方法指导，讲授。

学法：交流。

过程：

一、小测验点评

反思：为何两道相似题不能合为一题；平时学习中的方法调整。（主要是1班）

二、临界问题：带电粒子垂直打入匀强磁场中，求磁感应强度。

出示例题，学生先自行解答。（5分钟）之后上黑板讲解。

可能出现的问题：1. 临界态找不全；

2. 不能准确写出最后的不等式。

三、连接类复合场问题：

1. 介绍复合场；

2. 例：看图说过程及分段——→各段所用的规律——→建立方程。

反思：

一、整体感觉：1班出现明显的差异性，有些同学开始感觉吃力，2班则较为整齐，包括刘××等尚可跟上。为什么？是不是2班整体学风带动了差生？

二、几点成功：

1. 对临界问题的给出按照学生尝试——交流——发现问题——修正方法——再尝试这样的循环训练，最终得出正确结果，每一步的进行均是源于学生的需求。

2. 连接场问题中，之前的"建模"训练见到成效，学生根据场的特点及运动特征选择合适的规律，"建模"的训练应贯穿于整个高中教学中。

三、问题：

1. 学生对基本方法的应用掌握不熟练，所以停留在"会选方法但不会算"的层次上，说明这方面的强化训练需加强——又是时间不够的老问题。

如何解决？方案：1. 适当舍弃边缘知识；

　　　　　　　　　　2. 一道题多提供"变式"加深理解；

2. 学生对较复杂的题仍有怕麻烦的心理。

课上练游泳的例子对学生有一定的启发，但这方面的引导和训练是一个长期工程。

可以看出，这位老师的教案除了必须有的教学目标和重点、难点外，在教学过程部分写得相当简单，没有每一个环节的具体陈述，只列出了教学流程图，说明这位老师已经具有了一定的教学经验，按照这个流程图就可以上课，所以这位老师把绝大部分篇幅留给了教学反思这一部分，不仅说明了教学目标达成，重点、难点的突破等情况，还将课堂上学生的反应、出现的问题等一一列出，将行文的重点放在对课堂教学情况及问题的分析上，这就带有了科学研究的味道，所以，尽管这份教案以标准来看不够详细和全面，但相信这样的教案对提高这位老师的教学水平是非常有效的。这种教案适合于教学经验非常丰富并致力于教学研究的老师使用。因此，书写教案的一个重要标准就是实用，要让你的教案成为上课的得力助手，而不是一个应付检查的摆设。

专题二　教学方案的实施

一、教学方案实施概述

教学方案是教师在实施教学活动中的计划安排。它是事先的规划，但不代表必须完全执行。在实施过程中，教师要根据实际情况灵活的改进和调整，已达到最满意的教学效果。

（一）充分了解学生是实施教学方案的前提

随着"新课程"的不断深化与不断推进，人们对"课堂"有了新的认识。课堂是学生自主学习、合作学习、质疑释疑、个体表现、体验成功的地方，而不是教师完成"教案剧"的地方；课堂是学生表现用的，而不是教师表演用的。因此，教师在实施教学方案之前要充分了解学生。正如奥苏伯尔说："影响学习的最重要的因素是学生已经知道了什么，我们应当根据学生原有的知识状况去进行教学。"试想如果一位教师根本不了解学生的原有认知水平，单纯凭借自己的喜好安排教学，必将会产生教师想"给"的，学生"接"不到；学生想"要"的，教师"拿"不出。

案例：

小王老师要参加全区举办的青年教师教学大赛。为了充分体现选手的教学功底，本次比赛采用了"借班上课"的方式。这可急坏了小王老师，因为他的展示课是《单摆》。在这节课上他要组织学生探究单摆的周期特点，并且借助单摆周期公式测量重力加速度，这些教学环节都需要学生能够快速、准确地使用秒表。学生使用过秒表吗？这个班的学生能准确地读出秒表的读数吗？经过小王老师的一番打听才知道，学生在初中已经学习了怎样使用秒表，但是高中阶段还没有使用过，不知道再次使用时还能不能做到"快速、准确"。小王老师灵机一动，安排了这样一个开场白：

师：同学们好，很高兴见到大家。这是我第一次在咱班上课，虽然你们不认识我，但是我已经听说咱班同学都是非常机智、聪明的。我想知道，谁是咱班反应最快的同学？

学生们先是你看我，我看你，虽然没有回答，但是最终的眼神都落在同一个男生身上。

师：真的吗？我要进行一个测试，全班同学谁的反应时间最短。请同学们拿起桌上的秒表……

小王老师借助学生们测"反应时间"的短短三分钟的时间，使学生熟悉了秒表的使用方法，并且更正了部分同学的错误操作后开始组织学生展开对《单摆》的学习……

在这节课上，小王老师采用了先聊后教的方法，最大程度地弄清楚学生原有认知水平，使教师的教学起点与学生的现实起点"接轨"。

为了充分了解学生，教师在教学时往往可以采用：先聊后教、先学后教、先补后教的方式。

1. 先聊后教

教师应该在课前多与学生聊天，可以聊一聊生活，更可以聊一聊学习，在轻松的氛围中让学生畅所欲言，例如说一说自己知道些什么、困惑些什么、希望些什么。教师特别要多与一些学习有困难的学生聊一聊，一是可以让这些学生载着教师的关心自信地走进课堂，二是教师可以以这些学生的学习态势为底线来合理设计或调整教学方案。这种"先聊后教"更多的是一种情感铺垫。

2. 先学后教

我们都有这样一种体会，如果一个班级中有的学生预习而有的学生没有预习，上课时常常会进退两难，是基于学生没预习的情况实施教学还是按照学生已经预习的情况调整教学？不管怎样取舍，这都对另一部分学生不公平。

我们不妨让全体学生都预习，让课堂"更新"为反馈学生预习情况的教学。"先学后教"是一种知识铺垫，是学生在课前通过自学进行的自我铺垫，以此"垫高"学习起点，让自己的思维不再"原始"。（《教育我们还能做什么》严育洪，首都师范大学出版社，2009.2）

"先学"不是让学生自由、随意、单纯地看书，而是学生在教师指导下的自学。教师首先出示学习目标和自学要求，并且进行学前指导，而后学生根据目标与要求在规定的时间内自学相关的内容。学生自学时，教师要巡视课堂，发现问题记下来，不要打扰学生自学。学生自学的形式不只是读书本，也可以实验操作，还可以做例题。

"后教"不是没有目的地随便去教，而是在学生充分自学后，师生、学生之间的互动式地学习。在学生自学过程中，教师巡视时发现的问题可以在此时提出来，学生通过组内讨论、组间交流的方式解决这些留下的疑难问题。为了落实教学目标，教师可采取"当堂训练"的方式，验收学生的自学成果。让学生通过一定量的训练，应用自学来的知识解决问题，用以加深理解课堂上所学的重点，攻克难点。

3. 先补后教

物理学科是一门实验科学，物理规律源于生活实践。但是，并非每一位学生都有丰富的生活感受，因此学生自然习得的经验就出现了"贫富不均"的现象，认知水平不在同一起跑线上。如果教师不了解学生而贸然讲授某一规律，势必会使一些学生不能理解。为了避免这种情况的发生，我们可以组织一些活动让学生"身临其境"，例如带领学生去实验室亲身操作某项实验；放映与物理规律相关的视频资料；提供一些文字、图片材料，从而"拉近"学生体验的差距。这样，当学生再次走到课堂时就能做到有备而来。由于有了亲身的体验和了解及教师的引导，那些平时难以理解的物理规律也都能明白其中内涵了。

二、精彩的生成是实施教学方案的导向

案例：

小马老师刚刚参加工作不久就被通知要上一节公开课《抛物体运动》。他非常珍惜这次机会，精心设计教学方案，并且选了一个空教室练习。虽然练习多次，但他还是担心自己，怕上课时会有什么闪失，于是他想到一个方法：把要说的话一句一句背下来。

做课时，小马老师按照既定方案引导学生总结出处理斜上抛运动的方法——将速度分解为水平方向和竖直方向的两个分运动。突然，一位学生举手提问："老师，为什么不能将斜上抛运动分解为斜向上的匀速直线运动和竖直向下的自由落体运动？"这个问题不在小马老师准备的方案中，搞得他头脑发蒙，一时不知如何解答，又怕后面更重要的"台词"因此耽误了时间不能讲完，只能对那位同学说了声："你的问题下课再说！"

只有预设没有生成的课堂是了无生趣的教条式的课堂，而只有生成没有预设的课堂则最终走向盲目和混乱。如何在教学方案实施阶段把握住"生成"，使教师做到"一切尽在掌握"呢？

1. 课堂的生成要以教学目标为中心

新课程强调的生成，并不是叫教师随意地去接住学生传来的各种"怪异"之球，而是围绕一个中心有原则的关注，这个中心就是教学目标。对教学过程中生成状况的关注有助于调动学生学习的积极性，活跃课堂气氛，但是并不是所有的生成都是有价值的，如果不加筛选的盲目关注，教学活动就会迷失方向。因此，教师在对待教学中的生成事件时，应该以教学目标为中心，有针对性地给予关注。

2. 教师要有良好的心理素质

再精心的备课也不能预料到学生所有的反应，再优秀的教师也不能做到"一切尽在掌握"。而我们面对的学生是灵动的生命体，在复杂多变的课堂教学情境中常会有许多预料不到的现象产生。面对"突发"事件，教师要保持冷静的头脑和稳定的情绪，用理智把握住自己，并迅速判断事情的性质，思考处理问题的方法。决不能遇到意外事情就情绪紧张、心理失衡、严厉指责学生的表现与行为或不予理睬。这样必然导致课堂秩序更加混乱，影响正常教学进度和教学任务的完成。

3. 教师不要刻意追求设计好的"生成"

课堂动态生成资源是师生之间、学生之间在特定的环境中不断对话、不断交流而形成的，并不是教师个人一厢情愿就可以完成的。如果教师一味地根据个人喜好追求

设计好的"生成",其结果将是忽视学生"现有发展区"和"最近发展区",草率地扼杀了学生精彩的生成,剥夺学生学习的主动权,使学生被动学习。

课堂教学中动态生成的资源是学生主体性的体现,要有利于学生的可持续发展。要想不断地形成这种资源,教师必须不断地学习、实践和反思,要有为学生发展服务的意识。

前苏联著名教育学家苏霍姆林斯基说过:"教育的技巧并不是在于能预见到课堂的所有细节,而是在于根据当时的具体情况巧妙地在学生不知不觉中做出相应的变动。"当学生提出这个问题时,老师应满足学生的探究欲望,提高自己的教学应变能力,培养教学机智,能迅速、灵活、高效的判断和处理教学过程中生成的各种信息。这就是一个有价值的生成性过程。只有这样,教师才能从容不迫地面对学生,才能胸有成竹地进行对话,将课堂引向精彩,才有可能收获未曾预约的精彩生成,只有这样,学生才能全身心投入探究活动,探究的过程才更加深入,探究的发现才更加精彩。学生就会获得巨大的成就感,收到意想不到的效果。

另外,值得一提的是强调生成并不是否定预设。凡事预则立,不预则废。课堂教学是一项有计划、有目的的教学活动,精心的预设可以给动态生成播下了种子。

二、课堂调控艺术

课堂调控是指:教师在教学过程中面对千变万化的教学情境,迅速、敏捷、正确地作出判断,恰到好处地处理,从有利于学生全面均衡发展的视角点拨引导学生的课堂学习,形成积极的课堂氛围,从而收到理想的教学效果,达到最佳教学境界的一种课堂教学技能。

在课堂教学中,教师以协调学生听课的注意力为目的,对他们的学习心态做到合理判断,并采取相应的措施,以达到最佳的教学效果。教师的课堂调控主要分为以下方面:调控教学节奏;调控学生行为;调控教师自身行为。

(一)调控教学节奏——合理把握课堂时间

在课堂教学中,常有这样的现象:有的教师上课铃响两三分钟才步入教室,不时地还说两句有关纪律的话,或者批评数落违纪学生;有的教师为了抢时间,讲的很快,学生的思路跟不上;也有的教师慢条斯理,甚至一个简单的算式也要在黑板上演示一番,不给予学生的思维。像这样的授课方式,使学生的思维度忽密忽疏,不是过限,就是不及。久而久之,势必造成学生的思维紧张、散漫、拖拉,知识的接受与获得受到限制。善于进行课堂调控的教师,必须根据教学内容、教学环节的安排与学生的承受力合理地把握课堂教学节奏,做到起伏错落,张弛有度,流畅自然。课堂教学的节奏是指教师组织实施课堂教学时,在深刻理解和准确把握教学内容精神实质的基础上,有意识地变化讲授的方式和速度,使整个课堂处于有规律的动态变化之中。恰当地调控教学节奏有利于课堂教学:

1. 恰当地调控教学节奏有利于落实教学内容

一节课的教学内容是有主次之分的，除一般内容外，还有重点内容和难点内容。教师在引导学生学习时，对于学生容易理解的内容可以简单介绍，对于学生不易理解的重点和难点内容则应多花一些时间讲解，这样就形成了"强"、"弱"拍的教学节奏。

2. 恰当地调控教学节奏有利于控制教学过程

我们可以想象这样一个情景：打铃上课，教师从走上讲台的第一分钟一直讲到下课的最后一分钟。这是低效的课堂教学。众所周知，这样满堂灌式的教学过程对学生的能力培养是无效的。科学的课堂教学是师生互动、学生互动的过程。教师创设问题情境，学生探究思考，合作学习，总结规律，巩固练习。为了达到本节课的教学目标，教师可以采取不同的教学方法和教学方式，整堂课不可能自始至终持续保持在某种稳定的状态中。

3. 恰当地调控教学节奏是符合学生认知规律的

在一节课的 45 分钟时间内，学生的注意力不可能保持在一种状态，有时振奋、愉悦，也有时松懈、疲倦。他们不可能一堂课持续保持高度紧张地听教师讲解。心理学有研究表明，一节课堂学习时间可分为 5 小段：

（1）开头 5 分钟，注意力分散。因为上一节是别的课，又经过课间休息，学生一下子转不过弯来。

（2）第 6 ~ 15 分钟，注意力比较集中。

（3）第 16 ~ 20 分钟，疲劳，注意力较分散。

（4）第 21 ~ 40 分钟，注意力集中。

（5）最后 5 分钟，疲劳，又等着下课，注意力分散。

由此可见，第 2 阶段与第 4 阶段是脑力的最佳状态，在这两个时间段内教师可以用来解决重点问题，第 3 阶段是学生课堂疲劳的波谷期，是学生情绪状态相对平衡的时段，可以处理一般性问题、练习为好。

案例：体育课后的物理课

上课铃响了，刘老师看到学生气喘吁吁地走进教室。他知道：这个班上节课又是体育课。上周也是这样：学生们满头是汗地走进教室，坐到座位上时还在不断地用纸巾擦头上的汗，情绪还处在亢奋状态。上周体育课后的那节物理课教学效果不好，学生们无法稳定情绪，不能投入到新课的学习中去。

不过，这周刘老师是"有备而来"的。他发给每位同学一张测试卷子，并要求学生在规定的时间内作答，题目非常简单。学生们慢慢调整自己的情绪，课堂也变得安静下来了。5 分钟过去了，学生完成测试，情绪平稳了，刘老师开始了新课的教学……

合理调节教学节奏的原则是：添加（《课堂教学艺术》孙菊如，陈春荣、谢云、

邹花香，北京大学出版社，2006.8）

快与慢有交换；动与静有交替；张与弛有错落；疏与密有间隔；起与伏有波澜。

（二）调控学生行为

学生是学习的主人，是发展的主体。让学生成为课堂的主人，已经成为教师成功教学的一个重要理念。学生只有成为课堂的主人，在学习中才能充分发挥主观能动性，健康地学习。当然让学生成为课堂的主人，并不是将教师摒弃在课堂之外。教师在课堂的主要作用是引导、调控学生。教师调控学生主要做到以下几点：

1. 适时的激励可以激发学生的学习动机

我们常说这样一句话："心动不如行动！"可是在调控学生时要把这话反过来说："要想行动、先要心动。"教师要适时激励学生。行为科学的实验证实：一个人在没有受到刺激的情况下，他的能力仅能发挥到20%到30%；如果受到充分的激励，能力就可能发挥到80%到90%。教师的一句表扬、一次激励，可以使学生的自信心倍增，产生上进的动力。成功的教学所需要的不是强制，不是命令，而是激励。

2. 先行控制，预防问题行为

有效的调控，也可以说是理想的方法，就是预防在先。所谓预防就是在问题行为产生之前，采取措施优先实施预防性管理，避免或减少问题行为产生的可能性。

首先，教师可以在学期或学年初期阶段，通过与学生共同讨论的方式，对课堂行为提出明确而具体的要求与规范，并依此作为共同遵守的准绳。这种行为规范和要求的主要表现形式就是课堂规则。课堂行为标准确立起来之后还要及时巩固，必要时还要予以修正。

其次，教师可以创设建设性的课堂环境。例如：组织学生保持课堂的整洁、秩序与优雅，增强课堂环境的秩序感与责任感。又比如：教师可以科学合理地安排调整学生的座次。做到优劣搭配、合理组织，达到以长补短、以优补劣、互相促进。对于那些爱搞小动作的学生，教师可以采用悬念和讨论的方式，不断变换刺激角度，集中学生的注意力。

3. 正面的肯定优于以恶制恶

现实中，教师面对学生的问题行为，往往把惩罚作为首选方法，这是不恰当的。实践证明，奖励的矫正作用远远大于惩罚，动辄惩罚反而会导致学生为逃避惩罚而产生新的问题行为。再者，过度惩罚，会使学生变得粗暴和具有破坏性，产生对抗性严重的问题行为。

（三）调控教师行为

1. 课堂指令明晰

案例：

某位老师组织学生做分组实验《验证机械能守恒定律》。教师发出的指令是："同学们，下面开始做实验，一会儿讨论实验误差。"发完这条指令后，教师便忙于在黑板上书写板书去了。这一指令显然过于模糊不清，这类指令不仅不会提高课堂效益，反而可能干扰学生思维。如果能够进行如下修改，情况会有所不同：

"同学们，请按照实验手册上写明的操作步骤进行实验。"这一指令至少比第一条指令明确一些。

"同学们，请按照实验手册上写明的操作步骤进行实验，填写实验数据。15 分钟后，老师将检查实验的完成情况。"这一指令不仅有任务，还有完成这一任务的时间及检查落实情况，比上一个指令更明晰。

"同学们，请按照实验手册上写明的操作步骤进行实验，填写实验数据。15 分钟后，老师将检查实验的完成情况，并且选出一个最有团队精神的小组为最佳合作小组。"与以上几个指令相比，这一指令是最明晰，也是最有效的。

可见，一条明晰的课堂指令必须包括如下因素：明确的任务，完成任务的时间，完成这一任务的形式或方法，如何检查落实这一指令。甚至还可以包括完成这一任务的学生将得到什么评价等。指令还必须简明扼要，教师要说到做到，不能食言。如果教师告诉学生："最早完成这一任务的同学将得到老师的点名表扬"，结果老师后来忘记了自己的许诺，不仅会打击等待老师表扬的学生的积极性，还可能给学生留下"这位老师说话不算数"的坏印象。因此，教师的课堂指令不应过多，不可轻易地发指令，需要发的指令一定要简明扼要，指令发出后要亲自检查落实，并给予个别或全班性的评价。（《新课程下，我们怎样做老师》，林华民，朝华出版社，2010.02）

2. 教态调控

教态是指教师利用动作、表情、眼神等身体语言辅助口头语言、传递教学信息和表达情感的行为方式，也是调控课堂的一种手段。

首先，教师的课堂语言要准确，特别是涉及到物理现象、规律的描述上，一定要遵照教材，不能擅自改动。例如：《楞次定律》中的"阻碍"两个字，不能改为"阻止"。

其次，教师的声调要具有渲染力。教师讲话的语调、音量、速度要有变化。对于需要强调和突出的内容，教师可以加大声音的强度和力度；对于需要学生思考的问题，教师可以适当放慢语速，给学生时间考虑问题；对于需要调动学生的环节，教师可以加快语速刺激学生思维快速反应。

第三，教师的动作、表情要有亲和力。教师讲课时身体的姿势、手部的动作、表情的变化，对于学生交流感情、帮助学生解决问题有明显的作用。例如，教师在课堂教学时，可以走下讲台，缩短师生之间的空间距离，使学生感到心理上与教师的接近；教师对学生肯定的眼神可以增强学生的自信心；教师真诚的微笑会使学生感到关怀，使学生接受教师的要求和教育，进而转化为学习动力，达到"亲其师，信其道"的效果。

三、信息化教学资源和技术在课堂教学中的合理运用

教学资源包括教学资料、支持系统、教学环境等组成部分。通常认为，"信息化教学资源"属于信息资源的范畴，是"经过选取、组织，使之有序化的，适合学习者发展自身的有用信息的集合"。

在课堂教学中合理地运用信息化教学资源是符合学生的认知规律的。在课堂教学中，学生需要视觉、听觉的冲击力，充分运用信息技术创设让学生既看得见，又听得见，还可动手操作的教学环境。在教学实施的过程中组织学生进行讨论和交流，让学生能够进行表达与展示，在表达与展示的过程中同学之间互相启发、互相欣赏，在这种教学环境中，学生经过自己内心体验，加工、处理相关信息，由此产生学习物理知识的浓厚兴趣，对知识的获取、记忆、应用以及对知识再创造的效果将大大优于传统教学。（《高中物理教学理论与实践》陶昌宏，北京师范大学出版社，2008.11）

信息化资源在课堂教学中应用是非常广泛的。北京师范大学的何克抗教授将信息化教学资源的应用形态总结为以下几种形式：

1. 课堂演示：一般来说是为了解决某一学科的教学重点与教学难点而开发的，它注重对学生的启发、提示，反映问题解决的全过程，主要用于课堂演示教学。这种类型的教学软件要求画面要直观，尺寸比例较大，能按教学思路逐步深入地呈现。

2. 个别化学习：具有完整的知识结构，能反映一定的教学过程和教学策略，提供相应的形成性练习供学生进行学习评价，并设计有好的界面让学习者进行人—机交互活动。利用个别化系统交互学习型多媒体教学软件，学生可以在个别化的教学环境下进行自主学习。

3. 模拟实验：借助计算机仿真技术，提供可更改参数的指标项，当学生输入不同的参数时，能随时真实模拟对象的状态和特征，供学生进行模拟实验或探究发现学习使用。

4. 训练复习：主要是通过问题的形式用于训练、强化学生某方面的知识和能力。这种类型的教学软件在设计时要保证具有一定比例的知识点覆盖率，以便全面地训练和考核学生的能力水平。另外，考核目标要分为不同等级，逐级上升，根据每级目标设计题目的难易程度。

5. 教学游戏：这与一般的游戏软件不同，它是基于学科的知识内容，寓教于乐，通过游戏的形式，教会学生掌握学科的知识和能力，并引发学生对学习的兴趣。对于这种类型软件的设计，特别要求趣味性强、游戏规则简单。

6. 资料与工具：各种电子工具书、电子字典以及各类图形库、动画库、声音库等，这种类型的教学软件只提供某种教学功能或某类教学资料，并不反映具体的教学过程。这种类型的多媒体教学软件可供学生在课外进行资料查阅使用，也可根据教学需要实现选定有关片段，配合教师讲解，在课堂上进行辅助教学。

117

7. 网络课程：融学习的课程资料、教学活动和支持环境于一体的信息化教学资源。

信息化教学资源的使用，巧妙地解决了传统教学无法处理的疑难问题，使得课堂教学方式发生了很大的变化。

案例1：数码相机在《简谐运动》一节的使用

本节课在研究弹簧振子的位移—时间图像时，学生对 $x-t$ 坐标中某点的确切含义缺乏清新的认识。课堂上可以现场制作弹簧振子的位移—时间图像，是学生认识到图像的生成过程，从而深刻地理解图像含义。具体操作方法如下：

用数码相机的摄像功能对竖直方向的弹簧振子进行摄像，得到的是大约每隔0.04 s拍摄的一帧帧照片。在电脑中建立一个幻灯片文件，把这些照片采用"全部插入"的方式插入在同一张幻灯片中，照片会按拍摄的时间顺序一帧一帧自动向右平铺开来。

学生从这个操作过程中可以清楚地"看"到时间轴的形成，由于后一帧照片拍摄的时间比前一帧晚0.04 s，学生很容易认识图像中的后一个点比前一个点晚0.04 s，因而有利于学生建立和强化时间坐标轴的概念。

案例2：Excel 在《单摆》一节中的应用

本节课"用单摆测重力加速度"是学生的分组实验，是学生运用新知识的过程，其侧重点不是计算，而是使学生体验测量的过程。因此，在实验处理环节教师安排学生使用 Excel 软件处理数据，同时生成摆长与周期平方的图像，引导学生体会图线斜率的含义。

案例3：仿真实验室在《带电粒子在电场中的运动》一节的应用

本节课所研究的内容是带电粒子在电场和磁场中的运动。由于带电粒子的运动比较抽象，无法运用中学阶段现有实验进行演示。在《仿真实验室》教学软件中可以直观地创建电场、磁场、带电粒子等物理模型，通过操作者恰当地设置参数，模拟带电粒子的运动情况，以逼真的动画触发学生的想象空间，帮助学生解决抽象的问题。

案例4：传感器在《自感》一节的使用

以前对于"通电自感"和"断电自感"的演示常常使用两个规格完全相同的小灯泡对比来说明问题。但学生仅仅通过比较两个小灯泡的亮暗并不能清晰地观察电流随时间的定量变化规律。使用电流传感器可以很好地解决这一问题。电流传感器的作用相当于一个电流表，但它与电流表的重要区别在于，传感器与计算机结合能够即时反映电流的迅速变化，并在屏幕上显示电流随时间变化的图像。通过观察图像，学生们可以清楚地看到电路中有无线圈这两种情况下电流随时间变化的规律。

信息化教学资源的合理运用使得教师的教育理念、教学方式和教学手段发生了许多变化：

1. 在教育理念上，从关注教师如何"教"转变为关注学生如何"学"；从关注如何使学生学会物理概念和物理规律，转变为关注学生在学习物理规律、物理概念的过程中如何学会学习；从关注学生学会运用物理概念和物理规律分析问题和解决问题，转变为不仅要使学生能够分析问题、解决问题，而且能够培养学生的问题意识，使学生能够提出问题；从关注学生个体学习过程中的兴趣、爱好、学习体验，转变为不仅关注学生个体的兴趣、爱好、体验，而且还要关注学生群体在学习过程中的合作、交流等行为。

2. 在教学方式上，通过信息技术与课堂教学的整合，为课堂教学带来了新的生机，传统的以"教师为中心"、"以课堂为中心"、"以教材为中心"的教学模式受到了冲击。交换是利用信息技术为学生提供实际生活、生产、科技等方面的背景资料；利用信息技术增大教学过程中的信息量，丰富学生的认知背景；利用信息技术辅助和优化实验；利用信息技术设计"探究性"课题，使学生进行自主探究、自主学习。

3. 在教学手段上，教师利用信息技术对用语言、板书、板画、挂图、标本、实验等难以表达的内容进行直观描写与展示；利用信息技术可把瞬间的过程留住、把动态变化的过程变为稳定的过程；利用信息技术可把微观的放大、把宏大的缩小；利用信息技术克服传统教学中的一些困难，如克服时间和空间的局限性；利用信息技术可把那些教学中不能做、不便做的实验进行有效的模拟等等。（《高中物理教学理论与实践》陶昌宏，北京师范大学出版社，2008.11）

如何在课堂教学过程中保证信息化教学资源更加有效的辅助教学呢？

在选择和设计信息化教学资源时，若已有比较适合的、已经制作完成的，应尽量地选取和运用，这样可以节省时间、经费和精力；当已有的资源不甚合适时，可先考虑对资源略作修改，以满足教学需要；如果选取、修改都不行，就要设计、编制新的、符合要求的教学资源或学习资源。

为了保证信息化教学应用的有效性，必须明确以下应用原则：

（1）目标控制原则：教学目标是贯穿教学活动全过程的指导思想，它不仅规定老师的教学活动内容和方式，指导学生对知识内容的选择和吸收，而且还控制资源类型和淘汰内容的选择。

（2）内容符合原则：信息化教学资源要符合教学内容。

（3）对象适应原则：教学资源的选择必须与教学对象的年龄性相适应，不然则不会有理想的教学效果。

信息化教学资源能够为教学方式的变革提供比较理想的支持环境，但并不是说信息技术就可以替代其他类型的教学资源，因而我们要选择适合教学内容的多媒体课件等信息化资源来辅助教学，切勿只为了单纯的花哨好玩而用，而且资源的选择与制作都要符合教学目标，脱离教学目标的资源我们决不采用，这样才可以收到理想的效果，确保信息化教学资源的有效性。

四、基于能力培养的课堂教学

伴随着科学技术的迅猛发展，知识更新的速度快得惊人。任何一个人在学校学习的知识肯定不能享用终身。因此，教师在教授学生知识以外，要更多地重视学生的能力培养，即"授之以鱼"不如"授之以渔"。

能力，是成功地完成某种活动所必需的个性心理特征。人的各种能力是在素质的基础上，通过后天的学习、生活和社会实践形成和发展起来的。也就是说，人的任何能力都是后天习得的。在高中物理课堂教学中，教师应主要培养学生创新能力、观察能力、动手操作能力、构建物理模型能力、运用数学工具分析物理问题的能力。

（一）创新能力

很欣赏德国人的这样一句话："你不应该成为第二个莫扎特，你应该成为一个贝多芬！"在他们看来单纯的重复模仿就好像花瓶里的假花，而创造力才意味着生命的源泉。德国人不断创造的精神使他们从不肯停下来只满足于一个层次。于是，在音乐上创造新的意境，文学上书写新的风格，哲学上开辟新的领域，科学上发现新的理论，建筑上构思新的设想，甚至对于他们机械工业产品的每一个零部件也总是力求革新，精益求精。

做事严谨的德国人用他们的成绩向我们诠释了这样一个道理：创造力的培养比单纯地传授知识更重要。一个有创造力的学生，即便目前不能掌握丰富的知识，但是他对知识的渴望会促使他像一块渴望水的干海绵，去学知识、用知识、更新知识、创造性地应用知识。

如何在课堂教学中培养学生的创新能力呢？

1. 激发学习兴趣，唤起创新意识

伟大的思想家、教育家孔子曾说过"知之者不如好之者，好之者不如乐之者。"感兴趣就会不怕艰苦，积极主动去学习，遇到问题喜欢多问，甚至"打破砂锅问到底"。这样肯去钻研，才会有所创新。

如何激发学生的学习兴趣？

有位学者说过这样一个比喻：将 15 克盐放在你的面前，无论如何你都难以下咽，但将 15 克盐放入一碗美味可口的汤中，你就会在享用佳肴时，不知不觉地将 15 克盐全部吸收了。教师在课堂教学中要精心设计问题情境，可以激发学生学习兴趣，唤起学生的创新意识。

案例1：

在学习楞次定律时，老师创设了这样一个情境，激发学生浓厚的兴趣。老师问学生："大家都看过刘谦的魔术表演吗？"学生们一听到"刘谦"、"魔术"一下子提起了兴趣。老师继续说："我最近也学习了一个小魔术，请同学们来欣赏。"教师将两个外形相同的物块先后穿过"楞次管"下落，一块是很快地自由下落，另一块是十分缓慢

高中物理教师专业能力必修

Gao Zhong Wu Li Jiao Shi Zhuan Ye Neng Li Bi Xiu

地下落。接着，教师提问：为什么两块东西一快一慢地下落？紧接着，教师再引导学生应用学过的楞次定律来解释这种现象。最终，通过实验方法，使学生在情境中引发好奇心，激起兴趣，在认知上产生矛盾，从而进行主动、积极的思考和联想，培养了学生的创新思维能力。

案例2：

《动量守恒定律》引入新课时，教师先让学生观察"高空落蛋"的实验。把鸡蛋用一根细线悬挂，通过支架，用滑轮将其升至高处。随着鸡蛋越升越高，学生的心慢慢绷紧了，头脑中的想象被激活，开始猜测各种可能。此时让一位学生上来做第一次实验，其他学生的眼睛盯着鸡蛋，看看究竟会发生什么。学生松手，鸡蛋落在水泥地上摔破了。第二次实验时，事先在水泥地上铺了海绵垫，然后再把鸡蛋悬挂于高处。学生的心再一次绷紧，这次会不会摔破呢？看到落下的鸡蛋完好无损，学生们会心地笑了。此时教师趁热打铁：这到底是什么原因呢？并由此展开新课。

由此可见，问题情境实际上是提供了一种环境支持的思维空间，有利于学生发挥创造性，培养学生的创新思维能力。

2. 鼓励求异思维，开拓创新空间

求异思维是在思维中自觉地打破已有的思维定式、思维习惯或以往的思维成果，在事物各种巨大差异之间建立"中介"，突破经验思维束缚的思维方法。科学上的许多重大发现离不开这种思维，例如对超导温度的研究。近一个世纪以来，很多物理学家致力于超导体的研究，这是因为超导体的应用前景十分诱人。但自科学家发现水银在零下268.8 ℃（4.2 K）出现超导现象起，物理学家们虽千方百计地想提高发生超导的温度，结果收效甚微。在此期间物理学家们测试了各种金属的超导临界温度，令人失望的是它们的超导临界温度都极低。直到1986年，物理学家们终于发现了一种陶瓷合金在35 K时就能出现超导现象，一下子把超导温度提高了几十度，物理学家能打破几十年米超导临界温度停滞不前的局面，在于科学家们克服了超导材料总是从金属中寻找的"思维定势"，打破常规，转换角度，用常见的绝缘体陶瓷制成合金进行研究，使超导温度出现飞跃，这个惊人的发现正是科学家们运用求异思维的结果。

如何开发学生的求异思维？

以往的教学中，我们往往习惯给学生一些固定不变的知识及方法，这对求异思维的培养是很不利的。教师在教学中要力求摆脱习惯认识的束缚，开拓思路，用一题多解、一解多题等多种形式，引导学生从不同角度，不同思路去思考问题。例如：在分析传送带消耗电能情况时，既可以从克服摩擦力对传送带做功角度分析，也可以从能量转化角度分析。尽可能提出与众不同的新观点、新思想、新办法。对于学生的设想不管对错，教师要耐心细致地给予分析，同时要表扬敢于发表自己见解的学生，从而带动其他学生标新立异。

3. 建立正确的成败观

学生在探索创新过程中，不可能是一帆风顺的。教师应指导学生正确面对成功与失败。当学生探索成功时，教师要第一时间加以肯定，同时提示学生总结成功的经验、方法和存在的问题与不足。当学生探索失败时，教师可以向学生介绍科学家伟大发现背后的艰辛，他们是在几百次乃至上千次失败中改进摸索再实验，才收获成功的。例如：法拉第研究电磁感应现象时，反反复复的实验，经历了十多年的研究，才总结出规律；爱迪生和他的合作者经过试验1600多种不同的灯丝后才找到合格的灯丝。正如爱迪生所说"失败是我需要的，它和成功一样对我有价值，只有在我知道一切做不好的方法以后，我才知道做好一切的方法是什么。"一个新的设想在开始时不遇到失败，这种情况是罕见的，发明者和创新者可能一而再地失败，所以，面对失败，要引导学生不急不躁，冷静查找原因，排除故障，才会摘到成功的果实。

（二）观察能力

观察能力是在有目的、有计划以及有思维积极参加的感知过程中，逐渐形成的一种比较稳固的认识特点。这种能力是一种特殊的知觉能力，它能帮助人们迅速而敏锐地注意到有关事物的各种并不特别显著、却很重要的细节和特征，是顺利完成观察活动的必备条件。（封小超、王力邦主编．物理课程与教学论［M］，北京科学出版社，2006.19，16，16）

如何培养学生的观察能力？

1. 强调观察意识。正如特级教师陶昌宏所说："有了观察的意识，才能发展观察的能力。有了观察的意识，才会自觉观察自然界的各种现象，才会自觉观察书上、报上、网上、电视上的所见所闻，才会自觉观察身边实际发生的事情。"物理学史上有很多由于细心观察后导致重大发现的例子，如：伽利略由于观察研究吊灯摆动而发现了单摆振动的，奥斯特因细心观察而发现了电流的磁效应，多普勒和他的女儿散步时发现火车汽笛声的变化而发现多普勒效应……教师在课堂教学中可以结合教学内容向学生讲述，激发学生观察意识。

2. 运用对比的方法培养学生观察的敏锐性。心理学研究表明：人脑接受到的各种信息中，既有本质的信息，也有大量非本质的信息，必须对它们进行筛选加工，抽取其本质的部分，这就要求观察者具有敏锐的观察力，这种敏锐的观察力，学生不是一开始就具备的，需要教师对其加以培养、锻炼。在课堂教学中，我们经常采用对比的方法，培养学生观察的敏锐性。例如：研究单摆振动周期与摆长的关系时，教师选用不同长度的细线演示实验，学生通过对比会很快观察到现象。

3. 观察指令的准确度。教师在锻炼学生观察能力时，观察指令一定要准确。例如：在探究"感应电流方向规律"与探究"感应电动势大小规律"时都会使用到灵敏电流计，但观察的侧重点不同。在探究"感应电流方向规律"时，要求学生观察指针的摆动方向；在探究"感应电动势大小规律"时，则要求观察指针的摆动角度，教师在做演示实验前一定要指明观察的侧重点。

（三）构建物理模型能力

物理学的研究对象遍及整个物质世界，大至天体，小至微观粒子。面对复杂具体的物体，只有采取突出主要矛盾，忽略次要因素的科学思维方法，才能摆脱繁乱现象的纠缠，理清物理概念和物理规律，物理学中的各种模型便是这种科学方法的具体运用。物理模型教学，对培养学生探索问题、发展创造思维、培养科学思想方法以及提高解决实际问题的能力是极为有利的。

教师如何培养学生构建物理模型的能力？

1. 充分展示物理知识发生、发展的过程，帮助学生建立准确的物理模型。例如：在讲解单摆模型时，可以展示伽利略观察油灯摆动的动画，再现模型建立的思维过程，让学生能够身临其境，感知分析物理过程的方法，建立准确的单摆模型。

2. 将可视为同一物理模型的实际问题——列举，强调突出的主要矛盾与次要因素，使学生建立科学解决问题的思维程序。

3. 运用数学工具分析物理问题的能力。

数学工具的应用，使物理问题的分析不只停留在感性阶段上。例如：利用图像分析物理问题是一种常见的方法，当数学图像与物理问题结合在一起，图像中的交点、斜率、面积就被赋予新的物理信息。

第一，交点：由于函数方程与函数图像的对应性，图像中两个图线的交点，便意味着两个方程联立后的解。例如：在分析同地同时追击问题时，位移——时间图像的交点的含义是两个物体在此刻相遇；速度——时间图像的交点的含义则表示两个物体速度相同。

第二，斜率：高中物理常见的斜率是指，斜率的物理意义是纵轴所示物理量对横轴所示物理量的变化率。例如：位移——时间图像的斜率表示速度；速度——时间图像斜率表示加速度；机车启动问题中图像斜率表示牵引力的功率。

第三，面积：图线与横轴所围成的面积表示纵轴所示物理量对横轴所示物理量的积累。

如何培养学生利用图像分析物理问题的能力？

教师在教学中要加深学生对图像点、线、面的理解，可以先从最基础的位移——时间图像、速度——时间图像认识，逐步增大难度与灵活度，使学生有应用数学工具处理物理问题的意识。

五、组织有效的科学探究

众所周知，探究的过程比探究的结果更重要，学习者不必花费毕生的精力去记忆知识，但要具有获取知识的能力，如果需要的话，他可以利用自己已掌握的方法获取。

伴随着课程改革的逐步深入，越来越多的教师已经认识到：科学探究是贯穿整个教学过程中的教学理念。教师要用科学探究的理念进行教学设计，用科学探究的理念理解学生的认知过程，用科学探究理念培养学生感悟科学方法，用科学探究的理念促进学生掌握科学的研究方法。正如《物理课程标准》中所述："通过科学探究，使学生经历基本的科学探究过程，学习科学探究的基本方法，发展初步的科学探究能力，形成尊重事实、探索真理的科学态度"。

教师如何在课堂教学中组织有效的科学探究呢？

（一）选择适合的内容进行科学探究

虽然科学探究是贯穿整个教学过程的教学理念，但不是每节课都要采用探究教学的方式进行教学的。不同的物理教学内容，需要不同的教学方法。教师在每一堂课中要采用什么样的教学方式，应根据教学内容、教学目标和学生的知识基础、认知能力等各种方面因素综合考虑，选择恰当的内容进行探究教学。

1. 从教材中寻找适合探究的内容

对于记忆性强的教学内容若采用科学探究的教学方式，其教学功能不显著。例如：放射性元素的衰变、核能等内容。这些内容高中阶段并不能系统的完整的使学生掌握，仅需要学生初步地了解即可。因此，教学中采用讲授式的教学方式恰当、实用。

对于应用性强的教学内容可以采用科学探究的教学方式。如研究匀变速直线运动，探究力的平行四边形法则，探究弹簧的弹力与伸长的关系，探究加速度与力、质量的关系，自由落体运动，平抛运动，探究动能定理，测定金属的电阻率，简谐振动的图像，法拉第电磁感应定律，楞次定律，动量守恒定律等。这些内容采用科学探究的教学方式，不仅可以使学生理解内容，而且可以通过科学探究的过程，使学生感悟科学探究的思想，培养多方面的技能和方法，而这些思想、技能和方法在讲授式教学中学生是无法获得的。

2. 从实际生活中寻找适合探究的内容

物理学科是一门实验科学。它的规律、定理都是来源于人类的生产和生活的实践活动。物理教学如果脱离了具体的生产与生活情境，将变成无源之水。教师在教学过程中可以选择贴近实际生活的一些热点问题，如调查各种桥梁的结构与受力情况、电磁炉的简单原理、游乐场中的力学模型等。这些课题既涉及学生新学习的理论知识又与他们的生活息息相关，进行科学探究时可以激发学生的浓厚兴趣。

3. 从物理综合复习中寻找适合探究的内容

"复习课最难上。"许多教师都有同感。一是学生学习动力不足。对学生来说，复习过程不再像探究新知那样充满挑战的乐趣，冷饭重炒不能引起学生学习的高度热情和积极性。二是教师本身对复习课的教学研究不够。没有形成一定的复习模式。因此如何通过教师对所教内容的再设计、再创造，使学生通过再学习，达到对知识的再记忆、再理解、再整合、再迁移，这是上好复习课共同面临的问题。传统式的物理复习教学中，教师往往将物理知识归纳为框架结构或表格结构的知识体系图表。学生需要对图表中的知识理解记忆。这种复习方式虽然容量大、概括性强，但是忽略了学生的思维过程。课堂上教师讲得津津乐道，学生却提不起兴趣来。

教师可以将科学探究的理念引入复习课堂。在归纳知识体系时，可以先提出探究的问题，引起学生的共鸣，激发学生将已有的知识体系通过探究学习的过程提高、升华，正所谓"温故知新"。例如：在力学知识的复习中，教师可以引导学生探究用牛顿运动定律和运动学公式结合处理力学问题与用功能关系来处理力学问题时各自的适用条件及优缺点；在电磁学知识的复习中，教师可以引导学生探究带电粒子在电场中与磁场中运动的异同点；在跨板块复习中，教师可以引导学生探究重力势能与电势能，重力做功与电场力做功的异同点。

4. 课堂教学中把握住探究七要素

科学探究的要素包括提出问题、猜想与假设、制定计划与设计实验、进行实验与收集证据、分析与论证、评估、交流与合作。在课堂教学中教师组织学生探究时，要分三个环节把握好这七个要素。

第一个环节：问题探究阶段。

（1）提出问题是科学探究的前提。发现问题和提出问题是科学探究的前提，如果没有发现问题、不能提出问题，科学探究便无从谈起。在课堂教学中，教师可以恰当地创设问题情境，引起学生的共鸣，引发学生的思考。当然，教师在创设问题情境时，也是需要技巧的。教师一定要摸准学生的知识基础和思维水平，将问题设置在学生的"最近发展区"。例如：在《探究弹性势能的表达式》时，教师先演示弯弓射箭，玩具弹簧枪射击情境，然后提出问题：为什么拉满弦的弯弓可以把箭射出去？压缩的弹簧可以把小球弹出去？由于这些场景都是学生们生活中能够观察和感受到的实例，所以可以积极地思考。

（2）猜想与假设是科学结论的先导。猜想与假设是科学思维的一种形式，其中"猜想"时思维是非逻辑性的、发散性的，而"假设"时思维则是逻辑性的、收敛的。课堂上，教师在实施这一过程时应该让学生反复经历猜想和假设这两个过程，形成良好的思维习惯。

第二个环节：过程探究阶段。

（1）制定计划与设计实验是"猜想与假设"的具体化、程序化，可以确保探究过程的科学性和探究结果的可靠性。为了保证探究的有效性，教师要对学生的探究方案进行审核，论证计划的可行性，提出合理的修改意见，引导学生改进并完善探究计划。在这一过程中，教师要做好充分的思想准备，因为此时期学生的思维是相当活跃的，他们会说出各种各样的方案，教师要凭借个人能力迅速判断方案的可行性。

（2）进行实验与收集实验数据是进行实验分析的依据。在学生进行实验操作时，教师要巡视和监督。在学生遇到困难时，教师要及时给予指导，给出实验的改进方法或正确的操作，与此同时，还要有意识地培养学生的动手能力，不要一切"包办代替"。

（3）分析与论证是在实验数据基础上寻求普遍规律的逻辑分析过程。对实验数据的分析和论证，可以培养学生概括、陈述实验结果的能力。例如：《楞次定律》中判定感应电流的方向时，实验中的四种情况（N极插入、拔出；S极插入、拔出），教师要引导学生恰当归纳，用最为简洁的语言陈述实验结果。

第三个环节：交流论证阶段。

（1）评估是对探究过程的反思。实验的结果与预先的假设往往是有差异的。这个差异是说明假设错误，还是有实验误差存在，或是还存在一些隐藏的因素在其中没被发现。这些可能需要学生一一评估，在评估过程中锻炼自己分析问题的逻辑思维能力。

（2）交流与合作是培养学生合作精神的重要方式。合作能力是现代社会人们必须具备的重要能力。教师要使学生意识到一个人的力量终归有限，科学探究需要群策群力，充分发挥团队里每个人的力量，才会收获成功。

（二）走出探究的误区

1. 问题探究不等于频繁提问

教师要防止进入"满堂问"的教学误区。探究学习需要对问题探究，但不等于频繁提问，更不能把提问当作探究的唯一形式，不求教学实效。探究的问题不在于多，而在于精。设计适用于探究性教学的问题应当明确以下四点：

第一，问题应当涵盖探究式教学内容的重点，问题的指向应是探究式教学目标，这是探究式物理教学的最基本要求。

第二，所设计的问题应具有趣味性、连续性，书本上没有现成的答案，以此来设计问题的情境或必要的材料。

第三，探究式教学的问题应当与学生的生活体验和感悟以及认知能力相结合，使学生能运用其感知和认知能力有效探究。

第四，探究式教学的问题不仅应有利于获得学习的成就感，而且应有利于实施有效教学，获取探究教学的实效性。

（三）探究式教学不等于轻知识的落实和掌握

随着新课程改革的进行，有的教师凭个人喜好，随心所欲地处理教材，追求标新立异。上课时，不顾物理学科的科学性、严谨性，也不顾学生的实际水平与能力，一味讲究培养探究能力。他们认为随着知识爆炸时代的来临，掌握知识已不再重要，重要的是掌握获取知识的方法、过程与能力。这种提法对于以单一追求知识掌握为最终目标的传统教学方法而言是有借鉴意义的，但在课堂教学中放弃知识，单纯追求能力，恐怕又进入了另一个误区。

掌握知识和掌握方法之间并非是对立关系，而是有着内在的统一性。就知识和能力的关系而言，知识是能力的基础，无知者必无能。在当前的课程改革中，确实需要改革单纯以传授知识为目标的课程理念和教学方法，加强思维能力的训练和培养，注重探究方式的设计。同时，老师也应在备课方面多花功夫，以在教学中真正落实知识

高中物理教师专业能力必修

Gao Zhong Wu Li Jiao Shi Zhuan Ye Neng Li Bi Xiu

目标。

（四）探究式教学不等于忽视教师的有效讲解

学生的探究活动是求知、求真的认识活动，其中必有新思想与新思维的出现，它引导学生从自身的生活经历和生活经验出发，关注种种物理现象，并鼓励学生的探究精神。对于提高学生分析问题、解决问题的能力，培养学生的探索和研究精神，具有极其重要的意义。但强调探究式学习，是不是就要全盘否定教师讲授，或者说不用教师来讲授了呢？并非探究式教学都必须在与传统教学的融合中进行。比如学生通过探究对某一物理现象已有大量的感性经验时，或者学生对某一物理现象或物理知识不太深入时，教师的讲授就是一种更恰当的选择。另外，探究也需要教师的讲解和指导，没有教师指导下的探究本身就不可能顺利进行。在课堂教学中，教师应根据自己的教学实际，有针对性地组织学生进行"探究"，千万不要为"探究"而"探究"。当教学任务确实需要组织学生进行"探究"时，当某些问题必须要让学生通过"探究"去解决时，就要科学地设计课题，提出问题，并进行科学指导，组织学生进行"探究式"学习，否则，就不要"探究"。

六、课堂教学中的因材施教

有一次，孔子讲完课，回到自己的书房，学生公西华给他端上一杯水。这时，子路匆匆走进来，大声向老师讨教："先生，如果我听到一种正确的主张，可以立刻去做么？"孔子看了子路一眼，慢条斯理地说："总要问一下父亲和兄长吧，怎么能听到就去做呢？"子路刚出去，另一个学生冉有悄悄走到孔子面前，恭敬地问："先生，我要是听到正确的主张应该立刻去做么？"孔子马上回答："对，应该立刻实行。"冉有走后，公西华奇怪地问："先生，一样的问题你的回答怎么相反呢？"孔子笑了笑说："冉有性格谦逊，办事犹豫不决，所以我鼓励他临事果断。但子路逞强好胜，办事不周全，所以我就劝他遇事多听取别人意见，三思而行。"

"因材施教"虽然不是孔子的原话，却是孔子在教学中采取的一条最基本的教学理念。在孔子看来，每个学生的智力、志向，所生活的条件各不相同，因此不能以一个模式统一施教。据《论语先进》记载："德行：颜渊，闵子骞，冉伯牛，仲弓。言语：宰予，子贡。政事：冉有，季路。文学：子游，子夏。"解释为："孔子的学生中，德行好的：有颜渊、闵子骞，冉伯牛，仲弓。口才好的：有宰予，子贡。能执掌政事的：有冉有，季路。能掌握文化典籍的：有子游，子夏。"由此可见，孔子"因材施教"的教学成果显著，正所谓："弟子盖三千焉，身通六艺者七十二"。

教师如何在课堂教学中实施因材施教？

（一）充分了解学生的个体差异

有人这样说过："黄沙如海，找不到绝对相同的两粒沙子；绿叶如云，寻不见完全一样的两片叶子。"学生来自不同的背景，教师要充分了解自己所教的每个学生的性格、意志、气质、兴趣等不同特点，施以恰当的教学方法。

在课堂提问过程中，教师要注意知识的深入浅出，设计问题时力求简单明了，对于容易回答的问题尽可能留给学困生，当回答正确时及时给予鼓励和表扬；如果回答错误，教师也不要指责，而是要适当将问题细化，帮助其分析，鼓励他找出答案。

在进行提问时，教师还应注意做到因人而异，如：对性格内向、认真吃苦的学生，想方设法教给他们活学活用、融会贯通的方法，使他们变苦学为巧学；对性情活泼、兴趣广泛的学生，在教学形式上组织学生开展课堂抢答、分组比赛、学生讲课等多种形式的活动，使学生在学习中有光荣感、成就感、使他们获得学习的乐趣。在教学中，教师要尽可能做到教给学生深化知识、夯实基础的方法，使其变浅学为深学。对学习勤奋、成绩优异的学生，则教给他们博学多思、扩大知识面的方法，使其变学满为学而知不足；对于基础薄弱、自卑感强的学生，教师要尤其注意引导他们自己去做力所能及的事情，教给他们制定目标、改进策略的方法，使他们能变厌学为愿学。为可避免学困生进行过多的盲目的思考，同时消除学困生由于多次无效的思维所造成的倦怠情绪，在课堂教学中，应注重启发，细心引导，抓住新旧知识的相关点由浅入深，由表及里进行讲解，让学困生能充分利用已有的知识去思考，去判断推理。这样在深入浅出的分析中，学生不仅达到解疑的目的，而且还能把已有的知识形成网络，融会贯通。通过一定量的训练，能够培养学生运用类比、归纳、总结等基本的学习方法，并培养学生把所学的知识分门别类，连成一个整体，用知识的内在联系去进行分析判断，这样，既提高学生独立地解决问题的能力，并让学生掌握探索思考的方法，获得主动发展和全面发展。（《外国优秀教师是如何教学的》周成平，南京大学出版社，2009.7）

（二）在教学过程中，实施分层教学策略

在教学过程中，针对不同层次的学生即不同个性特征、心理倾向以及不同的知识基础与学习能力，设计不同层次的教学目标，运用不同方法进行教学和辅导，从而使全体学生都能在原有的基础上学有所得，在知识和能力方面都得到充分发展，先后达到教学大纲的要求。

1. 合理的对学生进行分层

孟子曰："权，然后知轻重；度，然后知长短。"为了充分的了解学生差异，对学生进行分层，可以采用三种方式：

第一是通过问卷研究了解学生，主要是弄清楚每个学生的知识基础、学习态度、学习习惯、气质类型、性格特征、兴趣爱好、智力发展特征等。

第二是通过访谈法，采用教师与学生谈话，了解学生的能力水平。

第三是通过大量的练习测试定量的研究学生的学业水平。

通过分析综合考虑确定学生的层次，将学生分成由高到低的 A、B、C 三个层次。这样的分层是师生磋商的、动态的，并不是固定的、一成不变的，要防止对学生"贴

高中物理教师专业能力必修

Gao Zhong Wu Li Jiao Shi Zhuan Ye Neng Li Bi Xiu

标签"、"定成分"。为便于着重指导、帮助、及时反馈，按 AC、CB、BA 搭配方式编座，这样安排给教师分层次教学带来便利，同时也便于组织，优良生辅导学困生，教师能巡回了解学困生的学生情况及优良生的表现。根据一个阶段（单元学习结束、每周、每月）学习任务的完成情况，学习效果的提高程度及时实行组间调整：进步了的由原来等级组依次调到上一等级组（A—B—C），退步了的也由原等级组依次调到下等级组（C—B—A）。分层有时是显性的，有时应是隐性的或二者结合的。例如对一些敏感的、自尊心特别强的学生，可将其拔高一个层次（或几个层次）分层（即显性分层），而在教师心中对其应完成的教学目标设计却可低一层次（即隐性分层）。有必要时又可将 A、B、C 三个组以单双行分为两个队来进行学习、练习、复习、评价，增强学习过程中的对抗性、竞争性、趣味性。

2. 教学目标分层

根据教材、新课程的一般要求和各层学生的实际学习能力水平，设计、制定出分层次的教学目标，使目标的难易度与学生的实际水平相适应，既可以实现又不是轻松实现。教学目标的分层包括课时目标分层、阶段目标分层、长期目标分层。这些分层，对教学活动中的各层次学生起到定位、导向、激励作用。例如课时目标分层，先是对知识点的难易程度分层，然后对本节课应培养的能力分层：对哪一组（或几组）培养机械记忆能力，对哪一组（或几组）培养观察分析、思考综合能力；阶段目标分层则是这几组这一阶段力求掌握哪些知识点，那几组又应结成怎样的单元知识结构。长期目标分层则是对哪几组培养良好的记忆储存习惯，提高注意的稳定性、持久性；哪几组提高归纳、概括、分析、综合的能力；哪几组培养理论联系实际的思路、能力等。教师根据这样的分层来分层设计课堂、单元、阶段学习中的提问、作业、练习、测试。这样，对一些由于精神涣散、意向不定的学生可以有效地排除干扰，使其提高自我控制、自我调节的能力，学会将精力集中到固定的可以达到的方向（目标）上，学会独立安排，调整自己的学习活动，增强意志力，形成持久内驱力。

3. 课堂教学过程分层

备课要从教学目标、教学内容、教学步骤、教学方法、教学媒体、巩固训练到作业布置，都坚持各层次学生的实际相适应。如果说前两个分层是备课环节中的备学生、备教材活动，那么这个分层施教则是教与学在上课环节的结合活动，有一定的操作难度。课堂教学中改变授课方式，保证在同一节课内既有面向全体的"合"环节，又有兼顾各方的"分"环节，通过同课异构提高教学的有效性。在这个分层中，要首先处理好小组的分与全班的合。教师要借鉴复式教学的模式，在一定阶段，将学生由传统的"单车道"运行，按分层分成"两车道"或"三车道"运行。即一部分学生接受教师的直接教学——动；另一部分学生接受教师提供的自学提纲或口述的学习要求，进行自读、自思、自问、自答、自练、自查——静；还可以安排一部分学生对某一个问题进行小组"合作学习"，开展互学、互练、互帮、互议、互查、互评活动——静。

教师要在教材难易度和学生差异的结合点上，围绕一条教学主线，协调好"动"、"静"的对象和"动"、"静"的时间，让每个学生都做到"动"在关键处，"静"在必要时，且相互促进，互不干扰。

其次，要处理好讲与练的关系。一些共同的内容实行全班同时听讲、阅读、思考、练习。在时间的安排上有时 30 分钟全班授课，15 分钟分组指导；有时 A、B 组只听课 15 分钟，30 分钟自学、提问、练习，而 C 组听 30 分钟课，练 15 分钟。再次，教师使用板书、幻灯片将全班共学内容、各组异学内容分别展示，分别指导学生针对不同层次内容完成自学并鼓励其提高学习效率，完成超层次目标内容的学习，尤其要注重对各层次学生的学习方法和策略指导，使学生分别获得适合其个人需要的学习方法。另外，还按分层后的教学目标在课堂教学及延伸段开展适合各层学生差异的教学活动，利用分层设问、分层练习、分层指导、分层作业努力做到整个课堂的分合有致，动静结合，全员参与，各得其所。

再次，作业分课内、课外两类，课内作业面向全班统一标准，课外作业分层设计。最后，考查即抓关键、重补缺的过关考查，每份卷都分基本题、提高题和深化题三类，分类考查后，根据物理考查的不同结果，采用不同的矫正措施。

（三）分层教学一定要把握以下原则

1. 主体性原则

学生的学习是在教师指导下的认识过程，这个过程的主体是学生。教学过程是建立在学生的全部心理活动基础上的。教学中，从各类学生的实际出发，承认差异，保护学生的学习热情，不断培养学生的学习兴趣和愿望，启发他们自觉地学习，积极地思考，引导他们发现问题和提出问题，指导他们掌握正确的学习方法，增强他们学习的内驱力。

2. 保底性原则

这是保证教学质量能获得大面积丰收的根本。R. M. 托马斯的"掌握学习原则"认为每个学生都应有均等的机会去达到学习目标，尽管每位学生达标的速度不同，但只要提供适当的条件，世界上任何能够学会的东西，几乎所有人都能掌握、学会。所谓保底，即最终必须保证学习后进的学生达到大纲、教材的基本要求，促使中等生向优等生靠近，允许成绩好的学生超大纲学习。

3. 动态性原则

分层中要注意防止给学生"贴标签"所造成的消极影响，切忌以静止观点看学生，既要看到差异，也要看到每个学生都有发展的潜能，有效调动学生的学习积极性和主动性，以动态的观点实施分层教学。这主要体现在教学过程的各个环节，特别是在实施分层教学后，根据每个学生的实际发展情况，应及时根据信息反馈进行动态的调整和动态的评论，使进步者得到鼓励，退步者得到警示。

4. 层次性与整体性原则

学生的个性差异和发展的不平衡即要求对不同层次的学生提出不同的目标和要求，又要挖掘统一学生个体不同层面的潜质：既要面向学生全体，尊重学生的学习体验，关注全体学生的发展，又要坚持对每名学生全方位培养，切忌顾此失彼。

5. 民主性与平等性原则

营造民主、自由的教学氛围，教师与学生相互尊重，团结协作，不包办、不强制不同情况的学生同向发展；同时坚信每名学生都有发展的潜能，认真研究每个学生的发展长项，努力为每个学生提供均等的学习机会和发展空间，做到"有教无类"。

七、创建课堂文化

文化是主体内的思想的一种外在显示。课堂文化主要是指在课堂这一特定的组织当中教师和学生所共享的价值观、思维方式、信念以及行为模式等的总和。（杨宏丽. 课堂文化——师生交往研究的一个新视阈［D］，东北师范大学，2005.7）它是在长期的课堂教学活动中形成的，并为师生所自觉遵循和奉行的共同的课堂精神、教学理念和教学行为。课堂文化是课堂教学的"土壤"，是课堂教学存在、运行和发展的"元气"。

创建课堂文化的要素：教学文化——和谐的师生关系；班级文化——互帮互助、竞争合作的生生关系。

（一）创建和谐的师生关系

冰心老人曾经说过："美的真谛应该是和谐。这种和谐体现在人身上，就造就了人的美；表现在物上，就造就了物的美；融汇在环境中，就造就了环境的美。"师生关系的和谐会营造出美的课堂文化。

长久以来，在教学中人们过分地强调教师的绝对权威，把教师比喻成"人类灵魂的工程师"。"工程师"们按照自己的既定方案塑造学生，使学生成为被批量生产的规格相同的产品。这样做忽略了学生的灵性，他们的灵魂所需要的不是"塑造"，而是被"唤醒"、"激发"和"升华"。教师和学生的关系是平等的，教师不仅是传授者、指导者，还是陪同学生成长的伙伴和朋友。

创建和谐的师生关系，需要注意哪些问题呢？

1. 平等公正是和谐的基础

据有关教师人格特征的调查，在学生眼里，"公正客观"被视为理想教师最重要的品质之一。他们最希望教师对所有学生一视同仁，不厚此薄彼；他们最不满意教师凭个人喜好偏爱、偏袒某些学生或冷落、歧视某些学生。过去的课堂教学中，教师是"主角"，学习好的学生是主要的"配角"，大多数学生只是不起眼的"群众演员"。教师将关注点都集中在那些成绩优异的学生，对成绩很差的学生则冷淡得多。这样做舍弃了部分学生的全面发展，伤害了部分学生的人格和自尊，不利于与学生建立良好的师生关系。平等公正地对待每一位学生，这是创建和谐师生关系的基础。

2. 尊重学生是和谐的纽带

（1）尊重学生的个体差异

高中生由于遗传基因、社会环境、生活经历的不同，在兴趣、爱好、动机、气质、性格、智能等各不相同，因此不可能站在同一起跑线上，以相同的步调，沿唯一的路径，达到相同的终点。教师应该认识到学生间的差异是客观存在的。差异是教育的基础，也是学生发展的前提。对于学习基础薄弱的学生，教师要从情感上接纳他们，使他们受到同样的尊重，这样才会使学生都能够在学校生活期间有所收获，有所进步，有所提高。

（2）承认学生的客观存在

尊重学生，教师要认识到每个学生都是独立于教师头脑之外，是不依赖教师意志为转移的客观存在。在教学过程中教师不可能代替学生读书，不可能代替学生感知，不可能代替学生观察，不可能代替学生思考，不可能代替学生用任何一个物理规律去解决任何一个问题。教师要学会适应学生，有意识地和学生接触，努力观察学生身上闪光的东西和智力潜能，了解学生的心理状态和内心需求，针对学生的学习基础，认知心理，设计适合的教学方案和教学手段。

（3）相信学生的巨大潜能

尊重学生，教师要相信学生蕴含着巨大的发展潜能，不能用"三岁看大，七岁看老"的传统观念看待学生。坚信每一位学生都可以健康成长，都具有很好的培养前途，都可以成为对社会有益的人，每位学生都有追求进步和实现自我价值的权利。因此教师要对教育好每一位学生充满信心。

3. 强调对话是和谐的保障

德国著名哲学家布贝尔认为：人与人之间健康、正常的关系应当是一种主体间的"我—你"关系，应当是一种"对话"关系。对话是师生基于相互尊重、信任和平等的立场，通过言谈和倾听而进行的双方沟通、共同学习的过程。对话的意义表现在：第一，促使知识增值。"知识在对话中成长，在交流中重组，在共享中倍增。"师生通过对话分享彼此的思考、经验和知识，丰富学习内容，求得新的发现。第二，活跃师生思维。有些观点是想出来的，有些观点则是"讲"出来的。英国文豪萧伯纳曾说过："一个苹果跟一个苹果交换，得到的是一个；一个思想跟一个思想交换，得到的是两个，甚至更多。"对学生而言，对话意味着心态的开放，个性的彰显，创造性的解放；对教师而言，对话意味着上课不只是传授知识，而是一起分享理解。上课不是无谓的牺牲和时光的耗费，而是生命活动、专业成长和自我实现的过程。

在师生对话中要注意以下几点：

（1）对话不是简单的问答。真正的对话指的是蕴涵教育性的相互倾听和言说，它不仅表现为提问与回答，还表现为交流与探讨，独白与倾听，欣赏与评价。

（2）对话并非越多越好。对话的使用必须服从服务于教学目标，不能为了对话而对话。

（3）对话的目的并不是要达成一致。对话的目的不是为了消除差异，排除异己，而是为了更好地理解和珍视差异。

（二）建立竞争合作的生生互动关系

教师要在引导学生主动独立学习的基础上，提倡学生加强彼此间的合作与竞争。通过合作，使学生做到相互取长补短，在班级内逐渐形成兴趣浓厚、友爱互助的学习氛围，提高团队的学习能力，从而达到共同进步与提高；通过竞争充分调动学生的学习积极性，使他们发挥聪明才智，提高学习效率，有助于学生关系更加融洽、和谐。

建立竞争合作的生生互动关系的途径是创设合作小组。

1. 组内互帮，提升学生的协作意识。

以互相帮助为目的，让不同层次、不同兴趣的学生在一个小组内，不仅可以取长补短、相互促进，而且小组及其成员的积极情感、组员间的相互关系对学生学习动机的调动，具有绝对的优势。

2. 组间竞赛，激发学生的求知热情。

教学中，把学生分成平均水平相当的学习小组，在小组间开展"生生竞赛"式的学习时，组内成员兴趣各异、各有所长，积极展示自己，为本小组争光。在这种"成就需要"诱发的学习动机的驱使下，竞赛式的学习会使组内成员之间的合作变得异常默契，并主动地亲近别人，从而有助于学生人际交往能力、协调能力的培养，这也正是新课程所要达成的作为"人"的发展所需要的"情感目标"。

学生在以"生生竞赛"为方式的合作情境下萌生的成就动机，包含着对成功的高期望、在互利基础上的巨大的成就动力、强烈的好奇心和持续的兴趣，以及对成就的投入和高度的耐心。这种学习，能让学生感知到成功的可能性和成功的效益在不断靠近，从而大大激发了学生的学习热情。

3. 组间互助，互相启迪，取长补短。

小组讨论只是在小组范围内通过相互交流，解决一部分个性问题，最后解决不了的问题移到更大的群体中去解决，即小组间的交流与讨论。在教学安排上，小组间的交流与讨论可分几部分进行：（1）各小组对小组内提出的问题和解决的问题及成果的展示；（2）公布疑惑的问题；（3）对各小组讨论成果的质疑；（4）讨论各组解决不了的问题。

在小组间展示和讨论时，教师要转变观念，不要害怕学生讨论过多占用时间而影响教学进度。当学生找不到解决问题的途径和思路、对问题无法解决或对某一个问题争论不下时，教师一定要起到引导作用，使学生间的讨论能继续下去。

和谐的师生关系，互帮互助、竞争合作的学生关系是课堂文化创建的两个基本要素，教师带领学生一起携手创建课堂文化，使其真正成为课堂教学的活力之"根"和动力之"源"。

专题三 教学评价技能

一、教学评价概述

1. 教学评价的定义

教学评价是以教学目标为依据，根据一定的客观标准，通过各种测量和相关资料的收集，对教学活动及其效果进行客观衡量和科学判定的系统过程。

教学评价是教学活动的重要环节，其目的是为被评价者的自我完善和有关部门的科学决策提供依据。教学评价从本质上讲是一种对教学活动及其效果的价值判断，要很好地完成这一判断，得出科学结论，评价者必须在一定的客观标准下，认真地进行各种测量，系统地收集教学活动各方面的资料或证据。所谓测量是指评价者对评价对象进行的某种数量化的确定。测量的最基本特征是将事物进行区分，它只以数学方法对事物进行描述而不管其价值如何。而评价则要以这种描述为基础确定事物的价值，即根据测量结果对事物作出价值判断。教学评价既包括对教师课堂教学的评价，也包括对学生学业的学习水平的评价。

2. 教学评价的演变

传统的教学评价更加注重学生学科知识的掌握程度，由于受应试教育的影响，中学物理教学形成了一种以考试为基础的评价机制。这种评价体系体现在评价的形式上是近乎单一的分数评价；在评价的内容上主要是注重认知领域的评价；在评价的对象上是注重对学生的评价。这种评价体系过于强调甄别与选拔，忽视对学生发展的促进；过于关注学业成绩，忽视对发展性目标、情感目标及学习过程的考查。

新的课程标准着眼于促进学生的全面发展，改变了以考试分数为唯一标准的评价体系，强调评价指标的多元化、评价方法的多样化。所谓多元化即在知识与技能、过程与方法、情感态度与价值观三个维度上对学生进行评价；所谓多样化，就是除必要的考试、测验外还应加入教师评价、家长评价、记录学习过程的成长记录袋等内容。从实施主体、评价手段等方面引入新的理念。

3. 教学评价的作用

教学评价在学习和教学过程中发挥着许多重要的作用。教学评价的一般作用可以概括为以下几个方面：

（1）用于判断教学过程是否有效。教学评价的结果为教师检验与改进教学提供依据，如果评价的结论是学生的学习结果与预期的教学目标相符，表明教师的教学过程是有效的，教师所运用的教学方法是成功的；如果评价后学生的学习结果与预期的教学目标不相符，那么说明教师的教学效果不佳，应重新考虑教学目标的适当性以及教学方法的有效性，考虑如何进一步改进教学。通过提供教学活动的反馈信息，激励教师的教学积极性，对教学工作不断进行反思与调整，对教学活动进行有效调节，推动教学活动不断增值。

（2）教学评价的结果为学生在学习上的进步情况提供反馈。通过教学评价，学生可以有机会了解自己学会了什么，学习的程度如何，是进步了还是退步了，是比别人学得好，还是比别人学得差。教学评价作为对学生学习结果的反馈，可以进一步增强学生的学习动机。

（3）教学评价的结果为学生家长了解子女在校学习情况提供参考。教学评价之后，通过学校、教师与家长的交流与沟通，使家长及时了解子女的学习情况，与学校和教师一起合作解决学生学习困难的有关问题。

（4）为学校的教学管理提供依据。引导教学方向，调控教学进程。通过对教学效果的验证、教学问题的诊断为教学管理者提供多种信息的反馈，为教学方向、目标的调整，教学速度、节奏的改变，教学方法、策略的更换，以及教学内容、教学环境的调整等提供科学的决策依据。合理地调节、控制教学过程，使之向着预定的教学目标前进。学校工作以教学为核心，它所产生的教育作用最全面、最深刻、最系统。学校的教育质量在很大程度上取决于教学质量，教学评价的每一步都是为最大限度地实现教学目标，保证朝正确的方向前进，最终实现教育目的，因此，教学评价是提高学校整体教育质量的重要保证。

二、教师课堂教学评价

评价一名教师的教学效果如何，一个重要的方面是学生的学习效果，即教学的有效性。但也不能否认，仅仅从学生的学习效果一个方面难于全面反映教师的教学水平的全部，二者之间并不是完全一一对应的关系。学习效果还跟学生的能力、水平以及认识程度等因素密切相关。因此，对教师课堂教学行为的全面评价，也是教学评价的一项重要内容。

1. 中学物理课堂教学评价的意义及指导思想

通过课堂教学评价，可以达成以下功能：

第一，通过课堂教学评价能从课堂教学的各个具体教学环节分析该节课课堂教学的质量，研究课堂教学结构的优劣，总结成败与得失，促进课堂教学的科学化与规范化。

第二，通过课堂教学评价能及时向教师进行反馈。为教师分析、改进、提高教学质量提供及时的调控反馈信息，促进教师钻研业务、改革教法、更好地遵循教学规律、教学原则去组织教学，以适应素质教育的需要。通过评价，促使教师根据反馈信息，深入地学习教学理论，更新教学观念，钻研业务，进一步调控自己的教学实践，提高施教能力。

第三，通过课堂教学评价能实现教学管理功能。学校的工作核心在教学，评价的结果，能为进一步完善教学过程，促进教学改革提供依据，指明方向。亦为加强教学管理，形成良好的教学指挥系统创造条件，并为考查教师素质提供第一手资料。帮助教师提高业务水平，促进教学质量的不断提高。

通过上述功能的发挥，可以体现课堂教学评价的重要意义。任何评价都需要一个参照标准，即一把测量的尺子，作为中学物理课堂教学，首先要明确评价的指导思想和价值取向。新课程标准和素质教育的要求应使我们的指导思想必须从强化应试转向提高素质；从关注知识的单方向传授转向关注学生的自主建构及多向交流；从关注学习的结果转向关注学生参与学习的过程；从单一的知识传授转向实现"知识与技能、过程与方法、情感态度与价值观"的三维教学目标；从对陈述性知识的重视转向对陈述性知识与程序性知识同等重视。

2. 中学物理课堂教学评价的内容

教学目标

教学目标是教学的出发点和归宿。教案中应写出本节课具体的教学目标，并且让学生知道，它是中学物理教学目的的具体化，应根据实际教学效果，分析是否达到了"三维目标"，要求是否恰当。

（1）知识与技能的内容应体现新课标的精神，符合学生的年龄、心理特点，并确定落实。教材是教学内容的依托，但又可以不拘泥于教材，做到用教材教而不是教教材。重视能力培养，能根据物理学科的特点，落实知识的能力价值，培养学生的观察、实验能力，分析、概括和应用物理知识解决简单问题的能力。

（2）注重学生学习的过程与方法，突出学生的主体地位，让学生体验科学探究的过程，认识科学探究的意义；让学生了解物理学的研究方法，认识物理实验、物理模型和数学工具在物理学发展中的作用；培养和锻炼学生发现问题的能力，敢于独立思考、发现问题并提出自己的见解。

（3）能挖掘物理知识在情感态度与价值观方面的教育价值，既自然又恰当地对学生进行思想教育，培养学生的非智力因素，包括团队精神，勇于坚持真理的精神，关注社会、环境的发展等意识，达到德育、美育、心理品质培养的目标。

教学内容

教学目标是通过教学内容的科学处理来实现的。教师要善于把教材中的物理知识，通过自己的创造性劳动，转化为传输状态的信息，以利于学生接受，同时要有达成"三维目标"的具体内容。

（1）教学内容组织严密，教学环节紧凑，时间安排合理。系统性、逻辑性较强。重点突出，对教学难点突破方法恰当，教学密度适当。

（2）教学内容完整、准确，不出现科学性错误，有能力训练的具体措施并在教学中加以落实。

（3）物理实验准备充分，设计合理。现象明显，可见度大，效果良好，确实能对学生的物理概念和物理规律的学习起到积极的促进作用。

（4）例题和习题的选取具有典型性、针对性、新颖性、实践性，与基础知识密切配合，数量适宜，启迪学生的思维，锻炼学生的实践能力。

教学方法

教学是一门艺术，教师应科学地选择和运用合适的教学方法，努力提高教学质量。应采用启发式教学，充分尊重学生在课堂教学中的主体地位，通过组织学生自主探究，逐步揭露物理概念和规律的本质特征，鼓励学生参与到教学活动中来，敢于发表自己的见解。

（1）教师能根据物理学科的特点及学生的年龄、心理特征，因材施教，调动学生的学习主动性。学生能勤于思考，勇于实践、敢于发表自己的见解。教与学双边活动和谐，教学信息反馈及时。

（2）课堂结构的各个环节设计合理，层次清晰，有张有弛，循序渐进。又注意承前启后，富有整体性，符合认知规律，富于启发性，有节奏地诱导学生进入物理情境。

（3）能充分发挥物理实验的教学功能，注意理论联系实际，善于进行物理思维方法和研究方法的训练。

（4）善于利用电教等现代化教学手段进行直观教学，使学生形象思维活跃。

教学基本功

教师在一节课中应有较强的施教能力，在教学中应表现出真诚、热情、民主的作风，重视师生之间、学生之间的情感交流，促进课堂氛围的民主与和谐。

（1）尊重爱护学生，善于驾驭教学进程，处处诱导学生积极思考，激励并培养学生的创新精神，对意外情况应变能力强。

（2）教学语言生动准确，深入浅出，逻辑性强，无科学性错误；板书板画规范，条理清晰，概括性强，重点突出，字迹工整；教态亲切，仪表庄重自然，师生信息交流畅通。

（3）演示实验操作规范、准确、形象、直观。

（4）善于联系实际，充分挖掘教学内容中的育人功能，教书育人。

教学效果

教学效果是指在教学时间内完成教学目标的实际情况。应坚持在学生负担合理的原则下，提高效率，讲求实效，学生所学内容的吸收率较高。

（1）课堂气氛活跃，学生学习兴趣盎然，心理情境和物理情境明显，求知欲望高，始终保持旺盛的精力。

（2）学生能准确、迅速地运用所学知识完成课堂提问、书面练习或巩固性测验。

（3）学生对物理实验的观察细致、操作准确、实事求是，具有创造性。

（4）课后对书面作业、课外实验、达标测验等，认真完成，成功率高。

上述五个维度内的每一个项目都采用优、良、一般、差四个等级由评价者进行评分，最终按一定的权重给出量化的总分。

三、学生学习评价

教师教学是否有效，教师教学水平的高低，另一个重要的评价指标是学生的学业成绩有无进步。学生的学业成绩是指学生在教师的指导下，通过学习所获得的成果。通过测定和诊断，判断学生是否达到了既定的教学目标以及达到教学目标的程度。

1. 按照评价的目的、作用和时间的不同可将学习评价分为诊断性评价、形成性评价、终结性评价三种类型。

（1）诊断性评价

诊断性评价又称为准备性评价，是在教学活动开始之前进行的评价，是对教学活动的准备，主要针对教学背景及学生各方面的情况作出评价，评价的结果将作为教学内容、教学设计、教学方法选择的依据，也作为学习者制定学习目标和计划、选择学习方式和内容的依据。诊断性评价的实施时间一般在课程、学期、学年开始或教学过程中需要的时候。它涉及的内容主要有：教育所面临的问题；学生前一阶段学习中知识储备的数量和质量；学生的性格特征、学习风格、能力倾向及对本学科的态度；学生对学校学习生活的态度、身体状况及家庭教育情况等。教师对学生进行诊断性评价的手段主要有：以前的相关成绩记录、摸底测验、智力测验、态度和情感调查、观察、访谈等。教师对学生进行诊断性评价的目的是为了促进学生的学习，而不应是为了把学生贴上"差生"的标签。

（2）形成性评价

形成性评价又称过程评价，是在教学过程中进行的评价，是为了引导教学过程的正确方向，以进一步完善教学活动、提高教学的有效性为目的。形成性评价不是为了选拔少数优秀学生，而是为了发现每个学生的潜质，强化改进学生的学习，并为教师提供反馈。经常向教师和学生提供有关教学进程的信息，有助于使学生和教师利用这些信息，及时做出修正，对改进教学起到积极的促进作用。比如高考前的模拟考试，就具有一定的形成性评价作用，可以及时指出学生学习和教师教学中的不足，以便及时调整。

（3）终结性评价

终结性评价又称结果评价，是在某一相对完整的教学阶段结束后对整个教学目标实现的程度做出结论的评价，终结性评价的次数比较少，一般是一学期一次或一学年两三次，期中、期末考查或考试以及毕业会考等均属此类。终结性评价的范围较广，概括性水平较高，它可以发挥多种作用，如果教师在制定评价计划时已确定了一个或几个预期的目的，那么，终结性评价的结果利用就可能会更令人满意。在运用终结性评价时，要注意通过评价得出的结果不是一个单一的分数或一个单一的描述性术语，更不能仅凭一次或几次具有偶然性的终结评价，就对学生的成绩下结论。而应把在一定时期的、前后进行的几种评价手段所得到的结果加以比较，并考虑到学生的进步。

形成性评价与终结性评价存在重要的区别，如：形成性评价在每个教学单元后都要进行，而终结性评价往往在整个教学结束或其中重要部分结束时进行全面评价；形成性评价主要为学生发现错误、找出学习的不足提供依据，从而促使其采取补救措施，而终结性评价的主要目的是评定学生成绩，为学生具有某种能力或资格作证明；形成性评价的内容一般限制在一个教学单元的范围内，而终结性评价的内容会涵盖一个学期的教学内容或一个学科，对学生的概括水平要求较高。

2. 学生学习评价与学习结果的测量

要想对学生学习进行评价就离不开学习结果的测量，学习结果的测量是指依据一定的法则用数值来描述教育领域内的事务的属性，是事实判断的过程。而教育评价则是一个价值判断过程，二者之间存在一定差别。主要有：学习结果的测量是依据一定的客观标准进行的，排除测量误差的因素，则不同的人进行测量应达到相同的结果，有一定的客观性；学习评价是对学生活动的价值作出判断，受评价主体的价值观、评价标准的影响，使得不同人进行评价时，结果可能不同。学习结果的测量是在事实判断的基础上进行赋值的过程，较为注重量化；学习评价则既有定量的评价，又有定性的评价，既要考虑测量的结果，又要考虑学生学习的过程。学习结果的测量是进行评价的基础，是获取进行评价时所需信息的手段。

四、学习结果的测量

学习结果的测量是对学生的学习水平进行评价的基础，是教学活动中必不可少的过程。在教育心理学中，测量就是根据一定的心理学理论，使用一定的操作程序，针对学生的学习与行为确定出一种数量化的价值。教师常用的测量方法有测验、等级评定、观察、面谈等。

测验是在教学中应用的最多的一种测量方法，是运用一系列问题来鉴别能力、学业成就等个体特质的工具。测验具有客观性，其客观性要求其标准化，就是要求测验在编制、施测、评分、解释等方面必须遵循一套系统的程序，以减少误差。测验要具有一定的信度和效度。按照角度的不同，测验分为标准化测验和非标准化测验，常模参照测验和标准参照测验，成就测验、能力测验和人格测验，指定性测验和预测性测验，个别测验和团体测验，速度测验和难度测验，文字测验和非文字测验等等。

1. 标准参照测验和常模参照测验

根据测验的不同目的、理论假定和作用，可将测验分为目标参照测验和常模参照测验两种，两种测验对难度、区分度的要求有所不同，试卷的编写要求也不同。

（1）标准参照测验又称目标参照测验，是用来衡量学生是否达到预期教学目标的测验，常应用于诊断性评价和形成性评价。其理论基础是：学习成绩应以学习的数量和程度来表示，而且只有与预先规定的某种标准加以比较才具有确定的意义。它主要不是用于比较个人之间的差异，利用它可具体了解学生对某单元的知识、技能的学习和掌握情况。测验将个人分数与特定的标准相比较，评价学生是否合格，而不考虑学生在团体中的相对位置，故常用绝对评分方式记分。

标准参照测验的目的不在于学生之间差异的比较，而在于考查预期的教学目标是否为学生所掌握，因此其试题必须针对预定的教学目标。通过测验，如果显示学生达到了目标，则教学可以继续进行；如果学生未达到目标，则应进行补救教学。通过标准参照测验可以达到以下目的：

诊断学生的学习情况。通过教师自编诊断性测验试题，可以发现学生学习中的缺陷，诊断出学生缺乏哪一类知识，进行针对性的补救，学生所欠缺的知识类型不同，补救的措施也不同。

检测学生的进步。采用标准参照测验可以显示学生的进步，教师应将这些进步及时反馈给学生，这将极大地鼓励学生继续努力学习。由于标准参照测验不做横向比较，只要学生正常参与教学活动，无论基础成绩好坏，学生都能看到自己的进步，这可以避免横向比较给后进生带来的挫败感。

（2）常模参照测验是以学生群体测验的平均成绩作为参照标准，说明某一学生在群体中的相对位置，将学生分类排队。它着重于个人与个人之间的比较，主要用于选拔或编组、编班。高等院校的升学考试就是典型的常模参照测验，学校的期中、期末测验也具有常模参照测验的性质。其基本假定是在某一群体中，大多数人处于中等水平，少数人处于好和差两个极端水平，它们服从正态分布的统计规律。因此，试卷较为注重对区分度的要求，编制试卷时应以中等难度的试题为主，再安排一些较易和较难的题目，组织成整个试卷，以便对好的、中等的和差的学生加以区分。

常模参照测验是以学生团体测验平均成绩作为参照标准来解释和评价学生成绩的，我们常常使用的办法是，一个年级某一次测验，平均分为 60 分，若某学生实际得分为 50 分，则认为该生的成绩处于中下的水平，根据平均分被评价为成绩较差。在选拔性的考试中，这种评价方式有利于对学生进行区分，但在平时的学习评价中，这种方式存在一定的弱点，即仅仅根据学生的名次不能全面评价学生在学习过程中的进步情况；另外，此类测验的成绩与学生的智商水平有一定的关联，因此该类测验的成绩不完全反映教学质量，实际操作中应该综合考虑学生多次测验成绩，注意其变化的情况。

2. 有效测验的必要条件

我们通常会要求测验应该有效、可信，而且有一定的难度和必要的区分度。有效测验的常用指标有以下几种：效度、信度、难度和区分度。在目标参照测验和常模参照测验两种测验方式中，对各指标的要求不尽相同。

(1) 效度

效度是指一个测验或测量工具能够正确测量所需要的属性或特征的程度，它是科学测量工具最重要的必要条件。一个测量如果没有较高的效度，那么它无论具有其他任何优点，都无法发挥其真正的功能，因此选用某种测验或自行编制测验时，必须评价其效度。效度的验证需要系统考察测验项目的内容、拿学生测验分数与其他独立测量结果作比较，以及分析测验所测的心理特性的结构与性质等等。效度是对测量的准确程度的估计。效度验证工作大体可分为三类，对应着三种效度：内容效度、结构效度和效标关联效度。

内容效度

指的是测验内容对所要推论的评价范围内容的代表程度，即测验题目样本对于应测内容与行为领域的代表性程度。内容代表性高的测验要比代表性低的测验好。如果是教学情境下的成就测验，那么其内容效度就是看测验题目样本能否体现教学目标与教材要求的程度。例如，教师给学生做一份测验，如果该测验的题目涵盖了教学所要达到的各项教学目标及教材的重要内容，那么我们便说该测验具有较高的内容效度。教学中，内容效度标志着当依据分数来推论学生在评价范围上的状态或水平时，其推论的可靠程度。

结构效度

所谓结构是指心理学或社会学上的一种理论构想或特质。它本身观察不到，并且也无法直接测量到，但学术理论假设它是存在的，以便能够来解释和预测个人或团体的行为表现。以"焦虑"这个概念为例，如果个体的焦虑水平能被测验准确地捕捉到，那么也就证明了这个假想概念是有其现实基础的，是合理的，而且这个测验较为准确地测量到了这个结构。

结构效度证据的收集方式非常直接。根据我们对被测结构"运行机制"的理解，可以对学生在这个测验上的表现作一到两个正式的假设。收集经验性证据以检验假设是否得到了证实。这样，我们就可以根据测验结果对学生的水平进行有效地推测。

效标关联效度

也称为实证效度，是指一个测验对于特定情境中的个体行为进行预测时的有效性程度。我们要判断这种预测的有效性就必须找一个测验之外的客观标准，这种检验测验效度的外在的、客观的标准，即效度的标准，简称效标。效标常用一种公认比较可靠或权威的测验结果表示。这实际上就是用一种已知的且认为其"有效"的测验结果去检验另一个新测验的有效性。之所以不直接用效标测验去代替新测验，往往是因为新测验可能比效标测验更为简单、易于操作。例如，在高中教学中常用学生的实际高考成绩与模拟高考试题得分之间的相关来检验高考模拟试题的有效性。这里应用的就是效标效度的检测方法，高考就成了模拟考试的效标。由于它以实践的效果来作为检验测验是否有效的标准，所以也称为实证效度。

（2）信度

信度，简单地说就是测量结果的可信程度。是指所测量的属性或特征前后一致性的程度，多次测验的结果是否一致。如果一个学生在多次进行的某种测验中所得到的成绩近乎相同，就可以认为这种测验稳定可靠，具有较高的信度。信度是对测量的一致性的估计。信度是衡量一个测验量表质量高低的重要指标。信度不合要求的量表是不能使用的。影响信度的主要因素是试卷的长度和试卷的平均难度。信度的估计方法通常有重测信度、复本信度、同质性信度、评分者信度等几种。

重测信度

重测信度指的是同一量表（测验或评价表）对同一组被施测两次所得结果的一致性程度，其大小等于同一组学生在两次测验上所得分数的相关系数。重测信度有个基本假设，那就是假设某测验所要测量的潜在特质，短期内不会随着时间推移而改变。因此，重测信度的服务体系也在于估计测验结果（以测验分数表示）经过一段时间后是否仍然维持稳定、一致的特性，所以又称为稳定性系数。

复本信度

所谓复本信度是指两个平行的测验测量同一批学生所得结果的一致性程度。这两个测验在课题格式、题数、难度、指导语说明、施测要求等方面都相当，并且都用来测量相同潜在特质或属性，但试题又不相同的测验。复本信度的大小等于同一批学生在两个复本测验上所得分数的皮尔逊积差相关系数。

复本测验有两种方式：一是在同一时间连续施测，这种方法可以反映出测验内容造成的误差的多少，也就是说可以反映出两个测验是不是真正的平行测验，这种复本信度称作等值性系数。二是间隔一段时间后施测，这不仅反映出测验内容的抽样误差，而且也反映了学生本身状况的改变，这种同时兼顾试题抽样与时间影响的信度，称作等值稳定性系数。

同质性信度

同质性信度也叫内部一致性信度，它是指测验内部所有题目间的一致性程度，包括两层意思：一是所有题目测的是同一种心理特质；二是指所有题目得分之间都具有较高的正相关。同质性信度就是指一个测验所测或特质的相同程度。

同质性信度的假设：当一个测验具有较高的同质性信度时，说明测验主要测量的是某个单一心理特质，由于众多的题目测试同一特质，实测结果就应该是该特质水平的反映。例如，用一道选择题测量学生某一能力，偶然影响太大，不能反映学生的真正水平，如果用更多的题来测学生的这一能力，这些题如果是测量同一能力的话，随着题量增多，必然会更加客观地反映学生的真实能力。

同质性信度估计的方法主要有：分半信度、库德—理查逊信度、克龙巴赫 α 系数、荷伊特信度等。

评分者信度

评分者信度指的是多个评分者给同一批人的答卷进行评分的一致性程度。在教育测量中，客观题的评分很少出现误差，但主观题的评分常存在误差，有时误差甚至较大，提高评分者信度就成了教育测量的重要任务。

当评分者人数为2时，评分者信度等于两个评分者给同一批学生的答卷所给分数的差相关系数或等级相关系数。

（3）难度

教育测量中题目或项目的难度，就是指学生完成题目或项目任务时所遇到的困难程度。它可分为绝对难度和相对难度两种，绝对难度又称认知难度，是指项目本身固有的难度；相对难度又称统计难度，是学生实测后，经计算得到的难度指标。定量刻画学生作答一个题目所遇到的困难程度的量数，就叫题目的难度系数，也常称为难度值，用符号 P 表示。

①难度计算

绝对难度

绝对难度指试题或试卷测试考生知识、技能等要求的深浅程度，是试题本身固有的属性，与考生无关。影响绝对难度的主要因素有试题或试卷的知识量、推理量、运算量以及信息加工的复杂程度等，也跟试题的排序、试卷的长度等因素有关。

相对难度

相对难度在数值上用考生群体在试题或试卷上的通过率或得分率来表示。相对难度不是试题本身的属性，会随考生的变化而变化，只能在考试后由考生实际作答情况统计后获得。由于计算机技术的普及，根据全体学生每题的得分精确计算项目的难度，已十分方便。通常难度的计算按照二分法计分和非二分法计分有不同的做法：

二分法计分项目难度，以1或0这样进行二值记分的题目，如选择、判断这样的题目，只有答对与答错之分。其难度系数在本质上是正确作答人数的比例，也叫通过率。

$$P = \frac{R}{N}$$

P 代表项目难度，R 为答对通过该题目的人数，N 为参加考试人数。在这样的题目中可能存在猜测的可能性，这就需要对难度系数进行一定的矫正。

非二分法计分项目难度，在有些题目的计分上不会出现非错即对的现象，比如像计算、论述题这类的题目，分数可能从0分至满分，用得分率可以作为难度系数的指标。其计算公式为：

$$P = \frac{\overline{X}}{X_{max}}$$

$\overline{X}$ 为全体考生在某一题目上的平均得分，X_{max} 为该题目的满分。

②题目的难度分布要求

常模参照测验是要尽可能地区分学生的个别差异，测验结果就尽可能拉开距离。测验题目的恰当难度，就应该使 P 值尽量接近 0.50。如果题目的通过率为 1.00 或

0.00，所有学生全部通过或全部不能通过，就无法区分不同水平的学生。经验与研究均表明，倘若整个测验所有题目的难度系数分布在 0.30 至 0.70 之间，并且整个测验的难度系数在 0.50 左右时，测验对学生有较大的鉴别力，测验分数也接近正态分布。

标准参照测验的目的是检验学生是否已达到教学目标规定的掌握程度，学生在试题上的表现应该是百分之百答对，通过率达到 1.00。这时，如果教师的教学是有效的，多数试题的难度系数 P 值都会很大，难度系数反映的是教学质量的好坏，教学质量和学习效果是影响标准参照测验难度系数的最直接因素。在标准参照测验中，并不强调考试与评价的区分和选拔功能，教师命题依据教材内容和实际教学情况进行即可。

（4）区分度

区分度是指测验题目对不同水平的学生的区分程度。题目的区分度就是题目区别学生水平能力的量度，常记为 D。区分度高的题目能有效地区分水平不同的学生，区分度低的题目则不能有效地区分水平不同的学生。测量专家把试题的区分度称为测验是否具有效度的指示器，并作为评价项目质量、筛选项目的主要指标与依据。

测验多少都有区分学生的目的，构成测验的每一个题目就应该为这种目标作贡献，区分度就是刻画试题的这种功能的质量指标。如果在所测特质上，高水平学生在测验题目上能得高分，而低水平学生只能得低分，测验题目区分学生的能力就强；如果高、低水平学生在测验题目上所得分数没有差异，题目就不能提供关于学生水平差异的信息，则区分能力就很弱。

选拔性考试更重视试题的区分度，以便筛选学生，达标考试就不讲究试题的区分度。但无论如何，编制良好的测验区分度应当尽可能提高。判断项目区分度高低的经验性标准很多。以相关系数来表示区分度时，相关系数绝对值的大小代表了该项目的区分能力。

评价项目的有效性时，必须考虑更多的因素。区分度不能作为筛选试题的绝对标准，还要考虑测验目的、功能以及学生的总体水平等。

难度和区分度之间存在一定的关系，从理论上说，中等难度（$P = 0.50$）的项目具有较好的区分度；难度接近 1.00 或 0.00 时，区分度会趋向为小，即过易或过难的项目区分度一般都不高。

五、测验结果的使用

1. 绝对评分

绝对评分即学生的原始分数。现阶段较多使用的是绝对评分，得分高低取决于学生对测验内容的掌握程度，全部答对的满分，对测验内容毫无所知得零分。我国目前多采用百分制，即全对得 100 分，以 60 分为及格。绝对评分应用于选拔性考试有其较为直观的好处。但在平时对学生的综合评价中存在很大不足，不能反映考生在群体中的相对位置，因此仅仅凭借学生的原始分数无法进行不同学科之间以及同学科不同考试之间的比较。比如在某一次考试中，某学生的物理成绩为 78 分，数学成绩 85 分，那么能否肯定该生数学比物理考得好？事实上并不能作此结论，也可能全班物理平均分只有 70 分而数学平均分为 90 分。再比如，他在期中考试时物理得 78 分，而在期末考试时得 85 分，能否比较哪次考试的成绩更好？同样道理，也不能得到这样的结论。因此，能客观反映学生水平的更应该是他在本学科考试中的排名情况，而不是原始分数。

2. 相对评分

相对评分包括标准分数和等级分数两种方法。

（1）标准分数

①标准分数 Z 分的计算

基本假定是学生总体的考试成绩呈正态分布，计算方法如下。

首先算出考生群体的平均分：平均分能够准确地反映数据的集中程度，也是我们选取的参考点，大家共同以平均分为参考点进行比较。计算公式：

设样本总数为 N，样本个体得分为 X，则 $\overline{X} = \sum X / N$。

然后计算标准差：标准差能反映数据相对平均分的离散程度，是一组被测试的全体得分与平均值差的一个平均数。计算公式：

$$标准差\ S = \sqrt{\frac{\sum (X - \overline{X})^2}{N}}$$

Z 分：Z 分是以标准差为单位来度量考分与参考点平均分之间的离差，即考分距平均分的差距。

计算公式：标准分 $Z = \dfrac{X - \overline{X}}{S}$

如果把平均分作为坐标原点，S 作为单位长度，那么 Z 分可以很形象地表示出某同学在这个团体中的位置，也就是考分距平均分的位置，因此，Z 分适合用于对学生群体进行排队比较。

对于一个群体的原始分数转换成标准分数后，由标准分构成的次数分布曲线就是以平均数为零、标准差为 1 的标准正态分布。在标准正态分布中，标准分与所对应的分布次数（百分数）是一一对应着的，通过标准正态分布表即可查到标准分其相应的百分数。如某次考试中，某学生的标准分分别为 1.0，那么相应所占的百分位数就分别为 84.13%，就是说有 84.13% 的考生不如他。

②标准分数 T 分的计算

由于标准分数带有小数、负值，计算、使用起来很不便利，也不合乎人们表示分数的习惯，为克服这些不足，将标准分通过线性转换成另一种度量形式来表示分数。

一般形式为 $T = KZ + C$

在百分制中，选用 $K = 10$，$C = 50$ 来转化标准分，即 $T = 10Z + 50$。50 分为一般成绩，大于 50 分越多，则成绩越好，小于 50 分越多，则成绩越差。

由于是线性转换，故 T 分数仍是标准分数，只不过把平均分提到 50，标准差扩大到 10 的正态分布。如某次考试平均分为 50，标准差为 10，全体考生成绩呈正态分布。某生总分 60，首先求出该生的标准分：

$$Z = \frac{T-50}{10} = \frac{60-50}{10} = 1$$

然后从正态分布表中查出标准分为 1 所对应的百分位数为 84.13%，即全体考生中有 84.13% 的人成绩低于他。

当原始分数不呈正态分布时，通过线性转换而成的标准分也将不呈正态分布，但这并不影响标准分在总体中的位置，只是标准分与所对应的分布次数不具有确定的规律，因此不宜通过标准正态分布表查相应的百分位数。

③标准分数的意义

单个标准分能够反映考生成绩在全体考生成绩中的位置，而单个原始分则不能。例如，某考生某科的原始成绩为 85 分，无法说明其这科成绩究竟如何，因为这与试题的难度有关，与总体考生的分数有关。如果某考生某科的标准分为 65，即 Z 分数为 1.5，则通过查正态分布表，查得对应的百分比为 0.933 2，于是我们知道，该考生的成绩超过了 93.32% 的考生的成绩，这就是分数解释的标准化。

不同学科的原始分不可比，而不同学科的标准分是可比的。不同的学科，由于试题的难易程度不同，各学科的分数价值也就不同。例如某考生的语文原始成绩为 80 分，数学原始成绩为 70 分，从原始分看，其语文成绩优于数学成绩。但如果这次考试全体考生的语文原始分平均为 86 分，而数学原始分平均为 60 分，则该考生的语文成绩处于全体考生的平均水平之下，而数学成绩处于全体考生的平均水平之上，即该生的数学成绩实质上优于语文成绩。从标准分的角度来衡量，其语文标准分小于 50 分，而数学标准分大于 50 分。由于标准分代表了原始分在整体原始分中的位置，因此是可比的。

对于同学科的不同考试，其原始分也是不可比的，但只要是同一群体，将两次考试成绩折算成标准分数后，也是可以比较的。

六、修炼建议

如何命制一套合格试卷

作为一名合格的高中物理教师，能够自主命制一套高水平的测验试题，是一项必不可少的基本功。命题过程中既要考虑测验的目的，又要考虑试卷的基本要求如难度和区分度等要求，还要考虑不同题型的特点以及试卷的文字格式等等内容，具有较高的要求。下面以高一年级第一学期期末试卷命制为例，说明命题的过程。

1. 明确测验目的和要求：本测验为期末考试，是针对学生一个学期所学物理知识、能力的理解、掌握程度的测验。测试对象是高中一年级的学生，目的是测试学生对本学期所学内容的掌握程度。考试内容为物理必修 1 的全部内容，要求试题内容符合高一现行新教材和新要求，不超纲、不超课标要求。试卷总分为100分，考试时间90分钟。

2. 根据已经学习的内容范围并与高考大纲及考试说明所要求的知识点相衔接，结合高考大纲的要求程度制定出如下双向细目表：

双向细目表一：知识能力双向细目表

主题	内容	等级	理解	推理	分析综合	数学运用	实验	合计
抛物体运动与圆周运动42	运动的合成与分解	II	3					3
	抛物体运动	II		14			4	18
	匀速圆周运动			3				3
	匀速圆周运动、角速度、线速度、向心加速度	I			4		4	8
	匀速圆周运动的向心力	II			10			10
万有引力定律16	万有引力定律及其应用	II		9	4			13
	环绕速度	II	3					3
机械能42	功和功率	II	3				13	16
	动能和动能定理	II	3		9			12
	重力势能	II		3				3
	机械能守恒定律及其应用	II	3		4		4	11
合计			15	29	44	0	12	100

双向细目表二

大题号	小题号	知识点	考试要求 识记	考试要求 理解	考试要求 应用	考试要求 综合	预估难度	分值	实际得分
一、单项选择题	1	机械能守恒定律及其应用	√				0.85	3	
	2	环绕速度		√			0.8	3	
	3	抛物体运动			√		0.85	3	
	4	运动的合成与分解	√				0.9	3	
	5	功和功率		√			0.75	3	
	6	万有引力定律及其应用			√		0.75	3	
	7	重力势能			√		0.7	3	
	8	匀速圆周运动的向心力			√		0.7	3	
	9	抛物体运动			√		0.7	3	
	10	万有引力定律及其应用 / 匀速圆周运动		√			0.65	3	

大题号	小题号	知识点	考试要求				预估难度	分值	实际得分
			识记	理解	应用	综合			
二、多项选择题	11	动能和动能定理		√			0.6	4	
		功和功率							
	12	万有引力定律及其应用			√		0.5	4	
	13	抛物体运动			√		0.4	4	
		匀速圆周运动							
三、填空题	14	抛物体运动			√		0.7	3	
	15	匀速圆周运动的向心力			√		0.7	3	
	16	功和功率			√		0.65	3	
	17	抛物体运动			√		0.7	3	
四、实验题	18	匀速圆周运动、角速度、线速度、向心加速度	√				0.7	4	
	19	机械能守恒定律及其应用			√		0.5	8	
		抛物体运动							
五、计算题	20	动能和动能定理				√	0.8	8	
	21	万有引力定律及其应用				√	0.8	8	
		匀速圆周运动、角速度、线速度、向心加速度							
	22	机械能守恒定律及其应用				√	0.6	8	
		匀速圆周运动的向心力							
	23	功和功率				√	0.4	10	
合计							0.66	100	

按照双向细目表命制试题完成后，还要审查各考查点的分配是否合理。审查包括两个方面：审查各级学习水平所占百分比的分配是否合理；审查各知识内容及各单元内容所占百分比是否合理。当一份试卷编排好以后，整合试卷时还要综合考虑试卷的总体难度、题量大小等问题。因为不同的题目搭配在一起，由于相互作用，会使原来各自的难度和答题时间发生细微的变化，这时需要重新进行总体上的综合考虑。由于许多试题具有较强的综合性，制定双向细目表时，不可能对每个题目所涉及的知识点都完全准确把握，因此试题命制完成后，需对双向细目表进行局部调整，但对各章节的内容，重点知识的考查不能做大的改变。

另外，还看试题表述是否简洁、规范、符合学科的特点、符合学生的认知风格、图形是否优美，能不能给学生带来视觉上的舒适感、试题语言亲切，能给学生带来信心与动力，而不是带来紧张气氛，这样就可以减少非实质性因素而带来的不必要误差。

3. 编制题目

题目可以自己编拟，也可以应用成题进行改编，但一般不要使用原题。不同题型有不同特点和功能，考查的重点也不相同。

（1）选择题：

选择题是一种客观性试题，分为单项选择、多项选择、不定项选择等三种类型。设计选择题时应注意以下原则：

①选择题的构成有题干与选择项两部分。所有选择项都必须与题干有所关联，即具有逻辑性。题干意义要完整，题干的陈述要简单、明确，避免使用不必要的修饰词及过分复杂的句子结构。

②为提高测验的效度，特别有关较高级的能力的测验题，应将各选择项之间的差异缩小，每个选项都有似真性。就是说干扰项一定要有效，能反映出典型的错误。

③选择题的选择项中不宜使用重复的词语，如果每个选项中都有，可将其提出，放在题干中。

④题干与正确项应避免使用相同的修饰词语，以防给考生提供选择答案的线索。

⑤题干要求尽量精炼、准确、清楚，要使考生比较容易地了解题目的要求。

⑥选择项叙述的详略长短，不应成为考生选择答案的暗示因素。

⑦正确答案与其它所配选择项间插排列，不能有固定位置或次序。

⑧文字叙述要避免有所暗示。

⑨尽量避免用否定句。

（2）填空题

填空题属于部分限制型的主观性试题。设计填空题的要求：

①问题必须明确，要让考生知道问题中心所在，要填什么。

②每道题的空白处（残缺处）不宜过多，以免影响对题意的理解，太多就失掉意义上的连贯性。空白处应是填有考查意义的关键词语，或是问题的重要内容或字眼，而不是旁枝末节。

③对于空白处的答案必须确定和唯一。

④一般每道题只有 1 个空，对于有 2 个以上空白的题，各个待填答案要相互独立不能有关联。

⑤所留空白的长度要一样。

⑥尽量避免引用课文的原话，以免导致机械背诵教材的不良风气。同时要避免对答案有暗示作用的词汇。

⑦以空格为基本计分单元，一般要求每个空格赋分相同。

（3）实验题

①注重基本实验原理与实验方法的考查，在此基础上可适当进行迁移。

②注重基本实验技能的考查，不应从书本到书本，通过考试引导学生亲手进行实验操作。

③注重基本实验仪器的使用技能的考查，包括基本测量仪器的读数规则和有效数字的要求。

④注重基本的数据处理能力的考查，包括图像、图表、计算等基本方法。

（4）计算题

计算题是高中物理考试中常见的主观性试题，能极为深刻地考查学生解决物理问题的能力，一般具有较高的区分度，难度调节范围较大。设计计算题的基本要求：

①试题的语言要规范、准确，让考生明白发问指向，又要留有思考和发挥的余地。

②试题应考查学生对物理学科的基础知识、基本技能的理解和掌握，考查学生应用所学知识分析问题和解决问题的能力。

③命题过程中应考虑学生的阅读量、思维量和运算量，并控制在合理的范围内，不能过大或过小。

④试题所选情境最好接近学生的生活实际，或者是学生能够读懂的科技知识或成果。

⑤题目所给条件最好不要冗余，如果出现冗余条件则必须自洽，不能出现由不同条件可推导出不同结果的情况。

⑥如果出现数值计算，则所给数值应接近实际情况，不能背离生活实际。

4. 组配试卷

以双向细目表为蓝图选择、编制或改编试题后，最后要将其组成一套完整的试卷，组配试卷的过程中应根据试题的情况对双向细目表进行局部调整，平衡知识结构。既要突出主干知识，又要考虑试卷的覆盖范围。优秀试题的组合并不一定能成为一份好的试卷。只有明确考试目标和要求，根据命题双向细目表，在精心设计试题的基础上来进行试卷编制，才能较顺利、较完整地考虑试题的难度分布、分数分配和题型安排顺序等。还应注意整套试卷的题号顺序以及所用符号是否统一等方面的要求。这样经过综合考虑，才能得到一份质量较高的试卷。

在具体编制时，一般把选择题、填空题排在前面，实验题和计算题排在后面。在每一种类型的试题中都应遵循先易后难的顺序进行排列，尽量考虑考生答卷时的心理状态和精神负担，使整份试卷难度适中，区分性能好，使考生群体成绩基本处于正态分布。

试卷编制完毕后，在注意保密情况下，找人进行试测，看试题分量、难度和考试时间是否基本吻合，过深、过浅、超时、剩时都不利于提高考试的信度。

高
中
物
理
教
师
专
业
能
力
必
修

Gao Zhong Wu Li Jiao Shi Zhuan Ye Neng Li Bi Xiu

附：试卷示例

××学年度第二学期期末高一物理试卷

一、单项选择题（本题共有10个小题，每小题3分，共30分）

1. 在下列几种运动过程中，机械能守恒的是（　　）。

A. 物体沿粗糙斜面下滑　　　B. 小球作自由落体运动

C. 雨滴在空中匀速下落　　　D. 汽车在水平路面上做减速运动

2. 下列说法正确的是（　　）。

A. 在地球周围做匀速圆周运动的卫星线速度不会超过7.9 km/s

B. 发射速度大于7.9 km/s的人造卫星进入轨道后的线速度一定大于7.9 km/s

C. 做匀速圆周运动的人造卫星无论离地球远近是多少，卫星内的物体均处于失重状态，物体不受重力

D. 所有同步卫星距地面的高度都相同且都在赤道上空，由于它们相对地面静止，故处于平衡状态

3. 关于做平抛运动的物体，下列说法正确的是（　　）。

A. 物体平抛的初速度越大，飞行时间越短

B. 在水平方向通过的最大距离取决于物体受到的重力和初速度

C. 任意连续相等时间内，物体下落高度之比为1：3：5…

D. 任意连续相等时间内，物体运动速度改变量相等

4. 如图甲所示，注满清水的长玻璃管开口端用胶塞封闭，玻璃管保持竖直静止，管内一小物体能沿玻璃管加速上升，当小物体到达玻璃管顶端后突然将玻璃管上下颠倒，同时使玻璃管沿水平方向做匀速直线运动，如图乙。关于小物体以后的运动，下列说法正确的是(　　)。

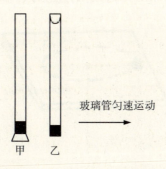

玻璃管匀速运动

甲　乙

A. 小物体运动的轨迹为直线

B. 小物体运动的轨迹为曲线

C. 小物体升到玻璃管顶端的时间比玻璃管静止时长

D. 小物体升到玻璃管顶端的时间比玻璃管静止时短

5. 如图，用大小相等的力，使一只箱子沿粗糙水平面从静止开始做匀加速直线运

动，第一次推，第二次拉，如果两次用力方向与水平方向间的夹角相等，箱子移动的距离也相等，那么两种情况（　　）。

A. 力 F 对箱子做的功相等，但箱子的末动能不相等

B. 力 F 对箱子做的功相等，但箱子的末动能也相等

C. 力 F 对箱子做的功不相等，但箱子的末动能相等

D. 力 F 对箱子做的功不相等，但箱子的末动能也不相等

6. 两颗质量之比 $m_1 : m_2 = 1 : 4$ 的人造地球卫星，只在万有引力的作用下，绕地球运转。若它们的轨道半径之比 $r_1 : r_2 = 2 : 1$，则它们的动能之比 $E_{k_1} : E_{k_2}$ 为（　　）。

A. 8 : 1　　B. 2 : 1　　C. 1 : 8　　D. 1 : 2

7. 如图所示，小球自 a 点由静止自由下落，到 b 点时与弹簧接触，至 c 点时弹簧被压缩到最短，若不计弹簧质量和空气阻力，在小球由 a→b→c 的运动过程中（　　）。

A. 小球的机械能守恒

B. 小球的重力势能随时间均匀减少

C. 小球在 b 点时动能最大

D. 小球重力势能的减少量等于弹簧弹性势能的增加量

8. 如图所示，一小球被系在轻绳的一端，另一端穿过光滑水平板上的光滑小孔且受到竖直向下的拉力，当拉力为 F 时，小球在水平板上作半径为 R 的匀速圆周运动；当拉力增大到 $4F$ 时，小球在水平板上作匀速圆周运动的半径变为 $\dfrac{R}{2}$。则拉力由 F 增为 $4F$ 的过程中，拉力对小球所做的功为（　　）。

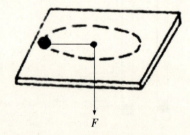

A. $2FR$　　B. FR　　C. $\dfrac{1}{2}FR$　　D. $\dfrac{1}{4}FR$

9. 如图所示，在一次空地演习中，离地 H 高处的飞机以水平速度 v_1 发射一颗炮弹欲轰炸地面目标 P，反应灵敏的地面拦截系统同时以速度 v_2 竖直向上发射炮弹拦截。设拦截系统与飞机的水平距离为 s，若拦截成功，不计空气阻力，则 v_1、v_2 的关系应满足（　　）。

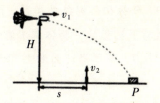

A. $v_1 = v_2$ B. $v_1 = \dfrac{H}{s} v_2$

C. $v_1 = \sqrt{\dfrac{H}{s}} v_2$ D. $v_1 = \dfrac{s}{H} v_2$

10. 1990 年 4 月 25 日，科学家将哈勃天文望远镜送上距地球表面约 600 km 的高空，使得人类对宇宙中星体的观测与研究有了极大的进展。假设哈勃望远镜沿圆轨道绕地球运行。已知地球半径为 6.4×10^6 m，利用地球同步卫星与地球表面的距离为 3.6×10^7 m 这一事实可得到哈勃望远镜绕地球运行的周期。以下数据中最接近其运行周期的是（　　）。

A. 0.6 小时　　B. 1.6 小时　　C. 4.0 小时　　D. 24 小时

二、多项选择题（本题共 3 个小题，每题 4 分，共 12 分）

11. 在同一高度将三个质量相同的小球以大小相等的初速度 v_0 分别平抛、上抛、下抛，不计空气阻力，则（　　）。

A. 从抛出到落地过程中，重力对它们做功相同

B. 从抛出到落地过程中，重力做功的平均功率相同

C. 三个小球落地时，重力的瞬时功率相同

D. 三个小球落地时的动能相同

12. 组成星球的物质是靠引力吸引在一起的，这样的星球有一个最大的自转速率。如果超过了该速率，星球的万有引力将不足以维持其赤道附近的物体做圆周运动，由此能得到半径为 R、密度为 ρ、质量为 M 且均匀分布的星球的最小自转周期 T 的下列表达式中正确的是（　　）。

A. $T = 2\pi \sqrt{R^3/GM}$ B. $T = 2\pi \sqrt{3R^3/GM}$

C. $T = \sqrt{\pi/G\rho}$ D. $T = \sqrt{3\pi/G\rho}$

13. 如图所示，一物体以初速度 v_0 冲向光滑斜面 AB，并恰好能沿斜面升高 h，下列说法中正确的是（　　）。

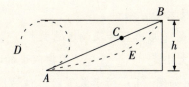

A. 若把斜面从 C 点锯断，物体冲过 C 点后仍升高 h

B. 若把斜面弯成圆弧形 D，物体仍沿圆弧升高 h

C. 若把斜面从 C 点锯断或弯成圆弧状，物体都不能升高 h

D. 若把斜面 AB 变成曲面 AEB，物体沿此曲面上升仍能到达 B 点

三、填空题（本题共 4 个小题，每题 3 分，共 12 分）

14. 从某一高度平抛一物体，抛出 2 s 后它的速度方向与水平方向成 30°角，抛出时的速度大小为_____ m/s。

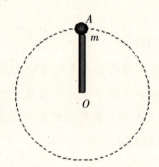

15. 长度为 0.5 m 的轻质细杆 OA，A 端有一质量为 3 kg 的小球，以 O 点为圆心，在竖直平面内做圆周运动，如图所示，小球通过最高点时的速度为 2 m/s，取 $g = 10$ m/s^2，则此时轻杆 OA 受大小为 N 的_____力。（填压力或拉力）

16. 在距地面 10 m 高处，以 10 m/s 的速度竖直向上抛出一质量为 1 kg 的物体，已知物体落地时的速度为 16 m/s，抛出时人对物体做功为_____J，飞行过程中物体克服阻力做的功为_____J。（g 取 10 m/s^2）

17. 某人站在星球上以速度 V 竖直上抛一物体，经 t 秒后物体落回手中，已知星球半径为 R，现将此物沿星球表面平抛，要使其不再落回星球，则抛出的速度至少为_____ m/s。

四、实验题（本大题共 2 道小题，共 12 分）

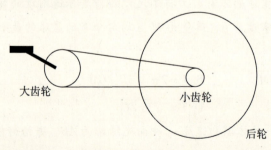

大齿轮　　　　小齿轮

后轮

18. 如图所示，是自行车传动结构的示意图，假设脚踏板每秒转 n 圈，要知道在这种情况下自行车的行驶速度大小，则：

（1）还需测量的物理量是（写出符号及物理意义）_____、_____、_____。

（2）自行车的行驶速度大小是_____。（用你假设的物理量及题给条件表示）

19. 某研究性学习小组用如图（a）所示装置验证机械能守恒定律。让一个摆球由静止开始从 A 位置摆到 B 位置，若不考虑空气阻力，小球的机械能应该守恒，即 $\frac{1}{2}mv^2$

$=mgh$。直接测量摆球到达 B 点的速度 v 比较困难。现让小球在 B 点处脱离悬线做平抛运动，利用平抛的特性来间接地测出 v。

如图（a）中，悬点正下方 P 点处放有水平放置炽热的电热丝，当悬线摆至电热丝处时能轻易被烧断，小球由于惯性向前飞出作平抛运动。在地面上放上白纸，上面覆盖着复写纸，当小球落在复写纸上时，会在下面白纸上留下痕迹。用重锤线确定出 A、B 点的投影点 N、M。重复实验 10 次（小球每一次都从同一点由静止释放），球的落点痕迹如图（b）所示，图中米尺水平放置，零刻度线与 M 点对齐。用米尺量出 AN 的高度 h_1、BM 的高度 h_2，算出 A、B 两点的竖直距离，再量出 M、C 之间的距离 x，即可验证机械能守恒定律。已知重力加速度为 g，小球的质量为 m。

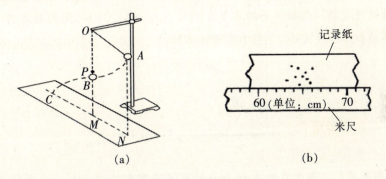

(a)　　　　　　　　　　　　　　(b)

（1）根据图（b）可以确定小球平抛时的水平射程为_____cm。

（2）用题中所给字母表示出小球平抛时的初速度 $v_0 = $_____m/s。

（3）用测出的物理量表示出小球从 A 到 B 过程中，重力势能的减少量 $\Delta E_p = $_____J，动能的增加量 $\Delta E_k = $_____J。

五、计算题（本题共 4 个题，19、20、21 每题 8 分，22 题 10 分，共 34 分）

20. 如图所示，某人乘雪橇从雪坡经 A 点滑至 B 点，接着沿水平路面滑至 C 点停止，人与雪橇的总质量为 70 kg，表中记录了沿坡滑下过程中的有关数据，请根据图表中的数据解决下列问题：（$g = 10$ m/s²）

位置	A	B	C
速度（m/s）	2.0	12.0	0
X 坐标（m）	0	25	61

（1）人与雪橇从 A 到 B 的过程中，损失的机械能为多少？

（2）设人与雪橇在 BC 段所受阻力恒定，求阻力大小？

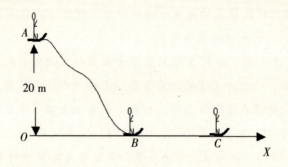

21. 天文学家将相距较近、仅在彼此的引力作用下运行的两颗恒星称为双星。双星系统在银河系中很普遍。已知某双星系统中两颗恒星围绕它们连线上的某一固定点分别做匀速圆周运动，两颗恒星的质量分别为 m_1、m_2，它们之间的距离为 L，求两恒星的轨道半径和角速度大小。（引力常量为 G）

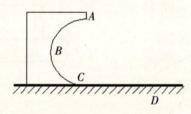

22. 如图所示，一固定在竖直平面内的光滑半圆形轨道 ABC，其半径 $R = 0.5 \, m$，轨道在 C 处与水平地面相切。在 C 放一小物块，给它一水平向左的初速度 v_0，结果它沿 CBA 运动，通过 A 点，最后落在水平地面上的 D 点，取重力加速度 $g = 10 \, m/s^2$。求：小物块初速度 v_0 的最小值。

23. 某兴趣小组对一辆自制遥控小车的性能进行研究。他们让这辆小车在水平的直轨道上由静止开始运动，并将小车运动的全过程记录下来，通过处理转化为 $v-t$ 图像，如图所示（除 2 s ~ 10 s 时间段图像为曲线外，其余时间段图像均为直线）。已知在小车运动的过程中，2 s ~ 14 s 时间段内小车的功率保持不变，在 14 s 末停止遥控而让小车自由滑行，小车的质量为 1.0 kg，可认为在整个运动过程中小车所受到的阻力大小不变。求：

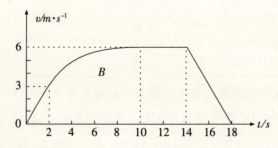

（1）小车所受到的阻力大小；

（2）小车匀速行驶阶段的功率；

（3）小车在加速运动过程中位移的大小。

专题四　校本课程开发

物理是一门重要的学科，是其他自然科学之母，一个国家国民的物理素养的高低，几乎就决定了这个国家整体的科技水平；物理是一门有用的学科，它能解决生活实际中的许多问题，体现了科技的力量与内涵；物理还是一门有趣的学科，这种有趣体现为多方面，一些有趣的人和事、一些有趣的规律、一些有趣的争论、一些有趣的现象；物理还是一门充分体现美的学科：物理规律的简洁、理论结构的对称，各知识体系各分支的统一和谐、无一不体现物理中那种博大、和谐、严谨的美。遗憾的是，我们的课堂教学对这些方面的体现太少了，在很多学生眼中，物理就是没完没了的子弹打木块，小球撞弹簧，永远也弄不懂的公式和一辈子做不完的习题，使得这些孩子怀抱着学习物理的热情，却最终止步于理科的门槛。出现这种现象，教师有一定的原因，但不是关键，关键在于物理这门学科知识容量大，研究问题多，而课时相对较少，高考必需的知识点都讲不完，从而使得教师们没有时间和精力讲出其中的趣味来。

教育部颁发的《基础教育课程改革纲要（试行）》中规定："实行国家、地方、学校三级课程管理，增强课程对地方、学校及学生的适应性"，"学校在执行国家课程和地方课程的同时，应视当地社会、经济发展的具体情况，结合本校的传统和优势、学生的兴趣和需求，开发或选用适合本校的课程。"即校本课程，校本课程的出现，在一定程度上弥补了课堂教学的不足。

那么，如何进行校本课程的开发？在开发校本课程中老师能做些什么？有哪些切实可行的校本课程方案？本章将围绕这些问题展开讨论。

一、关于校本课程

（一）校本课程简介

所谓"校本"，指的是课程开发活动本身是由学校发起并在学校中实施的，它强调对学校以及当地社区的课程资源利用，特别是学校与校外专家的交流和合作。

校本课程实质上是一个以学校为基地进行课程开发的开放民主的决策过程，即校长、教师、课程专家、学生以及家长和社区人士共同参与学校课程计划的制定、实施和评价的活动。

校本课程开发（School – Based Curriculum Development）是我国基础教育三级课程管理的重要内容，它是在中小学多年来实施活动课、选修课和兴趣小组活动的基础上继承和发展而来的课程开发策略，意思是学校根据自己的办学理念和实际情况自主开发一部分课程，目的是为了更好地满足学生的实际发展需要。

（二）校本课程的价值

什么是校本课程的核心价值？简言之，就是促进学生富有个性的全面发展。可以说，培育实践能力和创新精神是校本课程的灵魂和生命。在任何一个教育系统中，课程都是居于核心位置——教师为落实课程而教，学生为掌握课程而学，领导为优化课程而管理，社会为促进课程而评价。所以课程结构是否科学合理将直接关系到素质教育能否全面落实。国家课程是为全国所有的某学段学习者都应达到的基本素质标准而设计的，难以承受全面而富有个性的素质教育之重，故需要地方课程和校本课程作为补充。因为离开了个性发展的全面发展，也就不存在整体的全面发展。

素质教育的一个重要特征是全民教育。在基础教育阶段，素质教育就是要满足所有学生的学习需求，不管他们的性别、种族、智力水平和学习准备如何。而"升学教育"往往只注意到了少数考分高的学生的发展，而忽视了那些低分和处于中间水平的大多数，而这大多数人一旦走向社会，无形中便会变成"平庸者"，学校将大批的"平庸者"推向社会，而社会中的绝大多数工作又将要由这些"平庸者"来承担，这就不可避免地会影响到整个国家的经济发展和全民的总体素质水平。校本课程的开发，是以旨在满足不同学生的不同需求为宗旨的课程，尤其是要帮助那些学困生获得充分的发展并有一技之长而不至于使他们成为平庸者。显然这是使素质教育进一步深化的有效措施。欧美一些国家，他们的所有学校都有一种补救性课程，这类课程就是为满足学习上未达标学生的特殊需求而开设的。

素质教育的另一个重要特征是全方位的教育。也就是说，要打破"升学教育"只重视学生智力的发展，忽视情感、态度、动作技能、社会交往等其他方面发展的不良倾向。校本课程开发大多集中于体验型、表现型、实践型和操作型的课程领域，是十分有利于学生多元智能和谐发展的。

（三）校本课程内容的选择——以学生发展为本

依据校本课程的功能，校本课程的课程内容，可以按照培养目标的不同分为以下几类：

1. 知识类

设置这类内容的主要目的是拓宽学生的知识面，提升学生的学习兴趣，使学生在这里可以学到课程中学不到的东西。从而激活学生的思维火花，拓展学生的思维空间，而且在一定程度上改变了学生的学习方式和教师的教学方式，有利于学生学科学习成绩的提高。

2. 技能类

物理是一门以实验为基础的学科，实验技能是物理学科的一项重要的技能，可以将实验作为校本课程的一个重要的内容进行开发。其中可以对课本实验进行延伸和扩展，还可以开发一些创新型实验。

3. 综合类

无论是知识还是技能，都是形成综合素质的基础，而所谓综合素质，归根到底体现为在具体的问题情境中解决实际问题的能力，而这种能力的获得，很大程度上取决于是否能将已有的知识和技能进行有效的转化，这种转化，需要在实践中完成，因此，进行课程开发时，可以将一些综合类的实践性内容纳入课程。

既然我们的目的是培养学生解决实际问题的能力，这种综合类的实践性内容就可以采用任务驱动的形式，以具体的任务（问题）作为切入点，围绕这一主题进行一系列的实践活动，在这个过程中掌握一些解决问题的基本方法，体验解决问题的整个过程，从而提高解决问题的能力。

二、几种类型校本课程的教材简介

（一）知识类（物理学史、物理学与生活）

《中学课本中的物理学家》这门课中，选取高中教材中涉及到并在物理学发展史上作出过突出贡献的物理学家，对每位物理学家的介绍沿着"简介——科学成就——逸闻趣事——学术特色——评价——名言——推荐书籍——你眼中的×××"的顺序进行。可以看到，其中除了关于这位物理学家的常规信息如科学成就、趣闻轶事等，还加入了一个有特色的内容：学术特色，在这个内容里，着重介绍此位物理学家的学术专长及思维方式的独特性，意在引领学生了解科学思维在物理理论体系建立过程中的作用，从而能够从方法论的角度来认识物理学家，认识物理学。每课最后的"你眼中的×××"更是帮助学生将所学内容进行提升，鼓励学生用自己的眼睛来认识世界，用自己的头脑来思考问题，真正达到进行物理学史教育的目的。例如：

现代物理之父——阿尔伯特·爱因斯坦

世界建立之初，自然规律在黑暗中隐藏，上帝说："让牛顿降生吧！"于是一切都豁然开朗。可是好景不长，魔鬼说："嘿，让爱因斯坦降生。"于是一切又恢复了原状。

【简介】

爱因斯坦是 20 世纪最伟大的自然科学家，物理学革命的旗手。1879 年 3 月 14 日生于德国乌尔姆一个小业主家庭。1894 年，举家迁到意大利米兰，在慕尼黑上中学的爱因斯坦因厌恶德国学校的军国主义教育，自动放弃学籍和德国国籍，只身去米兰。1896 年进苏黎世联邦工业大学学习物理学，1900 年毕业。1902 年被伯尔尼瑞士专利局录用为技术员，从事专利申请的技术鉴定工作。他利用业余时间开展科学研究，于 1905 年在物理学三个不同领域中取得了历史性成就，特别是狭义相对论的建立和光量子理论的提出，推动了物理学理论的革命。同年，以论文《分子大小的测定新方法》，取得苏黎世大学的博士学位。1908 年任伯尔尼大学讲师，从此他有缘进入学术机构工作。1909 年离开专利局任苏黎世大学理论物理学副教授。1911 年任布拉格大学理论物理学教授，1912 年任母校苏黎世联邦工业大学教授。1914 年，应普朗克和能斯特的邀请，回德国任威廉皇帝物理研究所所长兼柏林大学教授直到 1933 年。同年纳粹攫取德国政权后，爱因斯坦成为德国科学界首要的迫害对象，由于当时他在美国讲学，未遭毒手。同年 10 月转到美国普林斯顿任高级研究员，直至 1945 年退休。他曾上书罗斯福总统，建议研制原子弹，以防德国抢先。二战结束前夕，美国在日本两个城市上空投掷原子弹，爱因斯坦对此强烈不满。1955 年 4 月 18 日因主动脉破裂离开人世。遵照他的遗嘱，不举行任何丧礼，不筑坟墓，不立纪念碑，骨灰撒在永远对人保密的地方，为的是不使任何地方成为圣地。

【科学成就】

1905 年，爱因斯坦在科学史上创造了一个史无前例的奇迹。这一年被称为爱因斯坦的"非凡的一年"，因为那年他撰写了数量和质量都相当可观的著作，在三个领域作出了四个有划时代意义的贡献。分别是：

（1）光量子论，提出光量子假说。

（2）分子动理论，1905 年 4 月、5 月、12 月他发表了三篇有关布朗运动的论文，为解决半个多世纪来科学界和哲学界争论不休的原子是否存在的问题做出了突出贡献。

（3）创立狭义相对论，这是他 10 年酝酿和探索的结果，它在很大程度上解决了 19 世纪末出现的古典物理学的危机，推动了整个物理学理论的革命。

（4）质能相当性，它是原子核物理学和粒子物理学的理论基础，为核能的释放和利用开辟了道路。

在 1915 年到 1917 年的 3 年中是爱因斯坦科学成就的第二个高峰时期，他在三个不同领域中都取得了历史性成就。1915 年提出了被公认为最伟大的成就的广义相对论，1916 年在辐射量子论方面又做出了重大突破，1917 年开创了现代的宇宙学。

【趣闻轶事】

"相对论"妙解

有一次，群众包围了从德国移居美国的科学家爱因斯坦的住宅，要他用"最简单

高

Gao Zhong Wu Li Jiao Shi Zhuan Ye Neng Li Bi Xiu

中物理教师专业能力必修

的话"解释清楚他的"相对论"。当时，据说全世界只有几个高明的科学家看得懂他关于"相对论"的著作。爱因斯坦走出住宅，对大家说："打个比方说——你同你最亲的人坐在火炉边，一个钟头过去了，你觉得好像只过了5分钟！反过来，你一个人孤孤单单地坐在热气逼人的火炉边，只过了5分钟，但你却像坐了一个小时。——唔，这就是相对论！

时间与永恒

一次，一个美国女记者采访爱因斯坦，问道："依您看，时间和永恒有什么区别呢？"爱因斯坦答道："亲爱的女士，如果我有时间给您解释它们之间的区别的话，那么，当你明白的时候，永恒就消失了！

大纸篓

爱因斯坦去了普林斯顿大学之后，有人问他需要什么东西。他说："一张书桌或台子，一把椅子和一些纸笔就行了。对了，还要一个大废纸篓。""为什么要大的？""好让我把所有的错误都扔进去。"

【学术特色】

爱因斯坦在西方被多次评为20世纪最伟大的思想家，不仅在物理学的诸多领域上取得开创性的成就，而且在哲学上也为丰富人类的思想宝库作出了重大的贡献。在爱因斯坦的科学哲学思想中，最具深刻意义、而又最具争议性的，无疑是他所倡导的建构理论时的自由创造思想。

爱因斯坦思维自由创造的思想可简述如下："我们的一切思维都是概念的一种自由游戏；至于这种游戏的合理性，那就要看我们借助于它来概括感觉经验所能达到的程度"。在爱因斯坦看来，没有"自由"的创造，不仅当代物理学许多复杂、抽象的概念难以产生，而且连最普通的经典力学的"力"的概念都不可能从经验中由归纳法产生。这是因为从日常生活中我们都无法直接观察到个别的特殊的"力"。确实，牛顿当初提出"力"的概念时，就有许多学者以经验未能观察出来而加以拒绝。中山大学物理学关洪教授说，如果万有引力概念能从归纳法得到，那么万有引力概念的提出就不是牛顿，而是看守苹果园的老农。这虽是笑谈，但却真正导出了实质。正因为爱因斯坦相信从经验到理论之间存在一条不可以逻辑为桥梁通过的鸿沟，因而相信了只有依赖直觉、猜测、想象等思维的自由活动才可能跨越这条鸿沟。特别在现代的科学探索中，人类深入到微观和宏观的领域，人们不仅已不可能直接从观察经验中找到理论的基本概念，而且还必须要摆脱以经典物理学为基础的经典概念的必然性束缚，用适合于新领域的创新的概念来说明和解释新的事实。比如，广义相对论所描述的四维弯曲时空的连续区，量子力学中的函数、电子的自旋、正旋等都不可能从我们日常生活经验中得到。

所以，爱因斯坦认为：在建构科学理论时，归纳法在使用范围上是相当有限的，没有一种归纳法能够导致物理学的基本概念。其原因在于它经不起严格的逻辑分析。

人们决不可能从作为单称命题的经验陈述中，逻辑地推导出作为全称命题的科学原理或定律。换言之，经验归纳决不可能从逻辑上建构起任何一条科学的基本原理。

【评价】

在本世纪初，发生了三次概念上的革命，它们深刻地改变了人们对物理世界的了解，这就是狭义相对论（1905年）、广义相对论（1916年）和量子力学（1925年）。

——杨振宁《爱因斯坦对理论物理学的影响》

对于广义相对论的提出，我过去和现在都认为是人类认识大自然的最伟大的成果，它把哲学的深奥、物理学的直观和数学的技艺令人吃惊地结合在一起。

——玻恩

我非常钦佩爱因斯坦先生在现代物理学有关的问题上所发表的著作。而且，我相信所有的数学家、物理学家都一致认为这些著作是最高级的。在布鲁塞尔，我出席一次科学会议，爱因斯坦先生也参加了。我得以欣赏他思想的清晰，引证的广泛，知识的渊博……

——居里夫人

【名言】

成功＝艰苦的劳动＋正确的方法＋少说废话。

推荐书籍：

《爱因斯坦传》《物理世界奇遇记》

【你眼中的爱因斯坦】

（二）操作类（实验：电阻的测定）

在操作类课程中，实验是其中的主要内容，可以这样设计实验：以课本上的实验为基础，对这些实验进行重新的整合，突出其中的方法性和操作性，例如，将电学实验整合为电阻的测量主题，将测量电阻的基本方法进行整合，其中有：伏安法、欧姆表法、替代法、半偏法、替代法，重点分析各种测量方法的优缺点及适用范围、可操作性等方面的内容。又如：重力加速度的测量，也是重点比较不同方法的优缺点、准确性等。

电阻的测量

设计意图：课本电学实验的综合与拓展。

目标：

1. 了解测量的常用方法及各种方法的优缺点；

2. 能够根据实验要求合理选择测量电阻的方法。

过程：

1. 教师给出测量电阻的几种方法的有关资料；

2. 各小组选择感兴趣的方法；

3. 分小组就自己所选方法进行实验，并分析此种方法的优缺点；

4. 各小组汇报实验结果；

5. 在各小组汇报的基础上总结归纳测电阻的常用方法；

6. 每人写出关于电阻测量的实验报告。

（三）综合类（课题：认识能源）

主题：认识能源

选题理由

一、能源可以提供能量，能量是物理课中非常重要的知识，研究能源问题是对课本知识的深化和扩展。

二、能源问题不仅仅与物理知识有着密切的联系，还与其他学科知识如：化学、生物、政治、经济等，有着紧密的关联，我希望通过对这个课题的研究，提高学生综合应用各学科知识的能力。

整个主题的研究共分 8 次课进行

第一次：

布置课题：教师讲解在高中物理课中所涉及的能源问题并向学生布置任务。

意向调查：①对能源问题的了解程度；②对此问题的研究是否感兴趣。

要求学生对这两个问题作出程度上的选择并简单说明理由。

第二次：

分配任务：根据前面的意向调查结果分配任务。

一组：对能源问题感兴趣的同学，负责搜集和整理有关能源的知识，并制作演示文稿。

二组：对能源问题不太感兴趣的同学，学习和练习搜索资料和制作演示文稿的有关技巧。

信息技术培训：搜索引擎的使用、演示文稿的制作。

作业：一组：制作演示文稿广泛介绍能源知识。

二组：就给定的要求进行信息检索、制作一个演示文稿。

第三次：

成果展示：由一组利用制作的演示文稿向全班同学介绍能源知识。

第二次意向调查：①对此问题的研究是否感兴趣；（注意与第一次调查的变化）②能源问题中你对哪方面的话题感兴趣；③请根据你感兴趣的方面制定研究课题。

选题：引导学生从不同角度认识能源问题，帮助学生选定课题。

指导分组：根据学生所选题目指导学生分组。

学生制定的课题：

再谈能量的转化与守恒

能源危机对世界经济的影响

新能源开发浅谈

如何提高常规能源的利用率

节能从日常生活开始

能源的利用与环境保护

能源的再生——垃圾回收发电

常见能源的优缺点之比较

第四次：研究中期反馈。

反馈及研究指导：学生提出研究中遇到的问题，教师指导解决。

评价：教师提供演示文稿评价量规。

第五次：部分小组成果展示。

第六次：部分小组成果展示。

第七次：评价及小组合并。

评价：根据之前给出的评价量表对各组的展示给予评价

小组合并：教师引导研究内容相关的小组可以合并进行更深入的研究，教师指导小组的合并，制定新的研究课题。

第八次：新的研究小组汇报成果。

可以看到，在这个主题课程中，学生经历了一次科学研究的全过程，从而掌握了科学研究的基本方法，了解了从事科学研究所需要的基本素质，也体会到了研究成功带给他们的喜悦。因此这样的课程对学生来说不仅仅是一种崭新的学习方式，更是一次难得的实践机会，教师如果能够加以引导、组织、调控，将会提高整个课程的质量，更大限度地发挥学生的学习潜力，提高学生自主学习的能力，使课程真正让学生受益终身。

三、基于 IYPT 的学科辩论赛

辩论赛是在学校中经常进行的一种活动，学生在辩论赛中能够得到的各方面的锻炼是大家公认的。但提到辩论赛，我们的印象中都是关于社会人文话题的，而素以严谨性和逻辑性著称的物理学科，如何搞辩论赛呢？其实早在二十多年前，就有了物理学科的辩论赛，这就是 IYPT——国际青年物理学家竞赛。

（一）IYPT 简介：

简称 IYPT（international youth physical tournament）的国际青年物理学家竞赛由前苏联在 1988 年发起，每年举办一届，目前已经进行了 23 届。它和国际物理奥林匹克竞赛、国际青年学生科学论文竞赛并称为三大顶级国际中学生物理竞赛。IYPT 由大学组织实施、中学生参与，是一项以团队对抗为形式的物理竞赛。它以培养参赛者的创新意识、创新能力、协作精神和实践能力为根本理念。IYPT 以英语为工作语言，学生们根据给定的开放性物理问题进行研究。与问题相关的基本知识、实验方案都要靠自己查找和设计，根据得出的结果和其他队进行辩论。这个比赛要想成功必须靠团队

合作。

国际青年物理学家竞赛规则：

一轮对抗赛根据参赛团队的数目，相应分为三阶段比赛或者四阶段比赛。每一个阶段中，三个或者四个团队要分别扮演不同的角色：正方、反方、评论方（观摩方）。在随后的阶段中，各队根据比赛方案变换角色。举例来说，在一场三阶段的对抗赛中，团队1在第一阶段扮演正方，到第二阶段就要扮演反方（或者评论方），第三阶段扮演评论方（或者反方）。其他团队同样要根据规则转换角色。

在一轮对抗赛的某一阶段中，各个团队要扮演不同的角色，在限定的时间之内，根据比赛流程，完成对抗。一次阶段赛需要55分钟。

具体流程如下表： 流程限时（分钟）

反方向正方挑战竞赛题目（1分钟）

正方接受或者拒绝挑战人的题目（1分钟）

正方准备（5分钟）

正方做所选题目的报告（12分钟）

反方向正方提问，正方回答（2分钟）

反方准备（3分钟）

反方发言，时间不超过五分钟；正方与反方讨论（15分钟）

评论方提问，正反双方回答问题（3分钟）

评论方准备（2分钟）

评论方发言（4分钟）

正方总结发言（2分钟）

评审团提问（5分钟）

总计（55分钟）

（二）如何将 IYPT 引入中学教学

IYPT 在国际上是较为成熟的学科竞赛，就其规则而言，无论是时间上还是具体的操作流程，在中学教学中都难以真正实行，但我们可以借鉴它的规则，使其在中学具有可操作性。下面介绍具体的改进方案。

1. 规则的调整

主要可以从以下几个方面进行调整：①缩短竞赛各环节的时间，使一场竞赛能够在80分钟之内完成；②调整试题的难度，使其适合自己的教学和自己的学生；③使竞赛的实施过程更加具有趣味性和激励性；④具体操作过程中注意竞赛对学生综合素质的培养和引领作用。

2. 注意事项

①试题的编制

我们可以看到，在标准 IYPT 竞赛中，试题大多有一定的难度且开放性很强，但是对大多数中学生而言，完成这样的题目有一定的难度，而且中学的教学实际也使他们很难有足够的时间和精力来准备竞赛，因此，需要教师在试题的命制上与学生的水平相契合，请看下面一道经教师改编后的试题：

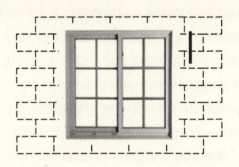

这里提供了一张照片，照片从正对面拍摄了某大厦的一扇窗户，同时恰好拍到了从大厦楼顶自由下落的一个小石子的运动痕迹（在图中窗的右上角），已知本次拍照的曝光时间为 0.04 s（照片中其他细节已略去），要想利用这张照片推算出此扇窗户到大厦楼顶的距离，

(1) 还需知道哪些数据？

(2) 如何计算？

（本题要求提供至少两种方法）

这道题取材于教材上的一道习题，教师进行了改编，设问方式"还需要知道哪些数据"增加了题目的开放性，并且要求至少提供两种方法，这样的题目，是教材知识的拓展，又给予了学生充分的发挥空间。

随着竞赛开展逐渐步入正轨，可以在试题的开放性和实用性上进一步加强，例如下面这道试题：

如果请你为一个路口设计信号灯，你认为应考虑哪些方面的因素，需要了解哪些方面的信息，为什么？

在这里，学生除了要考虑物理知识（各种车辆的运动学特性、如何实现智能控制等），还需要了解一些社会性信息（如此路口的车流量、周边的路况和路口的信号灯控制等），学生通过解决这样一个问题，真正实现了物理知识服务于生活。

②赛前的引导语

在赛前学生准备试题的过程是一个非常重要的环节，竞赛能否起到它应有的作用，学生能否真正在过程中得到锻炼，很大程度上取决于学生对这一环节的参与度。因此，在赛前必须做好充分的引导，使每个学生积极参与，避免只有小组里几个学生参与，其他学生观望的现象发生。

正方发言要求：在规定的时间内对反方提出的挑战题目进行讲解并回答反方的提问。

评价标准：

高 中 物 理 教 师 专 业 能 力 必 修

Gao Zhong Wu Li Jiao Shi Zhuan Ye Neng Li Bi Xiu

1. 参加竞赛态度严肃，尊重其他方发言人，无相互攻击、取笑的倾向。

2. 讲解过程无科学性错误。

3. 思路清晰，能正确选择解决问题所需的物理规律和方法。

4. 讲解详略得当，对要点内容有详细的讲解。

5. 能快速解答反方所提出的问题，应变能力强。

6. 语言简洁，表达清楚。

7. 能在规定的时间内完成讲解。

8. 团队成员有良好的合作意识，能够共同解决问题。

反方发言要求：就正方的讲解进行提问，与正方进行辩论。

评价标准：

1. 参加竞赛态度严肃，尊重其他方发言人，无相互攻击、取笑的倾向。

2. 能够准确发现正方发言的弱点和谬误，并能通过所提问题纠正正方发言的错误。

3. 能够就正方的发言情况恰当设置问题进行提问，所设置的问题指向题目的要点。

4. 能够避免对非重点问题及无关问题进行提问。

5. 语言简洁，表达清楚。

6. 能够在规定的时间内完成发言。

7. 团队成员有良好的合作意识，能够共同解决问题。

注：反方只能对正方的发言进行提问和辩论，不可陈述自己的观点，否则视为犯规。

评论方发言要求：对正方和反方发言的正确性和科学性给予具体评价。

评价标准：

1. 参加竞赛态度严肃，尊重其他方发言人，无相互攻击、取笑的倾向。

2. 能够对正方和反方的发言给予客观而具体的评价。

3. 能够准确发现正方和反方发言的优缺点，尽量以发言人的原始语言作为评价依据。

4. 所进行的评价无科学性错误，并且所做评价有助于解题方案的进一步完善。

5. 语言简洁，表达清楚。

6. 能够在规定的时间内完成发言。

7. 团队成员有良好的合作意识，能够共同解决问题。

③规则的确定

一、比赛安排

每轮比赛共3组参加，分别扮演正方、反方、评论方。

一轮比赛场次安排：

场次 \ 组别	1	2	3
第一场	正方	评论方	反方
第二场	反方	正方	评论方
第三场	评论方	反方	正方

每组发言人为 2 人，赛前统一抽签选出发言人。

二、各方任务

正方：就某一题目做完整的讲解，讲清楚解题思路，并回答反方提出的质疑。

反方：针对正方讲解的弱点和谬误处提出质疑，总结正方的解题方案的优点和不足，但提问内容不应包含自己对问题的解答，只能讨论正方的解答。

评论方：就正方和反方观点的科学性和现场表现作出具体详细的点评，也可适当对两方进行提问。

三、每场比赛流程

1. 反方向正方挑战题目（1 分钟）

2. 正方讲解题目（8~10 分钟）

3. 反方准备（2 分钟）

4. 反方向正方提问（2 分钟）

5. 正方回答（4 分钟）

6. 正、反方辩论（6 分钟）

7. 反方总结性发言（4 分钟）

7. 评论方准备（2 分钟）

8. 评论方点评（4 分钟）

四、记分方法

每场比赛后，由观摩方各人就每组的表现，分别给予 1 至 10 分的整数分数，算出平均分，然后依辩论角色的加权指数，计算加权成绩，每轮比赛结束后，三组分别计算各场比赛得分之和作为此轮比赛该组得分。

加权指数：正方　　得分 ×3

反方　　得分 ×2

评论方　　得分 ×1

④教师及时给予评价

主要从以下几个方面给予评价：知识本身的科学性；方案的可行性；讲解是否重点突出；小组内协作情况等。

结束语：在校本课程开发中教师能做什么

（一）使课程开发规范

校本课程既然称为课程，就需要按规范的课程开发流程来进行。其中，教师能够做的就是尽可能使课程内容本身规范化。具体来说，可从如下课程开发的要素来展开。

第一，课程理解的确立与课程目标的开发。

要有效地进行课程的校本开发，首先必须明白这是一门什么样的课程以及学生为什么必须要经历这门课程的学习，即形成课程理解。如果教师不能形成正确的课程理解，他的课程实施往往就缺乏明确的方向。课程理解一旦形成，就要进入目标设定阶段，需要明确学生所要获得的在能力、情感态度和价值观、知识与技能等方面的具体目标及其达成的程度。校本课程总目标是提高学生的科学素养、人文素养或艺术素养，在这个总目标下要确定具体的教学目标。具体教学目标既要全面又要突出个性，既要准确又要具有可操作性，一般可以从知识与技能、过程与方法、情感态度与价值观等方面来进行发掘和细化。

第二，课程内容的选择和组织。

课程内容开发的核心工作是内容的选择和组织，要围绕校本课程的主题和目标来逐步展开，使课程目标具体化。内容的组织可以采用章节结构、主题结构、课题结构、层级结构等。但不管是哪一种，都应使课程内容呈现出地域性、开放性和生成性。

第三，设计学习活动方式。

只有学习活动方式的参与，课程开发才能由静态的设计真正走向动态的实施。学习活动方式及其活动程序、基本规范和方法论的设计，实际上是除课程理解和目标设计之外的又一重要环节。学习方式的经历过程，是学生发展最真实的过程，也是体现课程价值的过程。任何一门课程的实施，都需要学校和教师进行学习方式的开发。学习方式的开发，不是仅仅一个教学设计的过程，更不是仅仅指备课或写教案。应该把重点放在学习活动方式的程序、方法规范和过程价值的落实上，要保证让学生完整地经历学习活动的过程。

（二）编写校本课程叙事

除了课程所需的文本教材外，教师还可编写校本课程叙事。校本课程叙事，既可以作为一种研究的范本，又可以作为一种交流的手段，也是后续开发的重要资料依据。学者一般认为，案例应包括真实的背景、具体的行为、完整的过程和隐含的思想这样四个基本构成要素。

一是要陈述真实的背景，即说清为什么要开发该门课程。毫无疑问，学校都是基于一定的理由才开设某门校本课程的，这个理由可能来自学校的教育传统和办学特色，可能来自地域性的文化或自然资源，也可能来自教师的特长或学生的需要。案例的叙述要能够说明课程事件的时间、人物、地点和前因后果，将具体的课程事件置于特定的时空框架之中。

二是要说明具体的行为，即说清课程事件中的行为方式。案例的叙述要让他人体会到校本课程开发的复杂性，以便从中获得感悟和受到启发。因此，案例的描述要具体详细，要把改革的目标设计、涉及的人和事等行为叙述清楚。

三是要展示完整的过程，即说清课程开发的程序和策略。校本课程开发是一个由发现问题到解决问题的复杂过程，问题的提出总是基于一定的指导思想，解决问题必然要经过科学决策、制订方案、实施控制、结果分析等步骤，最后还要进行总结和评价。案例叙述要对具体课程事件进行完整描述，要让人们了解该课程的来龙去脉。

四是要发掘隐含的思想，即说清课程事件带给我们的启示。校本课程开发的过程也是形成新思想、产生新理念的过程。我们在叙述实践者的所思所想和所作所为的同时，要注意发掘其中隐含的有价值的课程思想和教学理念。这些思想又常常隐藏在事件细微之处，需要我们善于发现和提炼，善于引导他人一起来品味和分享。

专题五　教学专业发展技能

在新课程标准的背景下，学科教学目标的"多元化"对教师所掌握的学科教学技能提出了"多样化"的要求，比如教学设计技能、课堂教学技能、作业批改辅导技能、教学评价技能以及教学反思技能和教学研究技能等等。因此，在实现"教师专业发展"的过程中，掌握必要的、足量的学科教学技能就成为十分重要的环节。

新课程标准对教师在教学中的地位做了更明确的定位，教师在教学过程中应与学生积极互动、共同发展，要处理好传授知识与培养能力的关系，注重培养学生的独立性和自主性，引导学生质疑、调查、探究，在实践中学习。教师应尊重学生的人格，关注个体差异，满足不同学生的学习需要，创设能引导学生主动参与的教育环境，激发学生学习的积极性，培养学生掌握和运用知识的态度和能力，使每个学生都能得到充分的发展。新课程中教师角色也发生了很多的转变。从教师与学生的关系看，新课程要求教师应该是学生学习的促进者；从教学与研究的关系看，新课程要求教师应该是好于教学的研究者；从教学与课程的关系看，新课程要求教师应该是课程的建设者和开发者；从学校与社区的关系看，新课程要求教师应该是社区型的开放的教师。

教师在自己的教学过程中要注意不仅仅是做一个能把课上好的老师，而是要不断进取，学会学习，注重自己的学科知识积累，同时还要提高自身的教学技能，尤其是教师的教学语言技能，在教学中有成套的教学套路，并逐渐形成自己的教学风格，在享受职业乐趣的同时，促进学生的发展。随着职业经历的逐渐积累，随着职业经验的逐渐丰富，随着对职业性质的认识的逐渐深化，随着对职业行为的理解的逐渐深刻，一个教师不仅仅只要做个认真、规范的教师，而是要在教学中做到求变、创新，尽可能施以不同的教学方式以优化客观上的教学效果。为实现教师自身的专业发展，教师更应该从"结合自己的教学实践撰写教学案例"入手。这样做不仅可以扬"实践经验丰富"的教师之长、避"系统理论短缺"的教师之短，更可以使得教师的教学研究与教学实践紧密地联系在一起，进而借助于教学研究更为有效地指导教学实践，使教学研究的成效落到实处，从而促进教师的专业发展技能。

在新课程改革时期，促进教师专业发展的三大途径是人们经常提到的"自我反思"、"同伴互助"、"专家引领"。

教师自我反思可通过教学案例、教学叙事等手段提高质量；也可利用备课、上课、听课、评课、说课等集体活动，利用集体反思的形式促进发展；同时，在专家的引领下，用行动研究法进行课题研究，更是培养研究型教师的有效途径。

一、备课技能

1. 制定课程授课计划的技能

①清楚本专业课程设置的种类和相互关系；

②对自己所授课程在本专业总体的教学计划中的地位作用有正确认识；

③能够根据教学计划制定详细的课程授课计划和教学进度计划。

2. 撰写教案的技能

①掌握撰写教案的基本程序和方法；

②掌握教材的知识结构和体系，正确把握教材的内容和重点、难点；

③能够根据课程标准和学生的接受能力对教材进行恰当地处理；

④能够根据教学内容和教学对象制定恰当的教学策略，优化教学方法；

⑤会编制电子教案，在课上演示和供学生在校园网上学习。

3. 使用教学媒体的技能

①掌握常规教学媒体及其教学特征；

②掌握现代教学媒体及其教学特征；

③掌握教学软件、课件的编制及其使用方法。

4. 了解学生的技能

①掌握了解学生的一般方法；

②熟悉教学对象的总体思想状况和知识基础；

③了解教学对象的个别差异（包括智力水平、心理特征和个性倾向）。

总之要想达到有效备课，就要备深教材——尊重教材，源于教材，质疑教材，超越教材；备透学生——了解学生，分层要求，尊重差异，据学而教，以学定教；备好教法和学法——活用教法，重视探究，讲求情感。

二、上课技能

1. 组织教学和导入新课的技能

①建立和维持正常课堂教学秩序；

②明确意图，集中注意，创造师生交流环境；

③掌握导入的类型，选择适当的导入方式；

④合理控制导入时间。

2. 运用教学语言的技能

①普通话达到测试水平的二级，能用比较标准的普通话讲课；

②语调高低和语速快慢适中；

③语言简练，逻辑性强；

④语言生动、形象、优美，通俗易懂；

⑤口头表述与体态语言相结合。

3. 设疑和提问技能

①设问要有针对性，富有启发性；

②设问措词精当，选择适当的设问时机；

③设问速度适中，有必要的停顿，注意学生的反馈；

④学生回答问题后给予分析评价和必要的引导、总结。

4. 板书技能

①板书反映教学的主要内容，突出教学重点；

②板书设计层次分明、简练、逻辑性强；

③板书布局合理，字迹大小适宜，疏密得当；

④板书文字书写规范，并保持适宜的书写速度。

5. 讲授的技能

①讲授具有科学性、教育性、启发性和艺术性；

②掌握事实、概念、原理、规律、应用等不同教学内容的讲授方法；

③善于引导学生把握事物的内在联系和规律，发展思维能力。

6. 总结结束课程的技能

①归纳总结要简练、概括、突出重点；

②总结要使教学内容前后呼应，形成系统；

③总结要有启发性，有利于学生拓展、延伸和自学。

7. 开展学生的课外活动的技能

①引导开展多样化的学习活动、进行必要的方法指导；

②提供必要的资料支持，组织协调各方面关系；

③指导运用多种手段，真实记录活动过程情况；

④指导做好原始资料的保存积累工作，拓宽思维，将活动引向深入。

8. 方法渗透技能

在中学的物理教学中，用科学的物理知识去武装学生固然重要，但用物理学的科学过程和科学方法去武装学生，其意义更为重大和深远。越来越多的教师日益注意在知识的传授的同时，实施方法教育，教学生开拓解决问题的思路，形成正确的思维方式，培养学生学习物理，认识未知世界，发现新知识的能力，使学生受益终身。方法历来为人们所推崇。它就是过河的船和桥梁，不解决方法问题，任务也只是瞎说一顿。

在新课程标准中明确指出"高中物理课程旨在进一步提高学生的科学素养，从知识与技能、过程与方法、情感态度与价值观三个方面培养学生，为学生终身发展、应对现代社会和未来发展的挑战奠定基础。"所以加强高中物理方法教育，着眼于提高全体学生的科学素养，是从物理学科角度发展学生的科学素质，使之成为提高公民科学文化水平的一个重要方向，也是物理学科变应试教育为素质教育的具体体现。

从素质教育的培养目标来看，人才要从原来的知识型向能力型转变，所以在近些年的研究中，能力的培养逐渐深入，人们也不断地提出新的见解和成果。方法是通向能力的桥梁，能力不仅依赖于知识，更依赖于方法，在某种意义上讲，方法本身就是能力的一部分。科学的过程和知识的结合应成为中学物理的核心部分，而过程与方法是对应的。越来越多的人意识到能力的培养要从强化方法教育入手。

物理方法集中体现物理学科研究方法的特色，目前的方法有：实验法、模型法、理想化方法、等效方法、对称方法、守恒方法，还有叠加法、隔离法等。在众多的数学方法中常被高中物理教学采用的有比例法、图像法、极限法、数列方法和三角几何中的一些方法。理性思维中的逻辑方法指逻辑思维方法，非逻辑方法指直觉、想象等。非逻辑方法对科学研究和物理学习都是非常重要的。在传统式的教学里，还是更注重逻辑方法，之中包括：比较、分类、类比、概括、分析和综合、归纳和演绎、抽象和具体等。哲学方法到目前用得比较多的是对立统一、量变质变、肯定否定、绝对相对、现象本质、形式内容、原因结果、偶然必然、部分整体和有序无序等等。

在物理学史上，每次的重大成果都是在方法革新上取得的，而成果又促进了方法的革新。知识和方法始终紧密地结合在一起，知识是在一定的方法上形成的，而方法又是知识的产物。所以在高中物理教学中，加强方法教育，不仅要让学生用知识武装自己，而且要让他们在科学方法上得到训练，使他们在掌握科学知识的同时掌握取得知识的方法，这是由物理学本身的特点决定的，也是社会对人才的需求决定的。

总之要达到有效上课，就要使教学目标——层级化、任务化和问题化；教学流程——低起点、小坡度、密台阶、多反复、严要求；在教师的主导性方面要注重——教学基本功、教学艺术、教学思想、教学理念和教学风格。

三、作业批改和课后辅导技能

1. 布置作业的技能

①能够根据课程标准和教学内容选择作业形式，注意理论联系实际，启发学生思考；

②能够合理控制作业的数量和难易程度，作业要求明确，并规定具体完成时间；

③在学生完成作业过程中，及时予以指导。

2. 批改作业的技能

①选择合理的作业批改方式；

②能够正确总结出学生作业中普遍存在的问题；

③批与改、批与评相结合。

3. 课后辅导的技能

①能够及时回答解决学生提出的质疑；

②既进行课程内容的辅导，也进行学习方法的指导。

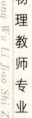

总之，要有效布置作业和批改作业一定要注意分层精选——注重题目层次、数量和质量；认真批改——有布置，有检查，有批改，有反馈，有讲评，有订正，提倡面批。要实现有效进行课外辅导，就要加强学法指导——制定学习计划、阅读教材（参考书）、掌握学习规律、合理安排时间、提高学习效率、如何听课、如何做好笔记、用好笔记；还要注意分层辅导提优补差——认真、热情、耐心，注意启发诱导，开拓思路。

四、教学评价技能

1. 命题技能

①能够准确分析、确定教学内容的目标要求；

②能够根据考试目的和内容确定题目的难度和题型；

③掌握试题编制的一般原则。

2. 评卷及分析试卷的技能

①掌握评卷的一般程序和方法，合理掌握评分标准，减少评分主观误差；

②能够科学地分析每个考试题目的质量和考试结果的可靠性与有效性；

③能够撰写客观、科学的考试质量分析报告。

要达到有效考试的目的，就要注意有效命题——基础题、中等难度题和难题的比例大致为7∶2∶1。考试后一定要细化分析——进行数据统计、总结反思，拾遗补漏。

3. 听课技能

（1）课前要有一定的准备工作

俗话说，留心天下皆学问。教师要想通过听课真正学习点东西，就必须作一个听课的有心人。要有心，听课就要做点准备工作。打算听谁的课，应该事先问问他教什么内容，把课本找来预习一下，看看课文写的是什么，是怎样写的，有没有难点、疑点；同时自己设想一下，假如让自己教，准备怎样教法，以便听课时有个对比。如果听课不做准备，匆忙走进教室，懵里懵懂地听，不理解教者的教学意图，就不会有较大的收获。

教师去参加教研活动、听公开课也要做准备。由于大多数教师平时埋头教学工作，对某些教学理论、学术研究知之甚少，因此去听较深一点的公开课会有一些不适应。这就需要在参加教研活动之前，千方百计去了解与钻研一下相关的学术理论，或向人求教，或者重温自己所积累的资料。这样能拓宽视野，缩短与"学术"的差距，这样去听公开课就会收获更大一些。

（2）听课中要认真观察和记录

教师听课要高度集中注意力，全身心地投入，还要有虚怀若谷的态度。教师在课堂上不仅要听，还要看，要仔细捕捉讲课者的语言和表情，记下他们的每个教学环节和教学方法。

教师要一边听，一边观察思考。既要看教，又要看学，二者兼顾。看教者对教材的钻研，重点的处理，难点的突破，教法学法的设计，教学基本功的展示。看学生的学，要看学生的课堂表现，看学生参与的情绪，学习的习惯。总而言之要看教师主导作用和学生主体地位有机结合。有时教师听课也不一定非要面面俱到地注视课堂上的每个方面。根据授课者的特点和听课者的目的，可以适当有所侧重，一般说来，对熟悉的教师，由于对其班级情况有所了解，可着重就其课堂上对学生学习习惯的培养做跟踪式的动态分析；对一般的研究课，就着重看其在研究方向上的达成度；对于名家的课，宜着重领略其教学风格及其相应的学术思想在课堂上的体现。听课应详尽记录课堂的教学过程，也随时记下自己的主观感受和零星评析。

（3）听课后要思考和整理

俗话说，"思之，思之，鬼神通之"。教师听完课后不能一听了之。应对课堂实况过几遍"电影"，应进行反复地琢磨；思考的办法有很多，或翻翻听课记录，或与执教者交谈，或将几节"互相牵连"的课作一番比较，或写一篇"听课心得"，或干脆将他人执教的内容拿到自己班上试试等。

在分析总结他人上课时要注意比较、研究，取长补短。每个教师在长期教学活动中都可能形成自己独特的教学风格，不同的教师会有不同的教法。听课的老师就要善于进行比较、研究，准确地评价各种教学方法的长处和短处，并结合自己教学实际，吸收他人有益的经验，改进自己的教学。在分析他人的课时，听课者还要注意分析执教者课外的功夫，看老师的教学基本功和课前备课情况。这种思考对自己也会有很大帮助。

4. 评课技能

（1）从教学目标上分析

目标是人做事的内在动因，目标越具体明确，做事的自觉性和积极性越高，效率越高，反之亦然。

教学目标是教学的出发点和归宿，它的正确制定和达成，是衡量课好坏的主要尺度。所以分析课首先要分析教学目标。

首先，从教学目标制定来看，要看是否全面、具体、适宜。全面指能从知识、能力、思想情感等几个方面来确定；具体指知识目标要有量化要求，能力、思想情感目标要有明确要求，体现学科特点；适宜指确定的教学目标，能以课程标准为指导，体现年段、年级、单元教材特点，符合学生年龄实际和认识规律，难易适度。

其次，从目标达成来看，要看教学目标是不是明确地体现在每一教学环节中，教学争段是否都紧密地围绕目标，为实现目标服务。要看课堂上是否尽快地接触重点内容，重点内容的教学时间是否得到保证，重点知识和技能是否得到巩固和强化。

（2）从处理教材上分析

评析老师一节课上的好与坏不仅要看教学目标的制定和落实，还要看教者对教材的组织和处理。我们在评析教师一节课时，既要看教师知识教授的是否准确科学，更要注意分析教师教材处理和教法选择上是否突出了重点，突破了难点，抓住了关键。

（3）从教学程序上分析

教学目标要在教学程序中完成，教学目标能不能实现要看教师教学程序的设计和运作。缘此，评课就必须要对教学程序做出评析。教学程序评析包括以下几个主要方面。

①看教学思路设计

教学思路是教师上课的脉络和主线，它是根据教学内容和学生水平两个方面的实际情况设计出来的。它反映一系列教学措施怎样编排组合，怎样衔接过渡，怎样安排详略，怎样安排讲练等。

教师课堂上的教学思路设计是多种多样的。为此，评课者评教学思路，一是要看教学思路设计符不符合教学内容实际，符不符合学生实际；二是要看教学思路的设计是不是有一定的独创性，超凡脱俗给学生以新鲜的感受；三是看教学思路的层次，脉络是不是清晰；四是看教师在课堂上教学思路实际运作的效果。我们平时听课看到有些老师课堂上表现不好，效率低，很大原因在于教学思路不清，或教学思路不符合教学内容实际和学生实际等造成的。所以评课，必须注重对教学思路的评析。

②看课堂结构安排

教学思路与课堂结构既有区别又有联系，教学思路侧重教材处理，反映教师课堂教学纵向教学脉络，而课堂结构侧重教法设计，反映教学横向的层次和环节。它是指一节课的教学过程各部分的确立以及它们之间的联系、顺序和时间分配。课堂结构也称为教学环节或步骤。课堂结构的不同，也会产生不同的课堂效果。可见课堂结构设计是十分重要的。通常一节好课的结构严谨、环环相扣，过渡自然，时间分配合理，密度适中，效率高。

计算授课者的教学时间设计，能较好地了解授课者授课重点、结构安排。计算教学环节的时间分配，看教学环节时间分配和衔接是否恰当。看有无前松后紧（前面时间安排多，内容松散，后面时间少，内容密度大）或前紧后松现象（前面时间短，教学密度大，后面时间多，内容松散），看讲与练时间搭配是否合理等。计算教师活动与学生活动时间分配，看是否与教学目的和要求一致，有无教师占用时间过多，学生活动时间过少现象。计算学生的个人活动时间与学生集体活动时间的分配。看学生个人活动、小组活动和全班活动时间分配是否合理，有无集体活动过多，学生个人自学、独立思考、独立完成作业时间太少等现象。计算优差生活动时间。看优、中、差生活动时间分配是否合理。有无优等生占用时间过多，差等生占用时间太少的现象。计算非教学时间，看教师在课堂上有无脱离教学内容，做别的事情，浪费宝贵的课堂教学时间的现象。

（4）从教学方法和手段上分析

评价教师教学方法、教学手段的选择和运用是评课的又一重要内容。教学方法不是教师孤立单一的活动方式，它包括教师教学活动方式，还包括学生在教师指导下"学"的方式，是"教"的方法与"学"的方法的统一。评价教学方法与手段包括以下几个主要内容。

①看是不是量体裁衣，优选活用

教学是一种复杂多变的系统工程，不可能有一种固定不变的万能方法。一种好的教学方法总是相对而言的，它总是因课程、因学生、因教师自身特点而相应变化的。也就是说教学方法的选择要量体裁衣，灵活运用。

②看教学方法的多样化

教学方法最忌单调呆板，再好的方法天天照搬，也会令人生厌。教学活动的复杂性决定了教学方法的多样性。所以评课既看教师是否能够面向实际，恰当地选择教学方法，同时还要看教师能否在教学方法多样性上下一番工夫，使课堂教学超凡脱俗，常教常新，富有艺术性。

③看教学方法的改革与创新

评价教师的教学方法既要评常规，还要看改革与创新。尤其是评价一些素质好的骨干教师的课。既要看常规，更要看改革和创新。要看课堂上的思维训练的设计，要看创新能力的培养，要看主体活动的发挥，要看新的课堂教学模式的构建，要看教学艺术风格的形成等。

④看现代化教学手段的运用

现代化教学呼唤现代化教学手段。"一支粉笔，一本书，一块黑板，一张嘴"的陈旧单一教学手段应该成为历史。看教师教学方法与手段的运用，还要看教师是否适时、适当运用投影仪、录音机、计算机、电视、电影、电脑等现代化教学手段。当前在教学方法的问题上还存在"四个一"现象，这应该在听课评课中得到解决。这"四个一"是：一讲到底，满堂灌。不给学生自读、讨论、思考交流时间，教师"讲"、"灌"包打天下；一练到底，满堂练。由一个极端，走向另一个极端，教师备课找题单，上课甩题单，讲解对答案，怪不得学生说："不是灌就是串，要不就是满堂练"；一看到底，满堂看。有的教师上课便叫学生看书，没有指导，没有提示，没有具体要求，没有检查，没有反馈。名为"自主自学式"，实为"自由放羊式"；一问到底，满堂问。有的教师把"满堂灌"变成了"满堂问"，而提的问题，缺少精心设计，提问走形式。

（5）从教师教学基本功上分析

教学基本功是教师上好课的一个重要方面，所以评析课还要看教师的教学基本功。通常，教师的教学基本功包括以下几个方面的内容。

①看板书：好的板书，首先，设计科学合理，依纲扣本；其次，言简意赅，有艺术性；再次，条理性强，字迹工整美观，板画娴熟。

②看教态：据心理学研究表明：人的表达靠 55% 的面部表情 + 38% 的声音 + 7%

的言词。教师课堂上的教态应该是明朗、快活、庄重，富有感染力。仪表端庄，举止从容，态度热情，热爱学生，师生情感交融。

③看语言：教学也是一种语言的艺术。教师的语言有时关系到一节课的成败。教师的课堂语言，首先，要准确清楚，说普通话，精而简练，生动形象有启发性；其次，教学语言的语调要高低适宜，快慢适度，抑扬顿挫，富于变化。

④看操作：看教师运用教具，操作投影仪、录音机、微机等熟练程度。

（6）从教学效果上分析

巴班斯基说："分析一节课，既要分析教学过程和教学方法方面，又要分析教学结果方面。"经济工作要讲效益，课堂教学也要讲效果。看课堂教学效果是评价课堂教学的重要依据。课堂效果评析包括以下几个方面。一是教学效率高，学生思维活跃，气氛热烈。二是学生受益面大，不同程度的学生在原有基础上都有所进步，教学的 3 维目标达成。三是有效利用 45 分钟，学生学得轻松愉快，积极性高，当堂问题当堂解决，学生负担合理。

课堂效果的评析，有时也可以借助于测试手段。即当上完课，评课者出题对学生的知识掌握情况当场测试，而后通过统计分析来对课堂效果做出评价。

若涉及对多名教师的讲课情况进行评比，那么这就需要编制比较科学的问卷或量表。

（参考文献：李新乡《物理教学论》）

5. 说课技能

说课就是教师针对某一观点、问题或具体课题，口头表述其教学设想及其理论依据。其实就是说清楚你要"教什么"，"怎么教"，"为什么要这样教"。说"教什么"就是要说教学目标、重点难点，教学内容在教材中的地位和作用；"怎样教"，即教学过程，包括怎样安排教学环节，怎样使用教学方法，采用怎样的教学手段突出重点、突破难点，怎样指导学生学习，怎样布置练习等等，就是要说清楚整个教学程序以及教法和学法；"为什么这样教"，即说明为完成教学目标，安排教学过程的依据。其中课程标准是教学的主要依据，学生的实际也应成为教师教学的主要考虑对象，教材和学科特点也是重要的理论根据之一。当然在讲清为什么这样教的同时，就体现了教师的教学理念。

说课不是上课，时间大多限定在 20 分左右。要根据时间长短，有效把握时间，突出重点，主要是详略得当，要突出说课的特点，要展示语言魅力，展示教师的综合素质，体现理论与实践相结合的说课特点。正因为说课能把理论与实践有机地结合起来，所以它是优化课堂教学设计，提高教师教学能力的一种有效途径。

说课又可分为课前说课和课后说课。

课前说课重点说清楚教学理念，教学目标以及重点难点，说清教学程序并预计教学要达到的效果和可能会出现的问题。

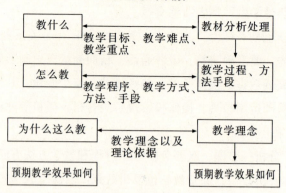

课后说课对教学理念、目标和重难点等不做详细分析，一概而过，重点要说明上课的过程中达标情况怎样，如：哪些目标实现而哪些目标没有实现；在实施教学活动时，出现了哪些问题，要对课上出现的与教学预设的效果之间的偏差做详细的原因分析和解释，并提出下一步改进的方案和措施。

如何说课（课后）

教学理念
达标情况（教学目标和教学效果）
教法、学法运用情况（重、难点的处理）
教学活动情况（教学过程）
教学实施情况（重点谈偏差以及原因分析和改进措施）

教什么		教材分析处理
	教学目标、教学难点、教学重点	
怎么教		教学过程、方法手段
	教学程序、教学方式、方法、手段	
为什么这么教		教学理念
	教学理念以及理论依据	
预期教学效果如何		预期教学效果如何

其实无论是说课还是评课，如果我们把它们联系起来的话，可以这么简单地理解，如图所示。

五、教师反思技能

所谓教学反思，是指教师对教育教学实践的再认识、再思考，并以此来总结经验教训，进一步提高教育教学水平。教学反思一直以来是教师提高个人业务水平的一种有效手段，很多教师会从自己的教育实践中来反观自己的得失，通过教育案例、教育故事或教育心得等来提高教学反思的质量。

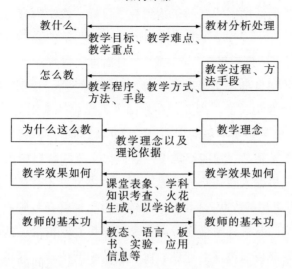

在教学实践当中，根据反思的源起，我们可以将反思策略分为两大类：内省反思法和交流反思法。

1. 内省反思法

内省反思法是指反思主体主动地对自己的教学实践进行反思的方法。根据反思对象及反思载体的不同，内省反思法又可分为以下几种具体的方法。

（1）反思总结法

反思总结法主要是指通过自己记忆，对自己的教学实践予以总结、反思的方法，从而进一步使教学实践中的"灵感"内化，也使教学实践中出现的问题得到考虑。

（2）录像反思法

录像反思法是通过录像再现自己的教学实践，反思主体以旁观者的身份反思自己的教学过程的方法。这种方法最大的优点就是能客观地对自己的教学过程进行评价，这样能更好强化自己已有的经验，改正和弥补自己的不足。

（3）档案袋反思法

档案袋反思法则是以专题的形式为反思线索对教学实践进行反思，包括课堂提高的形式是否多样，课堂提问的内容是否是课堂的重点、难点，对某学生的提问的形式、难度是否符合该学生的实际能力等等。

2. 交流反思法

交流反思法可以就某一问题与其他教师进行交流，也可以是在听完某教师的一堂课以后，针对这堂课而进行交流。这样可以反观自己的意识与行为，加深对自己的了解，并了解其他与自己不同的观念，进而取他人之长，补自己之短。

教学反思也可以分为自我反思和集体反思。

我反思是指教师自己上课后自己反思自己的教学过程。如：需要教给学生哪些关键概念、结论和事实；教学重点、难点的确定是否准确；教学内容的深度和范围对学生是否适度；所设计的活动哪些有助于达到教学目标；教学内容的呈现方式是否符合学生的年龄和心理特征；哪些学生需要特别关注；哪些条件会影响课的效果等等。除了"课后思"，还可作"周后思""考后思""月后思"等等。

自我反思由于受到自身素质、观察视角、知识与经验、专业发展水平等因素的影响，其反思内容及程度均较低。为此，在教师个人反思的基础上，引入"集体反思"非常必要。"集体反思"能够有效弥补教师个人反思的不足，利用集体的智慧，共同激活每一位教师的教学智慧。它能够集思广益，在交流和碰撞中可以相互启迪，共同提高。只有把个人反思融入到"集体反思"中，个体反思才有更广泛的价值，个体从"集体反思"中获得更多的收获。同时，"集体反思"能够在教师教育教学培训和自我完善之间建立起有效的联系，使集体培训与个人成长有效整合，共同推进教师的专业发展。集体反思可以通过与听课、评课、说课等活动的结合，大家一起讨论研究某些观点的形式进行。

无论是哪种教学反思，都会围绕教学内容、教学过程、教学策略进行。具体为：

第一，教学内容方面：要确定教学目标的适用性以及对现目标所采取的教学策略做出判断。

第二，教学过程方面：（1）回忆教学是怎样进行的；（2）对教学目标的反思：是否达到预期的教学效果；（3）对教学理论的反思：是否符合教与学的基本规律；（4）对学生的评价与反思：各类学生是否达到了预定目标；（5）对执行教学计划情况的反思：改变计划的原因和方法是否有效，采用别的活动和方法是否更有效；（6）对改进措施的反思：教学计划怎样修改会更有效……

第三，教学策略方面：（1）感知环节：教师要意识到教学中存在的问题与自己密切相关；（2）理解环节：教师要对自己的教学活动与倡导的理论，行为结果与期望进行比较，明确问题根源；（3）重组环节：教师要重审教学思想，寻求新策略；（4）验证环节：检验新思想、新策略、新方案是否更有效，形成新感知，发现新问题，开始新循环。

总之，在反思的过程中，不仅要反思"成功之处""不足之处""创新之处"，还要给出"再教学设计"。

教师教学反思的过程，是教师借助行动研究，不断探讨与解决教学目的、教学工具和自身方面的问题，不断提升教学实践的合理性，不断提高教学效益和教科研能力，促进教师专业化的过程，也是教师直接探究和解决教学中的实际问题，不断追求教学实践合理性，全面发展的过程。一般形式有：

1. 教学叙事

"教学叙事"即教师将某节课堂教学中最精彩的或值得大家探讨的某个教学环节，通过叙述的形式，详细地叙述出来。教学叙事不只是将某个课堂教学环节进行"录像"。"课堂教学实录"不能表现教师的"反思"以及"反思"之后得到的教学改进策略。所以，教学叙事通常采取"夹叙夹议"的方法，将自己对某个"教学"环节的理解，设想以及对这一教学环节的反思插入到相关的教学环节中，用"当时我想……"，"现在想起来……"，"如果再有机会上这一节课，我应该……"等方式来表达自己对"教学改进"的考虑。

（1）讲叙的是一个故事，叙述的是一个事例。可以是整个事件中的一个片段，但片段描述应该完整。

（2）叙述要有一个从开始到结束的完整情节，突出戏剧性冲突，不是流水账。

（3）叙述要具体、生动，讲究文笔的清新优美，不应该是对活动的笼统描述，也不是抽象化、概括化说明。

（4）要揭示故事中人物的内心世界。

（5）要有问题性，不是简单地把一天的事情原原本本记录下来，这样做没有意义。而应该是捕捉教育教学活动中出现的问题。如有意义的教学问题，教学冲突，成功后的感想和失败后的遗憾等。

（6）要有反思性，仅用事实说话是不够的，应该融入自己在事件不同阶段的感受，体验，特别是伴随这种体验带来的思考、反思，具有理性色彩。

（7）主题性，真实性，个性化。

（8）具有可读性。

下面是一个关于"测水果电池的电动势和内阻"的教学故事。

激发学生思维冲突，调动学生的学习兴趣
——讲"测水果电池的电动势和内阻"的教学故事

不知道大家听说过水果电池吗？知道它是怎么制作的吗？知道它在我们的生活中有什么应用吗？那么今天我就给大家讲一讲 2008 年 10 月 22 日那天，在泰达二中的物理实验室里发生的一个关于"测水果电池的电动势和内阻"的教学故事。

故事的开始是老师要让同学们做一个水果电池，同学们应用学过的化学知识，把铜片和锌片插入水果中，很快就把电池做出来了，此时教师提出一个问题"怎么才能知道这就是水果电池呢?"学生想到也许它可以让小灯泡发光，或者可以让电流表偏转。结果实验后发现，令他们很失望，都不成功。学生的思维发生了冲突，脑子里产生了新的问题，于是故事就从这里开始变得精彩了。

众所周知，新课程改革提倡探究教学，顺利开展探究教学的第一步就是要求我们教师要在课堂上给学生创设一种探究情景，先激发学生的探究兴趣和探究欲望，那么怎么才能让学生产生探究的学习兴趣和欲望呢? 那就是要"做好预设问题，激发学生的思维冲突"。

为了简单，先以小叶老师初中课堂片段来给大家讲讲什么是思维冲突。

小叶老师：从漏斗中向下吹气，乒乓球会掉下来吗?

学生：当然会掉下来了!

小叶老师：大家都认为会掉下来，那我来吹气，你们来看。

结果，乒乓球没有掉下来。

学生就想了：老师不是在吸气吧? 乒乓球为什么不掉下来呢?

这就是让学生产生思维冲突的过程，它的一般过程是，老师先提出问题，学生表达自己的看法，达成一致后，教师设计实验事实与学生的想法不同的结果。于是学生的思维发生冲突，产生探究的兴趣和欲望。所以思维冲突最通俗的理解就是你想象的结果没出现，或者结果与你想象的不一样，眼前事实与原有的认知发生冲突。

高 中物理教师专业能力必修

Gao Zhong Wu Li Jiao Shi Zhuan Ye Neng Li Bi Xiu

回到我们的故事中。在同学们讨论和老师的引导下，各组同学脸上开始出现成功的喜悦。当老师问："你们改进了什么之后实验成功的？"学生大声笑着回答："换表！"，话语中带着自豪也带着兴奋。

在老师的预设下，有的组灵敏电流计表针向左偏，有的向右偏，于是老师故意问："到底是向左还是向右？"学生们就疑惑了，开始争论，很快发现不同方向的偏转是不同接线导致的问题。老师一直在乐，又一次预设成功。

老师问："谁能用最快的方法把水果电池的电动势测出来？"

　　学生动手，很快就用初中学过的方法直接用电压表测出水果电池两端的电压，测完后个个显得胸有成竹，觉得问题很简单。这时候的老师是否觉得问题设置简单了呢？

　　其实老师这时候也很兴奋，因为预设的情景都逐步地出现，问过大家基本都是直接用电压表测的电动势之后，老师告诉同学们水果电池的电动势是不可以这么测量的。

于是这又激发了学生的思维冲突。当学生不解时，为了能说明这个问题，老师让学生测测电池的内阻。这时，学生又按老师预设的，大部分同学用欧姆表直接测量，结果发现阻值很大。

有的同学说他测的是 8000 欧姆时，大家都笑了，觉得肯定错了。有的同学问老师他的测量是不是出错了？老师还故意去看看发现没问题，阻值还真很大。

可是老师可没把重点放在阻值大上，水果电池的内阻能这么测吗？不能！于是，学生的思维再一次冲突，电压表不能直接用来测电压了，欧姆表不能直接来测电阻了？这勾起了他们的求知欲和学习兴趣。

于是老师先肯定了大家认为的水果电池的内阻很大很大的问题，同时就从这个问题出发，跟同学一起分析了两种不能用的测量方法的依据。这让同学们收获很多，但也开始产生新的问题：怎么测这个水果电池的电动势和内阻呢？

在老师的引导下，学生开始考虑上节课刚刚学过的三种测电源电动势和内阻的方法。老师也开始跟同学一起回忆，这个时候的教学效率是非常高的。

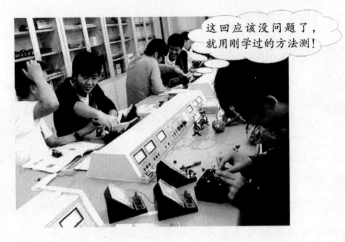

好了，同学们熟悉了新的测量方法后，表情再一次变得轻松，心想：这下应该没问题了，就用这种新学的方法测量。可是，他们没想到，这又是老师预设的一个产生思维冲突的片段。

电路正确连接好之后，发现怎么调节表的指针都不偏转，却又找不出问题来。有的同学就说表坏了，可是不能那么多的小组表都坏了呀！这时同学开始讨论交流，老师也在引导，并旁听着大家的想法。

我们可以看到同学们思维发生了冲突的表情，而这种思维冲突让他们进一步思考下一步怎么办。这样后面就是一个典型的探究学习活动了，学生在自主、合作、探究等各种学习方式中获取着自己想要的知识。

故事到此接近尾声了，但学生们的探究学习还在继续。这节课老师让学生亲手制作水果电池，并进一步认识它，不仅激发了学生的学习兴趣、探究的欲望，而且学生会在老师的引导下，将初中、高中学过的测量电压和电阻的方法都拿出来应用，加以巩固。从胸有成竹到怀疑，再从怀疑到信心十足，一次次在矛盾解决中掌握各种电学仪器的使用方法，提高在设计实验中选用仪器的能力。

整堂课由于学生对水果电池的内阻非常大并无意识，在实验过程中无法把这个因素考虑进去而选用适合的仪器，所以会出现很多实验"不成功"的问题，而这些问题大部分在教师的预设中，通过引导，可以有效地激发学生的思维冲突，让他们产生探究的兴趣和欲望。要达到这种效果的教学就要求我们教师去灵活地对待和处理课堂上的预设和生成，有效地推动学生探究活动的进行。所以激发学生的思维冲突是提高学生探究学习的兴趣的有效途径。

2. 教学案例

教学案例是真实而又典型且含有问题的事件。简单地说，一个教学案例就是一个包含有疑难问题的实际情境的描述。教学案例是事件，教学案例是对教学过程中的一个实际情境的描述。教学案例是含有问题的事件，事件只是案例的基本素材，并不是所有的教学事件都可以成为案例。能够成为案例的事件，必须包含有问题或疑难情境在内，并且也可能包含有解决问题的方法在内。正因为这一点，案例才成为一种独特的研究成果的表现形式。

案例是真实而又典型的事件，案例必须是有典型意义的，它必须能给读者带来一定的启示和体会。案例与故事之间的根本区别是：故事是可以杜撰的，而案例是不能杜撰和抄袭的，它所反映的是真实发生的事件，是教学事件的真实再现。是对"当前"课堂中真实发生的实践情景的描述。它不能用从抽象的、概括化的理论中演绎的事实来替代。

（1）案例与论文的区别从文体和表述方式上来看，论文是以说理为目的，以议论为主的；而案例则以记录为目的，以记叙为主，兼有议论和说明。也就是说，案例是讲一个故事，是通过故事来说明道理。因此，从写作的思路和思维方式上来看，二者也有很大的区别。论文写作一般是一种演绎思维，思维的方式是从抽象到具体，而案例写作是一种归纳思维，思维的方式是从具体到抽象。

（2）案例与教案、教学设计、教学实录的区别

一般来说，与教案、教学设计的区别比较容易理解。教案和设计都是事先设想的教学思路，是对准备实施的教学措施的简要说明；案例则是对已发生的教学过程的反映。一个写在教之前，一个写在教之后；一个是预期，一个是结果。

案例与教学实录的体例比较相近，它们的区别也体现了案例的特点和价值。同样是对教学情境的描述，教学实录是有闻必录，而案例是有所选择的。至于怎样选择，就要看案例撰写的目的和功能了。

下面是一个关于"测水果电池的电动势和内阻"的教学案例。

测水果电池的电动势和内阻

一、主题与背景

在新一轮的高中课程改革中，教师应以启发学生自己去发现问题和掌握知识为主，要充分了解学生的初中物理基础，要应用学生的已有知识基础作为课堂教学设计中激发学生矛盾冲突的依据，让学生利用已经学过的知识和方法解决新的问题，同时出现矛盾从而进行新的学习。本节课就是在新一轮的高中课程改革中，将"测电源电动势和内阻"这一节做了进一步的研究，在提高课堂教学的有效性上取得了重大突破。在探究实验课上，需要老师提前把实验课上可能出现的情况做个详细预设，这样才能够设计出有效的有针对性的问题来，只有了解了学生在操作的过程中可能会出现什么样的问题之后，教师才可以适时地、适度地、有针对性地设置问题，创设探究情景，这样的教学中"预设"显得尤为重要。本节课除了能完成让学生用三种方法测电源电压和内阻这一目标之外，还能非常形象地直观地用事实让学生自己体会到了高中研究电路的问题中"电压表为什么不能直接测电源的电压了"，"电源的内阻为什么不能用欧姆表测量"，"电源的内阻大了导致的问题真的很多"，"如何测量内阻未知的电源的电动势和内阻"等等。在探究的过程中，学生会在老师的引导下，将初中高中学过的测量电压和电阻的方法都拿出来应用，从胸有成竹到怀疑，再从怀疑到信心十足，一次次在矛盾解决中用已有和现有知识和方法学习掌握各种电学仪器的使用方法和选用仪器时应注意的事项，不仅是一次原有的知识和方法的应用、巩固，更是对原有知识和方法的更深一步的理解。本节课是 2008 年 10 月高二学生在实验室上的一节实验课，前一节课已经把课本上介绍的三种实验方法让同学们学习过了。实验器材为：电流表，电压表，滑动变阻器，电阻箱，导线，电键，电池，水果（苹果，红果，马铃薯，番薯，番茄，橘子，枣），灵敏电流计，铜片，锌片，多用电表。所用教材：普通高中课

程标准实验教科书，物理选修 3－1。

二、教学过程及分析

问题 1：水果电池你了解多少？

这个问题是在教师了解了学生已经在化学老师的指导下，初步了解了水果电池的基本原理之后提出的，目的在于将学科之间联系起来，让学生感受到学科间的相互渗透。

问题 2：水果电池如此简单易做，而且又环保廉价，为什么到目前仍然没有应用到我们的生活中呢？

这个问题是在教师已经让学生在短时间内制作了一个水果电池之后提出的，目的是让学生从实际问题出发，能运用学过的知识进行思考。这时教师给学生举出以下的例子：分析一下不能让 mp3 工作的电池，放在电子钟上却能工作半年的原因。（电动势几乎不变，但内阻不一样了，变大了，放电电流减小了。）

在讲这个例子的时候，教师已经能够想到学生已经明白了电池的两个参数。于是提出

问题 3：你能分辨哪个电池能用，哪个不能用吗？

答案为：看电池能不能用，要看两个参数：电动势和内阻。（在电路里要看它的放电电流的大小）

问题 4：有没有最快的方法测出水果电池的电动势和内阻？

在这个问题的设置上，教师特意用了"最快"这个词，教师能够预想到学生在短时间内会有以下几种可能的回答：（1）用电压表直接接电池两端粗测电动势；（2）直接用欧姆表测电阻；（3）直接用电流表与电源组成短路电路测 $I_{短}$，用 $r = E/I_{短}$ 求解。

让学生体验用欧姆表直接测一节电池的内阻，并把两表笔换位置，得到不同的读数，师生讨论为什么不能用欧姆表直接测电池的内阻。

正确的解释为：用欧姆表测量会有误差，因为电池有电动势，与欧姆表内电源相连，不是串联，就是反接，影响表内的电流即指针的偏转，导致测量的误差大。这也是欧姆表为什么在测电阻时要把电路断开的原因。

这个知识点的讲解是在教师充分了解学生的情况下，故意让学生说出几种方法后，一一做解释，目的是纠正学生对各种实验方法原理和误差的理解上的不足。

师生讨论为什么用电压表直接测电池的电动势不准确。

正确解答为：断路时直接用电压表测量电池两端的电压就当作是电动势了，这是一种粗略测量，因为实际电源内阻小，内电压小，外电路的电阻是电压表的内阻很大，所以分得的路端电压很大，接近电源的电动势，近似认为路端电压就是电源的电动势了。但如果电源的内阻很大，甚至比外电路的电阻（电压表）还大，那么电压表的误差就会很大了，因为它只是能读出自己在电路中分得的电压值的电阻，所以测量值有点偏小

问题 5：那么我们学过的测电源电动势和内阻的方法有几种呢？你可以用你学过的这些方法把水果电池的电动势和内阻测出来吗？

这个问题是在教师了解学生刚刚学会了三种测量方法的基础上提出的，知道学生可以通过引导回答出来，并画出电路图，所以这个问题也是为让学生对三种实验方法进行复习：

（1）用伏安法测电源电动势和内阻；（2）用电阻箱和电压表测量；（3）用电阻箱和电流表测量。

三、三种实验操作中的预设问题及处理

1. 表都不偏转

很多学生在按照学过的三种电路图连好实物电路后，发现电路无法操作，表的指针都不发生偏转，就开始怀疑电路连接是否出现问题，所以在课上出现了很多组同学举手说："老师，我们这有问题。"而事实上他们的问题老师应该已经有所"预料"，因为原实验设计中的电流表的量程太大，由于电路中电流很小，在选用电流表的时候要选用灵敏电流计测电流。而由于水果电池的内阻很大，导致路端电压也很小，所以电压表的读数也很小，而且外电路的电阻也一定要大，如果小了，电压表也几乎不偏转，好像没有读数一样。

2. 滑动变阻器不起作用

由于教师所给的滑动变阻器的最大阻值为 50 欧，跟水果电池的内阻比起来，它太小了，所以，实验中它起不到改变电路中的电流的作用，所以在伏安法测量的实验中，要选用电阻箱来代替滑动变阻器。这也是教师在预设中觉得学生会选择用滑动变阻器，所以给学生设置的障碍。

3. 电压表读不到数据

三组实验方案中，电阻箱的电阻都要调到很大阻值，这样能保证路端电压大一些，否则电压表几乎不偏转。这个问题是在学生把前面的问题都注意了之后，还有可能出现的问题，也在教师预设之内。

4. 内阻太大，不相信

测得的水果电池的内阻都很大，基本都上千欧，电动势可达 0.5 V 以上。这个结果在教师预设的问题里。

四、教学启示

整堂课由于学生对水果电池的内阻非常大并无意识，所以在实验过程中无法把这个因素考虑进去而选用合适的仪器，所以会出现很多实验"不成功"的问题，而这些问题有的在教师的预设中，似乎体现的就是老师不断地在前面挖坑，学生在后面不断地跳进去又爬出来。这样的过程是需要教师在课前付出很多的，要把所有的实验重复地做上很多遍，积累总结出现的问题，并不断思考学生怎样处理这样的问题。但事实上，本节课也生成一些跟教师预设结果不同的情况。也许有的老师认为这是课堂不成功的表现，出现了课堂意外。实际上，如果能处理好这种情况，这种生成恰恰可以成为这节课的精彩所在，它反映的往往是学生个体不同的前概念和思维的问题，正因为

这两点的不同，他们在知识的建构上出现不同结果也是正常的。但要达到这种效果的教学就对教师提出更高的要求，要求灵活地去对待和处理这种生成，有效地推动学生探究活动的进行。如果处理好了这种关系，那么将会把生成作为预设的一种精彩出现。

当今的教学应是富有创造性的活动，教师应是一个积极的创造者，而不是消极的执行者，这就意味着我们处在了一个特殊教育时代。面对新的教育理念、新的课程方式、新的教学方法一些新的无法预料的教学案例正在逐渐地出现并被我们积累着。这些"新生事物"既要求教师更新知识结构，也要求教师对这些"新问题"做出讨论和决策。因此，我们就要努力地认识课程、研究学生、探索社会，做研究型的教师。

3. 教学论文

教学论文，是教师教学经验和教学研究成果在写作上的表现，简单地说，就是教师将平时教学中的一些经验或研究进行了总结，并综合运用综合理论知识进行分析和讨论。其质量高低、学术价值和社会价值，主要体现在创新上。其论点是否为本课题提供了有价值的理论认识，为新的教学研究课题及其研究过程提供出新观点、新材料和新方法；是否为深化新课程改革、提高教学质量、开展素质教育活动起着推动作用。在论文中，要理论结合实际，以教学案例分析为例证。

（1）前言。前言首先要说明写此篇文章的背景，或说明写作的目的与意义，研究此问题的重要性。

（2）材料与方法。主要叙述研究的方法与过程，要求选用的材料要真实可信。材料有缺陷或方法有误，工作结果便可以被别人一举推翻，因此取材要严格，方法要规范。写此部分并不需要什么技巧，而是要严肃认真，交代清楚。

（3）结果。根据前文的分析，提出自己的看法，每个论点均要立论有据。结论要观点鲜明，赞成什么，反对什么要交代清楚。

（4）讨论。讨论是作者对本研究的思考，要结合主题重点讨论，可提出自己在本研究中的反思，或通过本次研究后对本问题的现状及其今后发展的动态进行的探讨。

六、教学研究技能

1. 掌握教学研究的基本方法

①掌握教学研究的基本程序和方法；

②掌握选择课题、制定教学研究计划的原则和方法；

③掌握经验总结、调查问卷、科学观察、行动研究、教育实验等教育应用研究的基本方法；

④掌握对教学研究资料进行统计、撰写课题总结和研究论文的方法。

2. 了解学科发展动态和吸取科研成果的技能

①了解本学科发展的动态；

②了解本学科和相近学科新的科技成果及其应用；

③根据学生实际情况，在教学中吸取先进的科研成果，更新教学内容。

3. 信息检索技能

①掌握本学科的主要文献种类；

②掌握图书馆书目的检索方法；

③掌握用微机在因特网上收集资料的技能。

（一）选题

首先要明确课题来自哪里？即明确方向，发现问题；然后是对范围进行浓缩，通过经验分析，找到焦点，形成课题。在选题的过程中，一般原则是注意科学性、可行性、创新性；选题过程中需要的注意事项是（1）选题宜小不宜大；（2）选题应结合实际，要有新意；（3）选题要考虑研究者的优势，与自身工作相结合，与研究者的能力相适应。

（二）申报课题

申报课题，也就是设计研究方案，是如何进行课题研究的具体设想，是开始进行课题研究的工作框架，是如何进行研究的基本思路，是保证研究顺利进行的必要措施；是使研究具体化的中心环节；是研究成果质量的重要保证；有利于检查和自我检查；有利于协作研究。一般上级部门开展的课题研究都附有课题申报表。

1. 课题申报表（课题研究方案）组成：

（1）课题的表述与界定：课题的名称或题目必须明确表述所要研究的问题，要体现研究对象、研究问题、研究方法。如"高中物理科学探究与实验能力培养的研究"。

（2）研究的背景、目的、意义：

研究背景：即根据什么、受什么启发而研究。

研究目的、意义：即为什么要研究、研究的价值是什么、解决什么问题，包括理论意义、实践意义；外在目标（目的）、内在目标——（学生发展）。

研究综述：本课题研究的历史与现状。

研究的特色或突破点：问题新、方法新、角度新、效果新。

（3）研究范围：对研究对象的总体范围的界定，对研究对象的模糊概念进行界定，对关键概念的界定。

（4）研究内容：很重要的部分，如果提不出具体的研究内容，就无法研究。

（5）研究方法：①注意事项：注意多种方法的使用，方法要写详细些，不能滥用方法；②主要方法：行动研究、实验研究、个案研究、调查研究、文献研究。

（6）研究对象：具有代表性和典型性，使研究结果具有普遍的指导意义。

（7）研究程序（步骤）：研究的每一阶段的工作任务和要求。

第一阶段（准备阶段）：收集资料、开题。

第二阶段（实施阶段）：

第三阶段（总结阶段）：

（8）预期成果的形式：①论文、研究报告、著作等；②学生变化。

（9）研究成员（负责人、分工）。

（10）经费预算及其他所需条件。

2. 填课题申报表。（立项论证）

3. 填写课题申报表的注意事项：

（1）认识填写申报表的重要性是成功的一半，不能应付。

（2）一式几份，要自己留一份，最好在电脑中保留一份。

（3）核心是研究的目的、意义、研究步骤、研究内容、方法。

（三）开题论证

1. 开题论证的含义、意义。

2. 开题报告的撰写方法。

3. 与立项论证（申报课题）区别。

4. 召开开题论证会。

（四）实施研究

1. 重视理论学习和理论的指导作用。

2. 重视选择研究方法，目前新课改期间，提倡教师采用行动研究法进行研究。行动研究的特征：

（1）为行动而研究

为行动研究指出了行动研究的目的。研究的目的不是构建系统的学术理论，而是解决实践工作者所处的情境遇到的问题，研究目的具有实用性，问题的解决具有即时性。

（2）在行动中研究

在行动中研究指出了研究的情境和研究的方式。行动研究的环境就是实际工作者所在的工作情境，并非是经过特别安排的或控制的场景。行动研究的研究过程，即是实际工作者解决问题的过程，是一种行动的表现，也是实际工作者学会反省、问题探究与问题解决能力的过程。

（3）由行动者研究

由行动者研究指出了行动研究的主体是实际工作者，而不是外来的专家学者。专家学者参与研究扮演的角色是提供意见与咨询，是协作者，而不是研究的主体。

（4）重视资料的积累

①收集和学习与课题相关的背景资料：对研究对象进行前测、后测的统计资料要收集；与课题相关的理论、概念的界定和相关研究动态的资料要收集；自身学习和研究的过程资料要记录和收集；对材料进行分类归档；进行跨学科的学习和收集资料。

②经常撰写研究过程中的体会与论文。

③收集与整理课题研究中的典型案例：一定数量的典型教例；学生发展变化的典型材料。

④及时收集研究过程中取得的成效凭证：学生变化发展的材料；教师教学水平变化材料。

⑤要有一本研究过程的大事记。

（5）重视利用电脑和网络工具

（五）总结和推广阶段

1. 整理相关资料；撰写报告或论文；那么怎样撰写结题报告呢？

①题目：清楚、准确地呈现研究的主要问题；有时可加副标题。

②前言（有时用"问题的提出"），表明研究的目的；说明选题的依据、课题价值与意义；目前国内外研究成果、现状、问题、趋势；研究所要解决的主要问题及理论框架。字数不宜多、表述要具体、清楚。

③方法：对方法进行说明，主要考虑：对课题进行界定；研究目标；研究程序、步骤；所使用的方法及其说明（实验法还需要解释假说）。

④具体操作。

⑤结果。

说明：学生日记、作业、自己观察记录、体会感受、家长教师学生反馈等来说明和获得结果。

呈现方式：用文字或图表、数据、案例来分析；用逻辑或统计的方式来呈现结果。

注意事项：结果一定是自身或成员获取的；要定量与定性结合；资料详实、文字简明。

⑥讨论：

结果是否与目标一致？为什么一致或不一致？对结果进行理论上的分析和论证；找出优劣、得失，进行讨论；提出有待深入的问题进行讨论。

⑦参考文献及附录。

七、微格教学

微格教学的英文为 Microteaching，在我国被译为"微型教学"、"微观教学"、"小型教学"等，目前国内用得较多的是"微格教学"。微格教学是一种利用现代化教学技术手段来培训师范生和在职教师教学技能的系统方法。微格教学创始人之一，美国教育学博士德瓦埃·特·爱伦认为微格教学："是一个缩小了的、可控制的教学环境，它使准备成为或已经是教师的人有可能集中掌握某一特定的教学技能和教学内容"。微格教学实际上是提供一个练习环境，使日常复杂的课堂教学得以精简，并能使练习者获得大量的反馈意见。微格教学时间一般控制在 5～10 分钟，在这几分钟内要求教师或者师范生将平时 40 分钟课堂内容能够在这几分钟内完整呈现并且使得学生听懂并理解！现在随着时代的发展，教师教学水平的要求提高，微格教学的要求也更加高，要求教师在微格教学中精简用词，不废话，说话严谨，另外教师的体态，表情等方面也是同等上课要求！这对与提高教学水平是非常有帮助的！利用微格教学培养青年教师可以按照以下的步骤进行：

（一）观摩示范

首先观摩微格教学示范录像带。在选择示范带时要遵循两条原则，一是水平要高，二是针对性要强，示范的水平越高，学习的起点就越高；针对性越强，该技能的展现就越具体、越明确。在观看示范录像带的时候，指导教师应首先要提出具体要求，明确目标突出重点、边观看边提示。提示时要画龙点睛，以免影响学生观察和思考。然后组织学习、讨论、谈观后感，哪些方面做得好，值得学习，提示自己在教学中应注意的问题。示范的目的是为了使受训教师进行模仿，对受训教师理解教学技能都会起到十分重要的作用。通过大家相互交流、沟通，酝酿在这一课题教学中应用该教学技能的最佳方案，为下一步编写教案做准备。

（二）确定培训技能和编写教案

当被培训的教学技能和教学课题确定之后，受培训教师根据教学目标、教学内容、教学对象、教学条件进行教学设计，编写详细的教案。每次训练只集中培训一两项技能，以便使师范生或受训教师容易掌握这种技能；指导教师要引导学习者钻研教学技能的理论，在熟悉教材的基础上，重点考虑教学技能的运用，根据要求由师范生或者受训教师自己备课，编写出教案在指导教师的指导下，大家交流备课情况，取人之长，补己之短。

（三）角色扮演

角色扮演是微格教学的中心环节，是受训教师训练教学技能的具体教学实践活动，在活动中每个受训教师都要扮演一个角色，模拟进行教学。在微型课堂中，十几名师范生或教师，轮流扮演教师角色、学生角色和评价员角色，一方面扮演"教师"者要"真枪实弹"，按照自己的备课计划，实施教学，训练教学技能；另一方面扮演"学生"者要自觉进入特定情景，由一名指导教师负责组织指导，一名摄像操作人员负责记录。教师角色教学约为 5～15 分钟，用摄像机记录下来，评价员填写评价表。

（四）反馈评价

教师角色自己观看自己的教学录像，自我进行分析、评价教学技能应用的方式和效果，是否达到了预期目标，再由指导教师和学员一起组织讨论评议，学习者对指导教师的评价是十分看重的，指导教师的意见举足轻重。因此，指导教师的评价应尽量客观、全面、准确。对于扮演者的成绩和优点要讲足、缺点和不足要讲准、讲主要的，要注意保护学习者的自尊心和积极性。要以讨论者的身份出现，讨论"应该怎样做和怎样做更好"，效果会更好。

微格教学是对师范生（准教师）的职业技能特别是教学技能的培训的有效途径，也是中学里培养青年教师专业迅速成长的有效途径。物理微格教学是用以提高物理课堂教学技能为主要任务的教学活动，物理微格教学的评价既有物理学科的特色，又有微格教学的特点。微格教学中对微格教学评价的研究不够。评价的重点是课堂教学的技能技巧，评价微格课的目的，应该以预定要求达到的各项技能训练目标为标准，经过比较，判断价值。因此，如何建立合理的技能评价指标体现是十分重要的。